COLECCIÓN
CONSTITUCIÓN Y PROCESO
2

LA PRUEBA PERICIAL EN EL PROCESO CIVIL

COLECCIÓN
CONSTITUCIÓN Y PROCESO
2

Directores:

Consejo editorial:

COLECCIÓN
CONSTITUCIÓN Y PROCESO
2

LA PRUEBA PERICIAL EN EL PROCESO CIVIL

Celia Belhadj Ben Gómez

Magistrada y doctora en Derecho

COLEX 2024

© Editorial Colex, S.L.
Calle Costa Rica, número 5, 3.º B (local comercial)
A Coruña, C.P. 15004
info@colex.es
www.colex.es

I.S.B.N.: 978-84-1194-070-2
Depósito legal: C 132-2024

A mi madre que me dio alas para volar y a todos los que me acompañan y animan a hacerlo, familia y amigos valiosos.

SUMARIO

CAPÍTULO III
LA DESIGNACIÓN DEL PERITO

CAPÍTULO IV
LA INTERVENCIÓN DEL PERITO EN EL ACTO O VISTA

CAPÍTULO V
LA VALORACIÓN DE LAS PRUEBAS PERICIALES

ABREVIATURAS

AA. VV.	autores varios.
AN	Audiencia Nacional.
AP/AAPP	Audiencia Provincial / Audiencias Provinciales.
art./arts.	artículo/artículos.
ATC	Auto del Tribunal Constitucional.
ATS	Auto del Tribunal Supremo.
c.	contra.
CC	Código Civil
CdC	Código de Comercio
CGPJ	Consejo General del Poder Judicial
CE	Constitución Española.
/CE/	Comunidad Europea.
CEDH	Convenio Europeo para la Protección de los Derechos Humanos y Libertades Fundamentales de 4 de noviembre de 1950.
coords.	coordinadores.
CP	Ley Orgánica 10/1995, de 23 de noviembre, del Código Penal.
ed.	edición.
etc.	etcétera.
FJ	fundamento jurídico.
ibid.	*ibidem* (latín), en el mismo lugar.
LEC	Ley de Enjuiciamiento Civil.
LECRIM	Ley de Enjuiciamiento Criminal.
LOPJ	Ley Orgánica 6/1985, de 1 de julio, del Poder Judicial.
LOTC	Ley Orgánica 2/1979, de 3 de octubre, del Tribunal Constitucional.

n.º número.

ob. cit. obra citada.

pág./págs. página/páginas.

ref. referencia.

ss. siguientes.

STC/SSTC Sentencia del Tribunal Constitucional/ Sentencias del Tribunal Constitucional.

STEDH Sentencia del Tribunal Europeo de Derechos Humanos.

STS/SSTS Sentencia del Tribunal Supremo/ Sentencias del Tribunal Supremo.

TC Tribunal Constitucional.

TEDH Tribunal Europeo de Derechos Humanos.

TSJ Tribunal Superior de Justicia.

trad. traducción.

TS Tribunal Supremo.

v. versus.

vid. *vide* (latín), véase.

vol./vols. volumen/volúmenes.

INTRODUCCIÓN

El propósito de este estudio es abordar la prueba pericial en esencia. Para ello se propone analizar a lo largo de cinco capítulos su régimen jurídico, opiniones doctrinales, aplicación práctica y la jurisprudencia existente sobre los distintos problemas que se pretenden afrontar.

La motivación de este trabajo deriva de la actividad diaria en los tribunales, cierta confusión reinante en cuanto a los plazos de aportación, modo de hacerlo, presencia del perito para explicar el dictamen y otras finalidades. Lo cierto es que la regulación es intrincada y los problemas diarios planteados muchos.

El derecho a la tutela judicial efectiva informador de toda interpretación de la norma aplicable, sin olvidar los principios informadores propios del derecho civil tales como el dispositivo y contradicción fundamentalmente en lo que aquí interesa.

El capítulo primero aspira ser introductorio referido al concepto, naturaleza jurídica y finalidad de la prueba. En este punto la controvertida naturaleza jurídica de la prueba fue resuelta por la regulación ofrecida en la Ley de Enjuiciamiento Civil 1/2000, de 7 de enero, resultando así que en la actualidad debe ser considerado como un medio probatorio y no como un medio de auxilio del juez.

Se aborda también la finalidad de la prueba, que tendrá por objeto los hechos que guarden relación con la tutela judicial que se pretende obtener en el proceso. Debe tenerse en cuenta que, la prueba es fundamentalmente una actividad procesal de parte. Cuando el dictamen pericial es aportado por la parte, su origen es necesariamente extraprocesal, pero al introducirse mediante el correspondiente medio probatorio en el proceso su naturaleza jurídica debe reputarse entonces procesal. Con algunas características compartidas respecto a la prueba documental en este punto. Sin embargo, cuando el perito es de designación judicial, el origen del dictamen tiene lugar dentro de un proceso y, aunque sigue siendo una actividad extraprocesal, puede sostenerse que ese origen dentro del proceso y por designación judicial podría conllevar, en cierto modo, un carácter más objetivo o una mayor fiabilidad o vinculación para el juzgador.

La prueba pericial puede comprender el dictamen y la declaración del perito sobre ese dictamen mientras que el dictamen pericial propiamente dicho, es el informe en sí mismo, aquel en el que se sustenta la opinión científica, técnico, artística necesaria y por ello traída al proceso.

Las reglas de probanza pueden atemperarse para lograr un mejor cumplimiento del principio de igualdad de armas o para colmar las necesidades de prueba de alguna de las partes, de ahí que el tribunal pueda, en el marco legal de la LEC, sugerir este medio probatorio, incluso en la fase de ejecución, no sólo en la fase declarativa. Esto es algo que puede suceder pero que debe comprenderse dentro de la vigencia de los principios de aportación de parte, pues la actividad probatoria en el proceso civil es esencialmente actividad de parte, y de cumplimiento imperativo del principio de preclusión.

El capítulo segundo versará sobre el objeto y sobre el momento de aportación de la prueba pericial que incluye un análisis de los distintos momentos procesales de proposición y práctica de la prueba, siempre en aras a mantener la igualdad de armas y el principio de contradicción.

El objeto de la prueba pericial, se refiere a sobre qué recae la actividad del perito. Es obvio que será sobre hechos que deben ser relevantes para la decisión de la cuestión, sean alegados por el demandante o por el demandado, teniendo en cuenta que la LEC habla de «hechos o circunstancias relevantes». Pero se hace también una referencia a la prueba de derecho, así como a los hechos que se ven favorecidos por una presunción.

Se analizarán los requisitos formales y de contenido del propio informe tales como formalidades del documento, forma del dictamen, contenido material y metodología, análisis y conclusiones.

Asimismo, se hará un estudio de los requisitos necesarios de presentación junto a la demanda o contestación a la demanda, analizando los distintos momentos y plazos de aportación según los casos, y abarcando a los que se pueden considerar supuestos extraordinarios de aportación fuera de estos plazos. Lo anterior incluye, por ejemplo, el anuncio de aportación y plazos para llevarlo a efecto, así como la necesidad de elaboración sobrevenida en supuestos concretos tales como alegaciones o pretensiones complementarias, hechos nuevos o de nueva noticia.

En particular, se analizará el supuesto de que en la pericia resida el sustento principal de la pretensión o de la impugnación hecha por el demandado. La cuestión es examinar si deberían abordarse sus conclusiones o premisas en la demanda o contestación; o si, en su caso, podría derivarse dicho abordaje a un momento posterior y articularlo directamente en la práctica de la prueba con las consiguientes conclusiones posteriores. Se trataría de ver si ello ocasionaría indefensión a la parte al disponer de ella y no hacer valer su contenido de forma clara al introducirla en el proceso y tener conocimiento del dictamen.

Otro tema importante, con gran relevancia en la práctica forense, es la subsanabilidad del juramento o promesa de objetividad y demás requisitos del artículo 335.2 de la LEC, y por lo tanto si dicho acto subsanador tiene o no sustento en el artículo 231 de la LEC. En este punto, conviene resaltar la importancia del posicionamiento y su relevancia procesal.

Será objeto de examen en este capítulo si la prueba pericial lo es cualquiera que sea su contenido, o si debe discriminarse para depurar aquellas que puedan aparentar serlo pero que en realidad no lo son. En este punto, se planteará si sería dable una prueba pericial jurídica o si, cuando el juzgador tiene adquirida la ciencia necesaria por razones extraprocesales, es prescindible la prueba.

Los requisitos intrínsecos del informe han de estar controlados *a priori* por el juez. Cabe preguntarse si la falta o defecto de esos requisitos podría ser subsanada a través de la ampliación o intervención del perito en el acto vista, firma del autor, lengua utilizada, anexos, explicación de método, u otras.

También tienen cabida otras cuestiones que presentan problemas en la práctica, como puede ser el caso de que el encargo privado del informe se combine con algún tipo de auxilio judicial (acceso a lugar o cosas, examen de personas), lo que, en principio, debe ser solicitado en la demanda y contestación, salvo supuestos justificados

Se abordará la justificación de no aportación en plazo, la necesidad o no de que deba acreditarse el motivo del retraso, y el alcance del control judicial sobre este extremo, valorando la posible apreciación de oficio. En caso de dar respuesta afirmativa se examinaría el procedimiento que debería incluir la prueba de la justificación del retraso, teniendo en cuenta que, en todo caso, la causa de inadmisión ha de estar motivada y sometida a contradicción.

Desde el punto de vista de los momentos de aportación, la aportación derivada de ampliación de hechos, hechos nuevos o de nuevo conocimiento, está sujeta a control jurisdiccional y debe ser así declarada. La apertura del nuevo periodo para aportación de prueba estaría sometida a plazo, y se examina la forma de ejecutar estos tiempos procesales en el desarrollo del procedimiento.

Asimismo, se tratará la cuestión de la propia impugnación del dictamen pericial al momento de aportación. Se plantea, además, si cabría impugnación genérica del dictamen o debe ser concreta.

El capítulo tercero tratará el aspecto de la designación de perito, con atención especial a la designación judicial, hecho que merece un capítulo propio por cuanto supone una intervención directa del tribunal, que debe serlo a petición de parte. De esta forma, si la designación judicial es procedente, se afecta al momento de aportación del dictamen.

La designación judicial tras la presentación a la demanda implica suspensión de plazo para la contestación si el suplico está anudado a su resultado. Por cuanto la parte demandada ha de conocer los términos de la reclamación en toda su extensión, al derivarse al resultado de la pericia se daría el caso de que la contestación no contempla elementos esenciales del *petitum*. No previsto nuevo traslado, lo correcto será estar a resultas de la pericial de designación judicial si el suplico se remite a su resultado. Cabe la misma solución en su caso en el supuesto de la contestación haya o no reconvención. En todo caso, son cuestiones que precisan de respuesta.

Otra cuestión que presenta repercusiones prácticas es la del número de peritos que han de ser nombrados, normalmente uno para cada cuestión planteada, lo que puede variar según los casos. En caso de discrepancia entre los dictámenes presentados, si fuera posible la designación de perito dirimente y en qué casos se entiende más apropiado o necesario.

Por otro lado, en caso de que una de las partes haya obtenido o tengan derecho a la justicia gratuita, habrá que ver si la aplicación de estas reglas especiales pudiera afectar al derecho de defensa de la parte que no lo disfruta.

Se examinará también si la objetividad e imparcialidad del perito, vistas las reglas de tacha y recusación, está suficientemente garantizada, a la luz, igualmente, de la regulación pormenorizada: prueba propuesta al efecto, momento procesal de alegación y valoración de la tacha o recusación.

La obligación de imparcialidad y objetividad y su garantía, el estatuto del perito, un elenco de derechos y obligaciones. Entre los primeros la provisión de fondos que garantiza el pago efectivo del dictamen o informe y los gastos que conlleve su generación.

Respecto de los honorarios del perito en caso de designación judicial, su percepción está garantizada y priorizada en caso de ser designado por las partes el devengo y pago es extrajudicial. Si fuera posible un control sobre posible abuso en su determinación, y si sería extensible la solución al perito de designación de parte. Esto es una regulación de los emolumentos conforme a baremo u otra referencia procedente de Colegios Profesionales.

Es de interés finalmente la distinción entre el perito y el testigo perito, quien declarará habiéndose o no aportado escrito o dictamen escrito en los términos del artículo 380 de la LEC, y con los requisitos exigidos en el artículo 370.4 de la LEC, lo que lo aleja de la figura del perito que tiene otra naturaleza jurídica. Se verá como el régimen jurídico de proposición de admisión de la prueba testifical en caso del testigo perito supone alguna especialidad, y se tratará también del régimen retributivo o indemnizatorio del testigo perito quien puede exigir honorarios o indemnización por su intervención en el acto vista o la emisión en su caso de documento que contenga de algún modo conocimientos científicos artísticos o técnicos.

En el capítulo cuarto se analizará básicamente el artículo 347 de la LEC, ya que es un precepto muy aplicado en el foro para desarrollo de la prueba, y cuya práctica efectiva, como se verá, no concuerda con lo dispuesto legalmente. La prueba lo es desde el momento en que se admite y aporta al proceso, siendo contingente o eventual la presencia del perito en el acto o vista como se desarrollará.

Esto implica el estudio de la finalidad y modo de práctica de la prueba. Su presencia en sala o vista, distinguiendo entre el juicio verbal y ordinario por su desarrollo y evolución legislativa. Así se propone considerar:

a) La intervención del perito para subsanación de los requisitos del artículo 335.2 en relación con el artículo 347 ambos de la LEC.

b) El juicio de pertinencia y utilidad de su presencia. Rechazo de ampliaciones o aclaraciones que propicien interrupción del plazo preclusivo de aportación del dictamen pericial.

c) La posibilidad de práctica la segunda instancia, requisitos para hacerla viable.

Será de sumo interés analizar tanto la admisibilidad como el presupuesto y los criterios a seguir, así como la actuación del perito en caso de impugnación del dictamen y también la aportación del dictamen fuera del plazo ordinario. También, la práctica de prueba desde la citación y orden para llevarla cabo, la posibilidad del careo entre peritos, así como del contenido propio de la intervención. Aquí podrá distinguirse entre juicio ordinario el verbal, las diligencias finales y también la prueba en la segunda instancia como en recursos extraordinarios, y en el propio recurso de amparo.

Finalmente, el capítulo quinto será el de valoración de la prueba pericial. Así, será objeto de tratamiento el criterio de valoración establecida en el artículo 348 de la LEC, y se hará un análisis de diversos pronunciamientos jurisprudenciales.

Sabido es que en el proceso civil coexisten dos sistemas de valoración de la prueba: prueba tasada y prueba de valoración libre. Con la indagación previa y breve de la prueba tasada nos adentraremos en la regla de la sana crítica como referencia de valoración libre, así como el uso de las máximas de experiencia. Asimismo, será importante el principio de valoración conjunta de la prueba, y las posibles reglas valorativas más allá de la sana crítica y valoración conjunta de la prueba.

Cuestiones a tener en cuenta serán las de la vinculación o no del juez al contenido el dictamen pericial siendo el juez *peritus peritorum*, el tratamiento de las periciales contradictorias, la propia declaración oral del perito y su colisión con otros medios de prueba. Se verá si los razonamientos de exclusión de una prueba pericial contradictoria son exigibles o bastan los de acogimiento.

Importante es el fundamento de la motivación en la valoración de la prueba, qué criterios han de seguirse a fin de exponer las razones por las que se acoge una prueba pericial en todo o en parte en detrimento de otra u otras de las aportadas. Destaca la cuestión de la vinculación del tribunal al resultado de la prueba pericial en caso de ser única, viéndose si ello supondría dejar en manos del perito la resolución del litigio.

Finalmente, se analizarán la posibilidad revisora de la valoración en segunda instancia y casación, respecto de la plasmación de la motivación en segunda instancia y casación, y sus correlativos motivos revisores.

Las conclusiones y propuestas de reformas legislativas se ofrecen al final, de forma sintética para lograr una mayor clarificación.

CAPÍTULO I

CONCEPTO Y FINALIDAD DE LA PRUEBA PERICIAL

I. INTRODUCCIÓN CONCEPTUAL A LA PRUEBA PERICIAL

Se pretende abordar el concepto de prueba pericial y la figura del perito en el ámbito del proceso civil. Se excluye, así, la actuación del perito en otros campos y también su intervención con anterioridad a la incorporación del dictamen al proceso.

La prueba pericial es uno de los medios de prueba a disposición de las partes para hacer valer sus derechos en un proceso. Su naturaleza aparece recogida en el artículo 299 de la LEC y su regulación en la sección 5.ª del capítulo VI del título I del libro II de la LEC (arts. 335-352), aunque también aparece en lugares distintos de forma residual.

1.1. Concepto de prueba pericial

La LEC, dedica sus artículos 335 a 352 inclusive, a regular la participación del perito en la Administración de Justicia mediante la realización de sus dictámenes.

Esta nueva regulación, frente a la anterior, se justifica en la exposición de motivos en la siguiente forma:

> Con las excepciones obligadas respecto de los procesos civiles en que ha de satisfacerse un interés público, esta Ley se inclina coherentemente por entender el dictamen de peritos como medio de prueba en el marco de un proceso, en el que, salvo las excepciones aludidas, no se impone y se responsabiliza al tribunal de la investigación y comprobación de la veracidad de los hechos rele-

vantes en que se fundamentan las pretensiones de tutela formuladas por las partes, sino que es sobre estas sobre las que recae la carga de alegar y probar. Y, por ello, se introducen los dictámenes de peritos designados por las partes y se reserva la designación por el tribunal de perito para los casos en que así le sea solicitado por las partes o resulte estrictamente necesario. De esta manera, la práctica de la prueba pericial adquiere también una simplicidad muy distinta de la complicación procedimental a que conducía la regulación de la Ley de 1881. Se excluye la recusación de los peritos cuyo dictamen aporten las partes, que sólo podrán ser objeto de tacha, pero a todos los peritos se exige juramento o promesa de actuación máximamente objetiva e imparcial y respecto de todos ellos se contienen en esta Ley disposiciones conducentes a someter sus dictámenes a explicación, aclaración y complemento, con plena contradicción.

Así, la actividad pericial, cuya regulación decimonónica reflejaba el no resuelto dilema acerca de su naturaleza —si medio de prueba o complemento o auxilio del juzgador—, responde ahora plenamente a los principios generales que deben regir la actividad probatoria, adquiriendo sentido su libre valoración. Efecto indirecto, pero nada desdeñable, de esta necesaria clarificación es la solución o, cuando menos, importante atenuación del problema práctico, muy frecuente, de la adecuada y tempestiva remuneración de los peritos.

Mas, por otra parte, la presente Ley, al entender la enorme diversidad de operaciones y manifestaciones que entraña modernamente la pericia, se aparta decididamente de la regulación de 1881 para reconocer sin casuismos la diversidad y amplitud de este medio de prueba, con atención a su frecuente carácter instrumental respecto de otros medios de prueba, que no sólo se manifiesta en el cotejo de letras.

Se recoge un sistema mixto que permite tanto la designación de parte como judicial del perito. Ya que la carga de probar los hechos afirmados corresponde a la parte, actividad pues, por regla general, en la que no interviene el juez —salvo supuestos de orden público especificados por la ley—.

De esta forma, se trata de regular el acceso del medio probatorio resolviendo, definitivamente, el dilema de su naturaleza jurídica, negando pues que se trate de auxilio probatorio, con la imposibilidad incluso de acordar prueba pericial dirimente por el juzgador, como se desarrollará. Se apuesta por la designación de parte del perito, estimulando el carácter residual de la prueba de designación judicial cuando el proponente goce del beneficio de justicia gratuita, o bien, sea imposible la aportación por las razones que sean. La opción está abierta tanto al actor como al demandado.

La prueba no se define y es decididamente abierta para abarcar la diversidad y amplitud que le es propia. Se evita cualquier tasación o clasificación para que se amolde su objeto al caso concreto. Esto sin olvidar que suele ir acompañada de otros medios de prueba. La pericia, entendida como fuente y como medio de prueba, está dirigida a obtener la convicción del juzgador sobre el fondo del asunto.

Conforme la definición aportada SERRA DOMÍNGUEZ[1], el dictamen pericial se caracteriza como «el conjunto de conocimientos técnicos especializados que proporcionan al juez los peritos, poseedores de dichos conocimientos, para facilitarle la apreciación y valoración probatoria de afirmaciones de carácter técnico que exceden los conocimientos genéricos del juez».

Lo anterior puede ser, además, completado por los resultados prácticos que genera una determinada prueba pericial puesto que como puso de relieve la STS de 6 de mayo de 2010 (FJ 2.º) «un dictamen pericial no cabe limitarlo a los conocimientos que proporcionan conclusiones científicas o técnicas, pues también comprende los prácticos, y abarca toda clase de saber o experiencia que no quepa en el acervo jurídico». En otras palabras, lo que se conoce como máximas de experiencia.

Por tanto, el perito es un experto, cuyos conocimientos son no sólo especializados sino especiales y específicos, esto es, destacados y reconocidos dentro de una concreta parcela científica, artística, técnica o práctica[2]. Según FÁBREGA Y CORTÉS[3] «puede decirse también que la prueba pericial es un medio de prueba que pretende suplir las lagunas que el juez pueda tener en asuntos que se escapan de lo que conforma el dominio del ordenamiento jurídico o de los saberes implícitos a la cultura común, que en ningún caso estaría obligado de conocer». No obstante, el juez no tiene obligación legal de superar la falta de conocimientos especializados en una materia concreta pues no se le puede exigir un largo estudio de la ciencia, ni una dilatada práctica en la técnica; y no entremos siquiera en el arte, pues la pericia artística sólo puede ser adquirida por quien tenga capacidad innata para apreciar la belleza[4].

---

1. SERRA DOMÍNGUEZ, Manuel, «De la prueba de peritos (arts. 1214-1253 CC)», en *Comentarios al Código civil y Compilaciones Forales* (Albadalejo, dir.), 1981, Edersa, Madrid, tomo XVI, vol. 2, pág. 405.

2. FLORES PRADA, Ignacio, «La prueba pericial», en *La prueba* (González Cano y Romero Pradas, coords.), Tirant lo Blanch, Valencia, 2019, vol. II, pág. 1. Del mismo autor, «Veinte años de vigencia del modelo dual de prueba pericial en el proceso civil (breve balance y propuestas de reforma)», en *La prueba pericial a examen: propuestas* de lege ferenda (Picó i Junoy, dir.), J. M. Bosch, Barcelona, 2020, págs. 367 a 412; y también «Estrategias para una mayor eficacia de la prueba pericial de parte y de la judicial en el proceso civil», en *Sobre la responsabilidad civil y su prueba: ponencias VII Congreso Nacional*, Asociación Española de Abogados Especializados en Responsabilidad Civil y Seguros, Ubeda, 2007, págs. 681 a 759.

3. FÁBREGA Y CORTÉS, Magín, *Apuntes de práctica forense*, La Neotipia, Barcelona, 1908, pág. 83.

4. FONT SERRA, Eduardo, *La prueba de peritos en el proceso civil español*, Editorial Hispano-Europea, Barcelona, 1974, pág. 31.

Como sostiene TARUFFO[5], «cada vez con más frecuencia las materias de litigio civil involucran hechos que van más allá de las fronteras de una cultura común o promedio, que es el tipo de cultura no jurídica típica de un juez o de un jurado».

Asimismo, señala MONTERO AROCA[6] «cómo la afirmación base es la de que el juez no puede tener todos los conocimientos necesarios para llegar a establecer la existencia de todos los hechos que pueden ser el supuesto fáctico de todas las normas jurídicas cuya aplicación en el caso concreto debe efectuar al actuar la función jurisdiccional».

En efecto, la razón de aportación del dictamen al proceso lo es en base al sustento de la demanda u oposición[7]. No se trata de que otro juzgue por el juez sobre los hechos, sino de facilitar el juicio que debe seguir haciendo el juez. El juez no posee una serie de conocimientos técnicos que con frecuencia le son necesarios para dictar sentencia en un proceso. Conocimientos médicos, arquitectónicos, químicos, informáticos, etc. Para ello deben complementarse el conocimiento de personas que sí posean estos conocimientos.

El objeto de la prueba pericial se ciñe a conocer y apreciar hechos y a proporcionar al juez máximas de la experiencia. Como indica el propio artículo 335 de la LEC, ha de referirse a hechos o circunstancias relevantes y se residencia en adquirir certeza, es decir, verificar la exactitud de lo afirmado en demanda o contestación. Todo ello, como se dijo, cuando sean necesarios conocimientos que sobrepasan lo que exige la cultura general y exigen especialización en alguna materia —conocimientos científicos, artísticos, técnicos o prácticos—.

Superado el debate doctrinal sobre si la pericia resultaba ser un instrumento auxiliar o un medio probatorio, pues la propia exposición de motivos de la LEC arrojó luz sobre el debate[8], la conceptualización de la pericia puede también alcanzarse desde la perspectiva que aporta su consideración como prueba.

---

5. TARUFFO, Michele, *La prueba* (trad. Manríquez y Ferrer Beltrán), Marcial Pons, Madrid-Barcelona-Buenos Aires, 2008, pág. 90.

6. MONTERO AROCA, Juan, *El proceso civil los procesos ordinarios de declaración y de ejecución*, Tirant lo Blanch, Valencia, 2016, pág. 699.

7. NIEVA FENOLL, Jordi, *Procesal II Proceso Civil*, Tirant lo Blanch, Valencia, 2019, pág. 222, destaca «la necesidad del dictamen con dos finalidades a saber valoración de hechos o adquisición de certeza sobre ellos. Hechos o circunstancias relevantes en el asunto que cada parte ha de valorar con carácter previo pues la aportación del dictamen, debe serlo con la demanda o contestación y excepcionalmente en momentos posteriores como se verá. Así pues, antes de conocer y ser fijado el hecho controvertido esta prueba ha de ser traída al proceso, lo que resulta de sumo interés».

8. MONTERO AROCA, Juan «Especialidades de la prueba pericial en el juicio verbal», en *Cuadernos de Derecho Judicial*, 2005, núm. XII, pág. 2.

Así, MORENO CATENA[9], la define como prueba especial. Fija la prueba pericial como aquella que se aporta al proceso, mediante el dictamen pericial, conocimientos científicos, artísticos, técnicos o prácticos que permiten al juez valorar la existencia de hechos, la manera de ser de estos, o que le permite conocer el contenido o sentido de otras pruebas practicadas en el juicio.

Según ESPARZA LEIBAR[10] «puede convenirse, así, en que la prueba pericial es un medio de prueba consistente en la emisión, previamente a la resolución de un asunto concreto, de un dictamen sobre alguna de las materias —aptas para quedar sujetas a la actividad probatoria— que constituyen el objeto del proceso, por una persona ajena al mismo que deberá poseer conocimientos especializados científicos, artísticos o prácticos, que el juez precisa para valorar mejor las afirmaciones de hechos y circunstancias que constituyen el objeto de la prueba».

Tomando ahora en consideración la pericia como actividad, puede afirmarse que esta consiste, esencialmente, en la aplicación de los conocimientos del experto a un supuesto concreto, emitiendo un parecer, evacuando una opinión o facilitando una información. Tales premisas vienen a plasmarse en el artículo 335.1 de la LEC, por cuanto *«cuando sean necesarios conocimientos científicos, artísticos, técnicos o prácticos para valorar hechos o circunstancias relevantes en el asunto o adquirir certeza sobre ellos, las partes podrán aportar al proceso el dictamen de peritos que posean los conocimientos correspondientes o solicitar, en los casos previstos en esta ley, que se emita dictamen por perito designado por el tribunal».*

Como sostiene DE LA OLIVA[11] «la pericia es, ciertamente, una actividad procesal, en virtud de la cual una o varias personas expertas en materias no jurídicas, elaboran y transmiten al tribunal información especializada dirigida a permitir a éste el conocimiento y apreciación de hechos y circunstancias fácticas relevantes en el proceso». Asimismo, señala FONT SERRA[12], cómo desde un punto de vista común y general, la pericia es

9. MORENO CATENA, Víctor, «Dictamen de peritos o prueba pericial», en *Derecho procesal civil* (con Cortés Domínguez), Tirant lo Blanch, Valencia, 2019, pág. 270.

10. ESPARZA LEIBAR, Julio, *El dictamen de peritos en la Ley 1/2000, de Enjuiciamiento Civil*, Tirant lo Blanch, Valencia, 2000, pág. 60. Asimismo, véase FLORES PRADA, Ignacio, «La prueba pericial», en *La prueba*, ob. cit., pág. 354.

11. DE LA OLIVA SANTOS, Andrés, «La prueba y la determinación de los hechos», *Derecho Procesal Civil. El proceso de declaración* (con Díez-Picazo, Ignacio), Ramón Areces, Madrid, 2000, pág. 261. Asimismo, puede confrontarse GÓMEZ COLOMER, Juan Luis, «El proceso de declaración» en *Derecho Jurisdiccional II. Proceso Civil* (con Montero Aroca, Montón Redondo y Barona Vilar), Tirant lo Blanch, Valencia 2005, págs. 304 a 306.

12. FONT SERRA, Eduardo, *El dictamen de peritos y el reconocimiento judicial en el proceso civil*, La Ley, Wolter Kluwers, Madrid, 2000. pág. 7. Asimismo, véase GUTIÉRREZ MUÑOZ, Sonia Monserrate, *La prueba pericial en el proceso civil*, Bosch, Madrid, 2009, págs. 11 a 13.

saber, práctica o habilidad especializada en un determinado campo de la ciencia, arte o técnica. Con el término pericia tanto se designa la condición que acompaña a determinada persona —denominada perito— como la actividad desarrollada en aplicación de dichos conocimientos, habilidades o prácticas especializadas[13].

Son varias las posibilidades de invocar e introducir en el proceso la necesidad de traer conocimientos científicos y técnicos bien a través de la documental, pericial o el testigo perito. Tres aspectos de una prueba de idéntica finalidad, pero distinta formalidad. Ya que la documental en caso de ser esencial o informar la razón de pedir debe acompañar a la demanda (art. 265 de la LEC) o proponerse en momento posterior, vista o juicio, en caso de referirse a circunstancias del artículo 270 de la LEC, o incluso, ponerse de manifiesto a consecuencia de alegaciones o pretensiones puestas de manifiesto por la parte contraria (arts. 426 y 338 ambos de la LEC). Momentos procesales que pueden asimilarse a los contemplados para aportación de prueba pericial en supuestos excepcionales. Todo ello, se realiza sobre la base del respeto a los principios de contradicción e igualdad de armas. Por tanto, las pruebas deben ser conocidas por la parte contraria antes de la contestación a la demanda. Los supuestos excepcionales tratan, con respeto al derecho de defensa de regular el modo de incorporar la prueba fuera del plazo inicial por razón de hechos nuevos o de nueva noticia o por ampliación de hechos. Todo ello admitido por el juez en el marco de la audiencia previa o juicio verbal por razones que debe justificar la parte interesada.

De esta forma, la prueba pericial es una prueba preprocesal que no intraprocesal como se recogía en la antigua de la LEC, en cuanto a las cargas procesales impuestas a las partes. Se explica como un elemento informador y sostén para sustentar el ejercicio de la acción —o de la excepción u oposición a la misma—, y, por ende, la contradicción implica contra pericia y no nueva pericia; se establece un momento preclusivo en su aportación (arts. 336 y 337 y 339 de la LEC) que se analizará posteriormente y es el eje de admisión de la prueba desde el punto de vista formal.

En la regulación legal se obvia pues la designación judicial como principio general, habiéndose dado prioridad a la prueba pericial de aporta-

13. Armenta Deu, Teresa, *Lecciones de derecho procesal civil. Proceso de declaración, proceso de ejecución y procesos especiales*, Marcial Pons, Barcelona, 2021, pag.197. Prueba de perito como actividad a través de la que una o varias personas expertas aportan sus conocimientos especializados en materia no jurídica, de manera que puedan conocerse o apreciarse determinados hechos y circunstancias fácticas (así se deduce del artículo 335.1 de la LEC).

ción de parte. Aunque se mantiene la opción de designación judicial en dos supuestos, a voluntad del proponente o para beneficiario de justicia gratuita. En ambos casos la valoración de la prueba seguirá las reglas de la sana crítica —*vid.* art. 348 de la LEC—, regla común a todas las demás pruebas con excepción de los supuestos de prueba tasada en la documental prevista.

1.2. El perito

En la LEC, aparte de la regulación general de los artículos 335 y ss., se encuentran referencias al perito que fija el tipo en la subasta de la realización forzosa (arts. 638 y 639) y al perito que atiende al importe de los daños y perjuicios (art. 715). En las normas materiales las referencias a los peritos son muy numerosas y variadas, algunas para la tasación del valor (arts. 380 y 603 del CC, 850 CdC), otras para la integración de relaciones jurídicas (arts. 579 del CC, 327 y 638 del CdC), etc. Ahora bien, todas estas referencias a peritos no tienen contenido probatorio. Son intervenciones que obedecen a finalidades diversas. En lo que aquí interesa, se definirá al perito, en cuanto autor del dictamen pericial, medio probatorio traído al proceso por la parte interesada en legal forma.

La prueba pericial se materializa en la realización de un dictamen realizado por su autor. En lo que respecta a éste, el perito es un experto, cuyos conocimientos son no sólo especializados sino especiales y específicos, esto es, destacados y reconocidos dentro de una concreta parcela científica, artística, técnica o práctica. No cualquiera puede desempeñar el papel del perito, y su presencia en el proceso obedece al cumplimiento de unos rigurosos requisitos. No obstante, la determinación de la especial cualificación de una persona para desarrollar la función de perito puede valorarse bajo los criterios, razonables, anteriormente comentados, respecto de sus conocimientos técnicos o científicos, generalmente vía profesionalización colegiada, como respecto de sus saberes o conocimientos prácticos, acreditados, en materias concretas. Destaca, además, su conocimiento de lo que ha de ser objeto de pericia con posterioridad al acontecimiento o hecho que le da origen. Nace con vocación procesal para incorporarse al proceso mediante la emisión de un informe o dictamen que alcanzará la categoría de medio probatorio en su momento, en caso de ser admitido. Y además será en muchos casos fuente inspiradora y rectora tanto de la demanda —sustento de la razón de pedir— como en la contestación —hecho obstativo a la pretensión—.

Por tanto, el perito facilita información o emite opinión técnica, científica, artística o práctica sobre un hecho o circunstancias relevantes. A tal fin, afirma FLORES PRADA[14] que entre las notas que caracterizan la actividad pericial, destacan las tres siguientes; en primer lugar, resulta de naturaleza consultiva e instrumental, por cuanto el perito ha de evacuar una opinión o facilitar una información con apoyo en sus conocimientos especializados. En segundo lugar, la actividad pericial es siempre una actividad rogada, solicitada a instancia de otra persona distinta del perito. En tercer lugar, la actividad pericial es el resultado de un proceso complejo, que se compone fundamentalmente de dos fases: la fase de análisis y la fase de conclusiones o dictamen. La fase de análisis comprende el conjunto de operaciones destinadas al reconocimiento del objeto de la pericia, consistiendo en ordinario en el examen y estudio de realidades tan variadas como materias puedan ser susceptibles de consulta técnica, científica, artística o práctica. Una vez realizado el análisis, procede la evacuación de conclusiones, que pueden emitirse de forma oral o escrita, individualmente o en conjunto con otros peritos, y que han de describir las operaciones realizadas y las conclusiones alcanzadas tras el examen correspondiente.

Es cuando es presumible que el juez no disponga de los conocimientos citados para apreciar y valorar determinados aspectos del objeto fáctico del proceso. Y ello porque la apreciación y valoración de las afirmaciones fácticas no sólo exige máximas de experiencia comunes, sino que, en ocasiones, cada vez más frecuentes, son precisos conocimientos especializados que han de ser suministrados al juez. El perito cumple esta misión en el proceso, proporcionando al juez la información técnica o especializada necesaria para la apreciación y valoración de las afirmaciones sobre hechos que incluye premisas, conceptos o efectos propios de la ciencia, el arte, la técnica o la práctica, que están fuera de los conocimientos jurídicos y también de la cultura media o común.

En el mismo sentido ABEL LLUCH[15] afirma que, la labor del perito no es decidir, ni resolver, sino dictaminar conforme a su ciencia. El perito suministra datos, conclusiones u opiniones que han de servir a otras personas para tomar decisiones que son ajenas a la función pericial y, normalmente, también posteriores. La pericia pueda ser una función derivada respecto de la actividad profesional desarrollada habitualmente por el experto o puede ser una actividad profesional en sí misma; en cualquiera de los dos casos la pericia se manifiesta como una información que surge de los conocimientos especializados y que se aprovecha por persona distinta del perito.

---

14. FLORES PRADA, Ignacio, «La prueba pericial», en *La prueba*, ob. cit., pág. 352.

15. ABEL LLUCH, Xavier, *La prueba pericial* (con Picó i Junoy), J. M. Bosch, Barcelona, 2009, pág. 25. En el mismo sentido JURADO BELTRÁN, David, *La prueba pericial civil. Análisis práctico del procedimiento probatorio pericial*, Bosch, Madrid, págs. 38 y 39.

El perito ha de tener capacidad y cualificación suficiente para la emisión del dictamen y actuar con objetividad. En cuanto a la primera, en caso de designación judicial, en cierto modo, está filtrada pues los Colegios Profesionales elaboran anualmente los listados como exige el artículo 339 de la LEC conformados por la voluntad de sus integrantes. En caso de designación de parte el control se realiza *a posteriori*, sujeto ya al momento de valoración de la prueba en resolución final pues no se erige en causa de inadmisión.

Respecto a la objetividad, el juramento o promesa de actuar como tal va incardinado en el documento, las sanciones en caso de incumplimiento son graves, e incluso cabe pena privativa de libertad en caso de haber incurrido en actividad delictiva. La LEC exige del perito un compromiso expreso de imparcialidad y responsabilidad, que incluye el conocimiento de las sanciones penales previstas en caso de incumplimiento de los deberes periciales: cohecho, artículo 422; negociaciones y actividades prohibidas a los peritos, artículo 440; falso testimonio del perito, artículo 459; obstrucción a la justicia, artículo 463, todos ellos del CP.

En cuanto a su designación baste apuntar que el perito será designado por la parte como regla general, así lo disponen los artículos 336 y 337 de la LEC. El perito de designación judicial lo es para beneficiarios de justicia gratuita y cuando alguna de las partes así lo interese como recoge el artículo 339 de la LEC. Esto, a salvo de momentos excepcionales de proposición cuales serían con motivo de alegaciones o pretensiones complementarias o hechos nuevos o de nueva noticia. Esto se desarrollará en capítulos II y III.

II. LA NATURALEZA JURÍDICA DE LA PRUEBA PERICIAL

Con la LEC de 1881 fue discutido si el perito era un auxiliar del órgano jurisdiccional[16] o, por contra, sujeto de un medio de prueba, prevaleciendo finalmente esta última posición doctrinal[17]. En efecto, desde antiguo, como se puso de relieve *supra*, se ha planteado si realmente el perito, más concretamente su dictamen, es un medio de prueba (como puede ser la declaración del testigo o de la parte, o como puede serlo el documento, que aportan, todos ellos, conocimientos al proceso) o, por el contrario, es un auxiliar del juez, lo que cabría deducir de los términos concretos

16. Doctrina introducida por CARNELUTTI, Francesco, *Sistemas de Derecho Procesal*, UTEHA, Buenos Aires, 1944, págs. 209 y ss. Para un análisis de la doctrina a favor y en contra de tales posicionamientos, véase ABEL LLUCH, Xavier, *La prueba pericial*, ob. cit., pág. 28.

17. MORENO CATENA, Víctor, «Dictamen de peritos o prueba pericial», en *Derecho procesal civil*, ob. cit., pág. 270.

en que se manifiestan las normas que hemos citado, de las que se podría deducir que el perito ayuda al juez a valorar la prueba y, en consecuencia, a dictar la sentencia.

Al respecto, conforme señala CORTÉS DOMÍNGUEZ[18], «el dictamen de peritos es un medio de prueba, pero complementario de otras pruebas». Por su parte, afirma GÓMEZ COLOMER[19] que «la prueba pericial es, como la testifical, una prueba de naturaleza personal, puesto que es una persona, el perito, quien dictamina e informa al juez. Es útil recordar ahora que, con relación a la distinción entre fuentes y medios de prueba, el perito y sus conocimientos especializados que van a servir para la valoración judicial de los hechos es la fuente de prueba, mientras que el informe que prestará en el proceso a través del procedimiento establecido para ello es el medio de prueba. Consecuentemente, habrá que distinguir aquí también entre prueba pericial y perito». La prueba pericial o, más propiamente, la pericia es una actividad probatoria, rogada, técnica y compleja. El perito es siempre fungible, su tarea la puede desempeñar cualquier persona que posea los conocimientos científicos, técnicos o artísticos.

En la prueba pericial existe, efectivamente, fase de traslación (lleva los hechos a conocimiento judicial), si consideramos la «ley extrajurídica» (máxima de la experiencia) como un hecho que ha de llevarse a conocimiento del juez. La finalidad de convencer al juez de la existencia, alcance y aplicación de la máxima de experiencia especial, se persigue alcanzarla mediante la declaración del perito[20].

Por tanto, es posible afirmar que la pericia presente la naturaleza jurídica de un medio de prueba puesto que como afirma GUZMAN FLUJA[21] que «la LEC regula la pericia como un verdadero y auténtico medio de prueba, pues devuelve a las partes la disponibilidad sobre la determinación de la fuente probatoria, permitiéndoles la búsqueda de opiniones especializadas que sirvieran para elaborar y fundamentar sus alegaciones. Ello conduce, derechamente, a la designación unilateral de los peritos por los litigantes y al encargo extraprocesal de dictámenes periciales, que podrán ser aportados así al proceso como verdadera prueba pericial».

Fuente y medio de prueba, que también contempla la pericial de designación judicial. El legislador exige, para que la prueba pericial sea admi-

18. *Ibidem.*

19. GÓMEZ COLOMER, Juan Luis, «Prueba pericial», en *El nuevo proceso civil* (con MONTERO AROCA y Montón Redondo) Tirant lo Blanch, Valencia, 2000, pág.70

20. MAGRO SERVET, Vicente, *La prueba pericial en la Ley de Enjuiciamiento Civil y en la Ley de Ordenación de la Edificación*, La Ley, Wolter Kluwers, Madrid, 2007, pág. 52.

21. GUZMÁN FLUJA, Vicente, «Prueba pericial», en *El proceso civil* (Moreno Catena, dir.), Tirant lo Blanch, Valencia, 2001, tomo III, pág. 2.

sible, que sean necesarios conocimientos especializados, como acabamos de ver, para valorar hechos o circunstancias relevantes.

En realidad, existen requisitos subjetivos y objetivos a la hora de considerar este tema, entre los que destacaremos ahora, sucintamente, las personas que pueden ser peritos, donde se debe tener en cuenta:

1.º Que la intervención como perito es incompatible con la condición de juez en el mismo proceso, pues es causa de recusación (arts. 219, 5.º, LOPJ y 99.2 de la LEC); y

2.º Que la parte no puede ser admitida como perito en el proceso.

Definido como medio de prueba, la pericia no sólo evalúa unos hechos que ya están en el mismo, sino que suele traer otros nuevos, o incluso descarta su auténtica presencia[22].

Esta característica hace a la prueba pericial distinta a los demás medios probatorios. Como señala NIEVA FENOLL[23], «el argumento principal de discusión respecto a la naturaleza jurídica de la prueba, consistiría en que mientras a través del resto de medios de prueba se traen los hechos al proceso, con la prueba pericial no sería así, sino que el perito se encargaría de evaluar los hechos que ya están en el proceso».

Se trae al proceso la opinión técnica de un tercero que ha tenido conocimiento del asunto una vez ha ocurrido. Sobre materia que excede de las máximas de experiencia y cuyo conocimiento el juez no posee. Sin embargo, esta finalidad no se cumpliría si aun cuando careciere de tales conocimientos ninguna de las partes propusiere la prueba pues no puede ser acordada de oficio —salvo los supuestos relativos a materia de orden público mencionados más arriba—.

Todos los medios de prueba están dirigidos a lograr la convicción del juzgador y se aportan al proceso por la parte a quien interesa. Cuando se precisan conocimientos especiales para dictar sentencia estos conocimientos necesarios son complementarios del resto de las pruebas y se valorarán conforme a las reglas de la sana crítica. La prueba pericial aporta máximas de experiencia o conocimientos técnicos.

La responsabilidad de las partes a la hora de delimitar el contenido fáctico del objeto del proceso y los medios de prueba oportunos para su

22. Sobre su naturaleza jurídica léase PELÁEZ-VARGAS, Gustavo, «La prueba pericial», en *Revista de la Facultad de Derecho y Ciencias Políticas*, Universidad Pontificia Bolivariana, 1973, núm. 47, págs. 65 a 67; y GONZÁLEZ MONTES-SÁNCHEZ, José Luis, «La prueba pericial en la Ley de Enjuiciamiento Civil: balance crítico», en *Revista de estudios jurídicos*, 2013, núm. 13, págs. 1 a 21.

23. NIEVA FENOLL, Jordi, *Procesal II. Proceso Civil*, ob. cit., págs. 222 y 223.

demostración es quien determina el contenido de la pericia. Se conjugan, pues, los principios de aportación de parte y contradicción en la proposición, admisión y práctica. Dirección de debate por parte del juez y valoración de prueba llevada a la resolución definitiva.

Esto no es predicable en los procesos en los que el orden público exige la intervención del juez, en procesos en los que el objeto es indisponible —familia donde se diriman intereses de menores, menores e incapaces, derechos fundamentales—. Y excepcionalmente en el supuesto del artículo 429.1.2 de la LEC.

Por tanto y como consecuencia de esta regulación, los peritos son designados con carácter general por la parte. Es esta quien hace el encargo y determina el objeto de pericia que interesa para aportación al proceso. Se convierte en prueba cuando es propuesta y admitida.

La LEC también regula el perito de designación judicial, que no obstante sigue siendo perito de parte. Ordena el llamamiento, provisión de fondos y garantías de objetividad. Pero su propuesta y aportación sigue siendo de cargo de los litigantes.

Por tanto, la prueba pericial se caracteriza por la aportación al proceso de elementos extraños pero necesarios para el enjuiciamiento del asunto. Se trata de conocimientos artísticos, científicos o técnicos —sin olvidar las máximas de experiencia—.

El principio de legalidad, que inspira a nuestro ordenamiento permite delimitar la naturaleza procesal, porque, en definitiva, tal como ha quedado dicho, las normas de la prueba regulan dentro del proceso la actividad de las partes (y del juez), recayendo sus efectos directos en el proceso; son normas procesales, pues, porque tienen por objeto regular la actividad procesal destinada a posibilitar y formar la convicción del propio juez sobre la certeza de lo alegado en el proceso. Como se ha dicho los artículos 335 a 352 de la LEC la regula y delimita.

III. LA FINALIDAD DE LA PRUEBA PERICIAL

El artículo 281.1 de la LEC establece que «la prueba tendrá por objeto los hechos que guarden relación con la tutela judicial que se pretenda obtener en el proceso». Ello, en conexión con el hecho controvertido, el objeto de debate, al que ha de otorgarse una importancia esencial.

La prueba es esencialmente actividad procesal, y fundamentalmente de parte. Adquirir certeza y valorar hechos y circunstancias es la labor del juez, que debe llevar a cabo a través de la aportación de parte del informe en el que sustente la pretensión o la oposición al suplico principal. También cabe prueba sobre costumbre o derecho extranjero. Justifica su necesidad en el proceso MONTERO AROCA[24], puesto que «cuando se trata de verificar hechos es evidente que los mismos han de haber sido afirmados, por una parte, han de haber sido negados por la contraria y el juez ha de carecer de los conocimientos precisos para efectuar por sí mismo la actividad verificadora».

La prueba pericial pues puede referir probanza de hechos o circunstancias del pasado o del futuro, previsibles atendiendo al estado de la cosa y que determinaran finalmente el suplico de la demanda o razones de la contestación[25]. Por tanto, como sostiene GUZMAN FLUJA[26], «la labor del perito no es decidir, ni resolver, sino dictaminar conforme a su ciencia». Donde es posible añadir, ahora, que la valoración conjunta de la prueba puede actuar como elemento corrector en la praxis forense, pues como continúa afirmando el autor, «la fundamentación jurídica exige que sean valorados de forma conjunta todos los elementos probatorios concurrentes en el proceso. Y sin ignorar que el contenido definitorio de la prueba pericial lo hace muy relevante, pues arroja luz a hechos de difícil comprensión sin conocimientos específicos, es lo cierto que el apoyo de otras pruebas es frecuente. Será la casuística que derive del hecho controvertido la que informe el resultado. De otro modo la finalidad de la prueba, como elemento verificador de hechos afirmados por los litigantes, perdería su sentido. Dejando el resultado final a las conclusiones del informe o dictamen pericial, una suerte de arbitraje de terceros. Desvirtuando la naturaleza jurídica de la prueba».

Otra consideración merece el llamado peritaje objetivo o científico, con resultados no discutibles ni controvertidos, por ejemplo, pruebas ADN distinto del deducente o de opinión (hecho o circunstancias susceptibles de opiniones diversas).

Si el resultado de las pruebas científicas es indubitado e indiscutible no cabe la menor duda de que debe ser aceptado por las partes y acogido por el juzgador. Seguiría las reglas de la prueba tasada. Si así no fuere, se trataría de un peritaje de opinión que nos situaría en el supuesto comentado de valoración de la prueba conforme a las reglas de la sana crítica.

24. MONTERO AROCA, Juan, *El proceso civil los procesos ordinarios de declaración y de ejecución*, ob. cit., pág.704

25. En tal sentido, véase MONTERO AROCA, Juan, *El proceso civil los procesos ordinarios de declaración y de ejecución*, Tirant lo Blanch, 2016, pág. 704, especialmente cuando manifiesta los riesgos de sustituir la valoración del juez, mediante el dictamen pericial.

26. GUZMÁN FLUJA, Vicente, «Prueba pericial», en *El proceso civil*, ob. cit., págs. 6 y 7.

En definitiva, en la regulación de la prueba, no se impone y se responsabiliza al tribunal de la investigación y comprobación de la veracidad de los hechos relevantes en que se fundamentan las pretensiones de tutela formuladas por las partes, sino que es sobre estas sobre las que recae la carga de alegar y probar. La finalidad de la prueba pericial es precisamente que personas expertas en materias no jurídicas permitan al tribunal determinar el alcance de hechos relevantes en el proceso.

Así lo recoge la SAP de Madrid de 30 de abril de 2018 (FJ 3.º): El dictamen pericial no priva al tribunal de la facultad de valorar los hechos, incluidos en las conclusiones que pueda sustentar el perito, puesto que la función del mismo es la de auxiliar al juez ilustrándolo sobre las circunstancias del caso, pero sin privarle de la facultad de valorar su informe. La finalidad de la prueba pericial es, en consecuencia, ilustrar al tribunal acerca de cuestiones para cuya apreciación es necesario o conveniente poseer conocimientos técnicos o prácticos específicos, debiendo respetarse la valoración que de la prueba pericial ha efectuado el juez de instancia a no ser que sea contraria a derecho, ilógica o absurda». En este sentido también se cita la SAP de Orense, de 28 de abril de 2015 (FJ 3.º).

Ahora bien, no siempre la prueba recae sobre hechos; en ocasiones el supuesto de hecho de la norma o el supuesto fáctico del negocio jurídico que se lleva ante el juez está compuesto no sólo de hechos o actos, sino también de conceptos o juicios. Por tanto, la finalidad de la pericia no es otra que verificar, por quien tiene la carga de la prueba, los hechos que afirma como ciertos en su demanda o contestación.

Se puede anticipar aquí la importancia de medios digitales e informáticos como soporte de la prueba pericial en sede de expediente judicial digital. Desde luego marcando las diferencias con la prueba o los documentos electrónicos que tienen otro tratamiento probatorio.

Por tanto, salvando su naturaleza jurídica el soporte de aportación y entrega de copias se ve afectado por las nuevas tecnologías y limitaciones que en este sentido se vienen dando en los tribunales por falta de medios idóneos. Es necesario que soporten la celeridad exigible en supuestos de exhibición y han de ser de fácil lectura, permitiendo la identificación plena de su contenido y apartados, así como acceso inmediato.

A través de macros y herramientas que se acojan a lo exigido legalmente por Ley 18/2011, de 5 de julio, reguladora del uso de las tecnologías de la información y la comunicación en la Administración de Justicia y su desarrollo, así como la guía de buenas prácticas del CGPJ, la última de ellas de 25 de mayo de 2020.

CAPÍTULO II

OBJETO Y MOMENTO DE APORTACIÓN DE LA PRUEBA PERICIAL CIVIL

I. OBJETO DEL DICTAMEN DE PERITOS

La disposición sobre las pretensiones ventiladas en sede jurisdiccional[27], así como la rigidez procedimental aplicable a un sistema probatorio tasado, permiten afirmar que la prueba, en general, tiene por finalidad acreditar los hechos o circunstancias relevantes de quien los afirma como sustento de su petición, tanto en la demanda como en la contestación.

El objeto de la prueba pues es la verificación de lo alegado. Lo que nos lleva al objeto puro de la controversia. Sin embargo, el demandante al momento de aportación ignora el posicionamiento de la contraria en el proceso. No obstante, en lo que aquí interesa, debe acompañar esta prueba junto a la demanda como se verá posteriormente[28]. En realidad, debe acompañar todas las pruebas documentales de las que intente valerse, incluida la pericial, salvo las excepciones sobre esta que se verán posteriormente.

Serán objeto de prueba los hechos, siempre que guarden relación con la tutela judicial efectiva que se pretenda obtener, la costumbre o el derecho extranjero. El legislador opta por la prueba de los hechos y no de las afirmaciones que las partes realicen sobre los mismos[29].

---

27. Sobre los limites aplicables a la intervención judicial sobre el objeto del proceso mediante peritaje o testifical en virtud del principio dispositivo, puede verse MONTERO AROCA, Juan, *Introducción al Derecho Procesal. Jurisdicción, acción y proceso*, Tecnos, Madrid, 1976, págs. 230 y 231.

28. Censurado por SERRA DOMÍNGUEZ, Manuel, «La prueba pericial», en *Instituciones del nuevo proceso civil. Comentarios sistemáticos a la Ley 1/2000* (Alonso-Cuevillas Sayrol, coord.), Dijusa, Barcelona, 2000, vol. II, pág. 309, cuando afirma que «en todo caso, versando la prueba sobre hechos controvertidos por las partes, resulta anómalo obligar a aportar dictámenes periciales antes de conocer los puntos litigiosos (...)».

29. EXTEBERRÍA GURIDI, José Francisco, *Las facultades judiciales en materia probatoria*, Tirant lo Blanch, Valencia, 2003, pág. 211.

El objeto de la prueba pericial recae sobre hechos o circunstancias relevantes en el asunto, para valorarlos o adquirir certeza sobre ellos.

Pueden ser tanto los hechos que se debaten en el pleito, como la costumbre, el derecho extranjero y las máximas de experiencia. Todo aquello que pueda y deba ser tomado en consideración por el órgano judicial para dictar la resolución que decida la litis planteada[30].

Avanzado el proceso, cuando el demandado conteste también podrá hacer uso de esta prueba como determina el artículo 336 de la LEC, con las excepciones que para ambos litigantes recogen los artículos 337 y 338 del mismo texto legal como se desarrollará.

Así pues, la parte actora ha de ejercitar las pretensiones deducidas y deducibles, siendo imposible la alegación de hechos y fundamentos de derecho por el principio de preclusión, *vid.* artículo 400 de la LEC. Si bien, antes de la contestación podría ampliar el objeto del proceso como determina el artículo 401 de la LEC bajo el epígrafe «Momento preclusivo de la acumulación de acciones. Ampliación objetiva y subjetiva de la demanda».

Por tanto, se da la peculiaridad en el régimen jurídico de la prueba de peritos de la anticipación. La parte ha de aportarla desde el inicio del proceso, por lo que ha debido ya valorar su necesidad e incluso en la mayoría de los casos será el fundamento de la razón de pedir. Sus aseveraciones y conclusiones serán llevadas a la demanda para fundar la pretensión.

En la contestación a la demanda concurre la misma exigencia, su diseño de prueba preprocesal así lo exige. Solo cuando las partes acuden al auxilio judicial dentro del sistema dual de la prueba, al optar por el perito de designación judicial, es cuando la prueba se introduce al proceso ya nacido este, conocidos los términos de la demanda e incluso de la contestación[31].

Esto con independencia de la aportación extemporánea. En definitiva, la prueba se anticipa a la fijación del hecho controvertido. Elemento común a la prueba documental, exigencia legal de aportación con la demanda o contestación de aquellos documentos en que se funde.

Así las cosas, la prueba pericial lo será del hecho o circunstancias relevantes, en el marco definido en el artículo 335.1 de la LEC. Si bien merecen un apartado especial tanto la prueba del derecho como de los hechos o actos favorecidos por una presunción.

---

30. Gutiérrez Muñoz, Sonia Monserrate, «La prueba en el proceso civil», J. M. Bosch, Barcelona, 2013, pág. 28.

31. Sobre aportación y proposición Garciandía González, Pedro, «Artículo 347», en *Comentarios a la Ley de Enjuiciamiento Civil*, Thomson Reuters Aranzadi, Pamplona, 2011, vol. I, pág. 1478.

A tal fin, se propone considerar el objeto de la pericial desde la perspectiva que aporta la estructura propuesta por CORTÉS DOMÍNGUEZ[32].

1.1. Sobre la prueba del derecho

La probanza del hecho o circunstancias concurrentes excluye la del derecho, a salvo la costumbre y derecho extranjero. Ello en cuanto el juez está sometido al imperio de la ley y, por tanto, debe conocerla. Rige el principio *iura novit curia*. La ley, su contenido e interpretación no ha de probarse. Así se deduce del artículo 117 de la CE, y artículos 209, 218.1.2 y 281.2 de la LEC.

En este sentido FLORES PRADA[33] dice que, cuando se trata de argumentar sobre la aplicación o interpretación del Derecho que deba ser conocido por el juez o tribunal no cabrá la aportación de dictamen pericial, ni tendrán tal condición los informes jurídicos elaborados por expertos (*v. gr.*, profesores de universidad) que las partes pretendan aportar para apoyar su discurso.

No obstante, el artículo 281.2 de la LEC dispone:

> También serán objeto de prueba la costumbre y el derecho extranjero. La prueba de la costumbre no será necesaria si las partes estuviesen conformes en su existencia y contenido y sus normas no afectasen al orden público. El derecho extranjero deberá ser probado en lo que respecta a su contenido y vigencia, pudiendo valerse el tribunal de cuantos medios de averiguación estime necesarios para su aplicación.

En este sentido, afirma CORTÉS DOMÍNGUEZ[34] que, si bien el juez no está obligado a conocer el derecho extranjero y la costumbre, podía aplicarlo en el caso de que lo conociera, e incluso, adoptar las medidas oportunas necesarias para adquirir su conocimiento, pues de lo contrario se dejaría a la voluntad de las partes la aplicación de las normas jurídicas.

Por tanto, la costumbre hay que probarla, a menos que las partes estén de acuerdo con su existencia y contenido, salvo afecte al orden público. Ello introduce a la costumbre en el régimen normal de prueba de las llamadas alegaciones fácticas y jurídicas.

32. CORTÉS DOMÍNGUEZ, Valentín, «Concepto y objeto de la prueba», en *La prueba en el proceso civil*, (González Cano y Romero Pradas, coords.), Tirant lo Blanch, Valencia, 2017, tomo I, pág. 35.

33. FLORES PRADA, Ignacio, «La prueba pericial», en *La prueba*, ob. cit., pág. 3.

34. CORTÉS DOMÍNGUEZ, Valentín, «Concepto y objeto de la prueba», en *La prueba en el proceso civil*, ob. cit., pág. 39.

La prueba de la costumbre exige acreditar la existencia situaciones fácticas constantes, dimanantes de actos uniformes a través de un periodo de tiempo suficiente para calificar su permanencia, con convicción de que la observancia reiterada de una determinada norma en esos actos obedece a una razón de Derecho[35].

En cuanto al derecho extranjero no existe el deber del juez de investigarlo ni tampoco se crea el deber de que las partes asistan al juez en su investigación. Lo que se prevé es la carga de probarlo y, al mismo tiempo, la facultad del juez de realizar cualquier tipo de actos tendentes a procurarse el conocimiento del derecho extranjero[36].

El denominado dictamen jurídico no ha de ser admitido por cuanto siendo su objeto el derecho queda relevado de prueba. El acervo de conocimiento con la excepción dicha lo posee el juzgador, quien aplica e interpreta el derecho.

Desde la perspectiva de la prueba pericial la prueba del derecho ha de ser excluida con la salvedad expuesta respecto al derecho extranjero y la costumbre. Nunca versará sobre elementos jurídicos. En todo caso se considera al derecho extranjero como un hecho procesal, basado en el hecho de entender que el derecho internacional privado resuelve problemas de soberanía legislativa de los Estados[37].

1.2. Prueba del hecho o circunstancias relevantes

Serían objeto de prueba los hechos controvertidos, fijados en el modo establecido en el artículo 427 de la LEC para el juicio ordinario y artículo 443.3 de la LEC para el juicio verbal.

La distinción entre hechos y circunstancias relevantes sería interesante por cuanto los hechos serán los discutidos o controvertidos, las circunstancias se refieren al conjunto en torno al hecho, accidente de tiempo, lugar, modo, etc. que en todo caso han de ser relevantes y por tanto han de someterse o considerarse a través de material probatorio.

---

35. Flores Prada, Ignacio, «La prueba pericial», en *La prueba*, ob. cit., pág. 5.

36. Para la regulación de cuanto se refiere a los criterios de valoración de la prueba del derecho extranjero, de la aportación de los certificados de ley sobre la vigencia y contenido, así como de la interpretación del derecho extranjero, *vid.* la Ley 29/2015 de 30 de julio, sobre Cooperación Jurídica Internacional en materia civil, especialmente los artículos 33 a 36. Cuestión diferente resultaría la especial complejidad de la prueba del derecho extranjero respecto del modelo anglosajón, especialmente del norteamericano, vista la idiosincrasia propia de tales ordenamientos jurídicos en la conformación jurisprudencial del Derecho, tanto a nivel estatal como federal.

37. Exteberría Guridi, José Francisco, *Las facultades judiciales en materia probatoria*, ob. cit., pág. 228 y 229.

La fijación del hecho controvertido dirimirá la prueba, en ese momento podrán destacarse circunstancias relevantes. Si bien lo más práctico será simplificar o sintetizar al máximo para desbrozar la utilidad y pertinencia de la prueba.

En cuanto al objeto de prueba, ateniéndonos a lo dispuesto en el artículo 281 de la LEC apartado tercero, están exentos de prueba los hechos sobre los que exista plena conformidad de las partes, salvo en los casos en que la materia objeto del proceso esté fuera del poder de disposición de los litigantes. Si bien, tal y como dispone el apartado cuarto, no será necesario probar los hechos que gocen de notoriedad absoluta y general.

La dispensa de prueba sobre el hecho notorio responde a una exigencia de economía procesal. La prueba es innecesaria cuando la realidad de un hecho se encuentra incorporado al patrimonio cultural de un determinado momento de una determinada circunstancia social[38].

De esta forma, no serían objeto de prueba los llamados hechos o actos no controvertidos, los notorios, además los favorecidos por una presunción y las máximas de experiencia.

El demandado en su contestación debe ajustarse a lo dispuesto en el artículo 405.2 de la LEC por cuanto éste habrá de negar o admitir los hechos aducidos por el actor en la contestación a la demanda. No obstante, la cláusula de cierre del citado precepto admite cierto margen de apreciación jurisdiccional por cuanto el tribunal podrá considerar el silencio o las respuestas evasivas del demandado como admisión tácita de los hechos que le sean perjudiciales. En otras palabras, si no hay negación de hechos, no existe contradicción y no se precisa prueba. El principio dispositivo (excepción hecha en materia de orden público) por el que las partes definen su posición en autos sobre la controversia es el que informa la utilidad de la prueba.

Tampoco está sujeto a probanza el hecho notorio. El hecho públicamente conocido, también por el juez. No conocido por la actividad o lo dicho en el proceso, sino universal y común. En realidad, el hecho notorio no es objeto de prueba porque su divulgación generalizada permite su fijación en la sentencia en el marco tanto del relato de hechos como de las consecuencias jurídicas que le sean anejas.

Finalmente cabe mención como objeto de prueba de las máximas de experiencia. No siempre el supuesto de hecho de una norma está formado

38. MATHEUS LÓPEZ, Carlos Alberto, *Sobre la función y objeto de la prueba*, J. M. Bosch, Barcelona, 1943, págs. 335 y 336. También, léase CABAÑAS GARCÍA, Juan Carlos, «Premisas básicas para una posible redefinición de la teoría procesal sobre el hecho notorio», en *Revista de Derecho Procesal*, 1991, núm. 3, pág. 565 a 591.

exclusivamente por hechos o por actos. Afirma Cortés Domínguez[39] que, en ocasiones, en los supuestos de hecho de determinadas normas entran, como «condición de hecho», conceptos o juicios de valor sobre los hechos, cualidades económicas o socialmente relevantes de las cosas o de las personas, valoraciones sobre una actuación o un negocio jurídico e incluso conceptos dependientes de un saber especializado.

Las máximas de experiencia habrá que probarlas sólo cuando el juez no las conozca o, dicho de otra manera, cuando en la cultura del juez no estén contenidas las necesarias para saber interpretar la existencia de determinados conceptos de la vida o de la ciencia precisos para aplicar la norma jurídica de cuya aplicación se trata en el proceso. En general artes o disciplinas que no requieren titulación y que obedecen a conocimientos adquiridos por la experiencia del informante.

1.3. Hechos o actos favorecidos por una presunción

Los hechos presumidos, por tanto, no necesitan ser probados para que el juez los fije en la sentencia, siempre y cuando los hechos presuntos sean alegados y probados. Y mediante una relación de causalidad que habrá que probar, permitan llegar al hecho presumido.

Su regulación aparece en los artículos 385 y 386 de la LEC, distinguiendo entre las presunciones legales y judiciales. Las primeras como su nombre indica dispensan de prueba por ley a la parte que pueda favorecer el hecho. La certeza ha de haberse establecido mediante admisión —se entiende de la parte contraria— o prueba.

Las presunciones salvo prueba en contrario podrán dirigirse tanto a probar la inexistencia del hecho presunto como a demostrar que no existe el enlace que ha de haber entre el hecho presunto y el probado o admitido que fundamenta la presunción.

No obstante, se admite prueba en contrario de la presunción legal, salvo prohibición expresa.

En cuanto a la presunción judicial, parte de un hecho admitido o probado, que se aplica a otro cuando existe un enlace preciso y directo según las reglas del criterio humano. Todo ello deberá ir incluido en el razonamiento de la sentencia.

El litigante perjudicado por la presunción podrá practicar prueba en contrario como en el caso de la presunción legal.

---

39. Cortés Domínguez, Valentín, «Concepto y objeto de la prueba», en *La prueba en el proceso civil*, ob. cit., pág. 46.

En estos supuestos no hay que probar, o no es objeto de la prueba, el hecho constitutivo del derecho que se ejercita, sino otro u otros de los que quepa deducir lógicamente la existencia de aquel.

La prueba en contrario o de los hechos presuntos o indicios, puede serlo por la vía de la prueba pericial. Buscando destruir la presunción de hechos o actos.

Puede proponerse y practicarse dicha prueba tanto para aseverar hechos que se pretenden hacer valer como para refutar la presunción que derive de la demanda o contestación en su caso. Sería una prueba cuyo objeto sería rebatir los argumentos aducidos o que pueden aducirse en contra de lo que se defiende o se quiere probar.

Centrada pues la prueba en el hecho controvertido fijado en audiencia previa o juicio verbal quedaría delimitada con claridad qué ha de estar sujeto a probanza.

II. LA NECESIDAD DE APORTACIÓN DEL DICTAMEN PERICIAL Y SU RELACIÓN CON EL OBJETO DEL PROCESO

Respecto del objeto y finalidad del dictamen pericial es necesario comenzar nuestro análisis con la dicción literal del artículo 335. 1 de la LEC, por cuanto:

> Cuando sean necesarios conocimientos científicos, artísticos, técnicos o prácticos para valorar hechos o circunstancias relevantes en el asunto o adquirir certeza sobre ellos, las partes podrán aportar al proceso el dictamen de peritos que posean los conocimientos correspondientes o solicitar, en los casos previstos en esta ley, que se emita dictamen por perito designado por el tribunal.

Son varias las posibilidades de invocar e introducir en el proceso la necesidad de traer conocimientos científicos y técnicos bien a través de la documental, la pericial o el testigo perito. Tres medios probatorios diferentes que pueden servir a una misma finalidad, lógicamente con distinta formalidad y naturaleza jurídica.

La documental en caso de ser esencial o informar la razón de pedir debe acompañar a la demanda —*vid.* art. 265 de la LEC— o proponerse en momento posterior, vista o juicio, en caso de referirse a circunstancias del artículo 270 de la LEC o ponerse de manifiesto a consecuencia de alegaciones o pretensiones puestas de manifiesto por la parte contraria —*vid.* artículos 426 y concordantes de la LEC—.

El dictamen pericial cuyo soporte es documental ha de ser aportado junto a la demanda o contestación a la demanda, por regla general. Como se dijo, con ocasión del desarrollo del capítulo anterior, respecto del momento de aportación, la prueba pericial debe aparecer revestida de una serie de requisitos, que deben ser de origen, y por tanto insubsanables según se razonará. Y puede ser prueba de parte o pericial judicial, en realidad también de parte, pero sujeta a las exigencias del artículo 339 de la LEC.

Pericial y documental son dos medios de prueba distintos. El momento de aportación exigido es el mismo si la documental es esencial. Será objeto de desarrollo precisamente esta circunstancia por la importancia que adquiere al pronunciarse el tribunal sobre la admisión.

La necesidad de prueba en la práctica se confunde con la propuesta del testigo perito que no precisa ser reseñado en la demanda o contestación como la prueba pericial. Puede hacerse referencia a este medio probatorio en el cuerpo de escritura de uno u otro. En cualquier caso, posee una regulación que pone el acento en la primera circunstancia, esto es, en su calidad de testigo por su conocimiento del hecho, a la que se suma la circunstancia de poseer también los conocimientos científicos razón de su declaración como perito de forma simultánea a la de testigo, pero sucesiva en su incorporación al proceso. Esta figura se tratará con mayor profundidad en el apartado correspondiente.

El dictamen pericial frecuentemente, informa el ejercicio de la acción —o de la excepción u oposición a la misma—, y así, la contradicción implica contra pericia y no nueva pericia; se establece un momento preclusivo en su aportación (arts. 336 y 337 y 339) y se obvia pues la designación judicial y la valoración de la prueba seguirá las reglas de la sana crítica (art. 348).

Entiende FLORES PRADA[40] que debe existir una correlación entre el contenido y los extremos sometidos a pericia con el hecho controvertido. Con la peculiaridad apuntada de que su aportación es anterior a ese momento procesal. Por tanto, puede que el objeto de pericia no sea del todo coincidente con el de prueba cuya determinación es posterior, una vez contestada la demanda.

Pero el demandado se enfrenta al mismo reto, debe encargar y aportar, si así interesa a su derecho, un dictamen pericial con el objeto de que considere esencial a su posición en autos. Puede hablarse, así de una congruencia externa que garantice la coincidencia plena entre el objeto de la pericia y lo que constituye objeto de prueba en el proceso. Existe el concepto de cuestión litigiosa, aquella cuestión disputada, la que origina el conflicto entre las partes. Esa cuestión litigiosa determina la necesidad de

40. FLORES PRADA, Ignacio, «La prueba pericial», en *La prueba*, ob. cit., pág. 371.

los dictámenes periciales antes de los actos de alegación, y con seguridad integrará la parte esencial del objeto procesal, con independencia de que se concrete o matice conforme a la ley procesal. Eso hará que la prueba sea pertinente, es decir atinente al objeto del proceso. Por supuesto, si después no es así, la prueba pericial carecerá de pertinencia o de utilidad y podrá ser rechazada o no admitida por este motivo.

Esta congruencia externa habrá de ser vigilada, por un lado, en la pericia de parte a través del cotejo de lo que en un momento anterior al proceso constituyó el objeto de la pericia —a través de los instrumentos de identificación y acreditación antes señalados y que deben constar en el dictamen— con lo que constituye el objeto de prueba en el proceso. Es importante, pues, que el objeto sea el mismo y que, de haber mudado en su composición, características, estado o circunstancias desde el reconocimiento practicado antes del proceso, de dicha transformación quede la debida constancia ya que, según los casos, la influencia de la modificación del objeto puede tener distintas consecuencias.

Puede además resultar incongruente (impertinente o inútil) el dictamen cuando los presupuestos fácticos del discurso de la parte proponente que trata de acreditar la prueba pericial resultan falsos o erróneamente determinados. El dictamen puede convencer de los resultados previsibles de un supuesto de hecho, más cuando el supuesto de hecho resulta falso o erróneo, el dictamen carece de fuerza probatoria.

La adecuación de la prueba ya resultaría difícil atendiendo a la preclusión de plazos. Solo en fase de aclaraciones o ampliación al informe y como regula el artículo 347 de la LEC, podría adecuarse cualquier modificación que no fuese sustantiva. O bien en caso de hechos nuevos, alegaciones o pretensiones complementarias que justificasen esa ampliación, *vid.* artículo 338 de la LEC. Todo ello previa autorización judicial, en el marco de definición de la prueba, admisión y práctica.

Por tanto, resulta inadmisible la extralimitación del perito respecto del objeto de pericia o en relación con los extremos sometidos a dictamen.

Cabe en este punto citar de la STS 785/2010, de 25 noviembre, que dijo:

> (...) la parte del informe pericial que se extralimitó del objeto de la prueba pericial declarada pertinente no puede ser tomada en consideración para la resolución del proceso porque: a) el exceso de la prueba pericial no se transformó en el acto del juicio en una ampliación de la prueba pericial —en los términos que contempla el artículo 347.1.4.º de la LEC— ya que no se solicitó por las partes ampliación del informe pericial ni le fueron formuladas al perito preguntas relativas a la parte del informe pericial sobre la que se denunció el exceso, y b) la ratificación del perito en su informe, al inicio de su declaración en el juicio, no tiene la trascendencia de incorporar como ampliación del

informe las conclusiones del perito que excedieron de la prueba declarada pertinente, pues la ratificación no es más que una fórmula de reconocimiento del informe que no afecta al resultado de las aclaraciones posteriores del perito.

Por tanto, la ampliación debe estar justificada y aprobada por el tribunal.

Por tanto, se pueden dar de entrada dificultades derivadas de la extralimitación en el objeto del dictamen pericial por cuanto se aporta antes de su proposición y admisión como prueba[41]. Como se ha expuesto esto será objeto de pronunciamiento al fijarse el hecho controvertido y entonces se definirá con exactitud la determinación y alcance de la pericia, utilidad, pertinencia y necesidad. Debiendo quedar fuera todo lo que no sea admitido por el juzgador y por tanto exento de valoración.

Podrá acordarse devolución por su conducto si el contenido de la pericia lo permite o bien mantenerlo en el expediente sin que sea tenido en cuenta. Existe pues un doble control, el meramente formal relativo al momento de aportación de la prueba y posible preclución y de otro el de contenido, que exige el estudio del objeto y adecuación a los términos del debate.

III. REQUISITOS FORMALES Y DE CONTENIDO DEL INFORME PERICIAL

Entre los requisitos intrínsecos que informan la aportación del dictamen pericial se encuentran tanto las formalidades, en cuanto juramento o promesa del perito, como la forma del dictamen, en lo que refiere a su carácter escrito, idioma, encargo y contenido material del informe, su metodología, análisis y conclusiones, culminando con la correspondiente firma del perito.

El binomio intrínseco —extrínseco, formales— contenido, se identifica con las cuestiones referidas a la forma del dictamen y su contenido.

3.1. Formalidades del documento

El aspecto formal en la admisión de la prueba como tal es revisado tras su proposición, el documento precisa tener el carácter científico o técnico cuya finalidad informó la aportación. Pero además su autor ha de haber asumido su contenido, conocer el alcance del dictamen, su aportación como prueba en un proceso civil y la disponibilidad de atender cualquier requerimiento de aclaración o ampliación.

41. Sobre el momento de proposición léase SANJURJO RÍOS, Eva Isabel, *La prueba pericial civil. procedimiento y valoración*, Reus, Barcelona, 2013, pág. 46 a 49.

3.1.1. Juramento o promesa

El dictamen debe contener «juramento o promesa de actuar con objetividad». Lo exige el artículo 335.2 de la LEC cuando dispone:

> Al emitir el dictamen, todo perito deberá manifestar, bajo juramento o promesa de decir verdad, que ha actuado y, en su caso, actuará con la mayor objetividad posible, tomando en consideración tanto lo que pueda favorecer como lo que sea susceptible de causar perjuicio a cualquiera de las partes, y que conoce las sanciones penales en las que podría incurrir si incumpliere su deber como perito.

La primera cuestión será plantear la posibilidad de subsanación del citado juramento o promesa en el acto del juicio, si ello es posible y, por tanto, el perito ha de comparecer a juicio en todo caso al menos para suplir esta omisión.

Autores como GUZMAN FLUJA[42], consideran desde la perspectiva de la admisibilidad de la prueba, que la exigencia recogida en el artículo 335.2 de la LEC tiene un claro contenido formal, que no implica la invalidez del dictamen ni afecta a la proposición y admisión de la prueba. De hecho, se trata de un elemento que influirá posteriormente, de suerte que la efectiva imparcialidad y objetividad en el desarrollo de la función pericial habrá de ponderarse en el trámite de valoración, credibilidad y fuerza de convicción del dictamen.

En la práctica forense, es frecuente la alegación o solicitud de posible subsanación por aplicación genérica del artículo 231 de la LEC. Se trata de un acto procesal y como tal susceptible de subsanación; posibilidad que aparece en otros apartados de la ley (*vid.* artículos 73.4, 166, 254.4, 275, 418, 465.3 o 559.2) y que para una prueba que tendrá efecto y será valorada posteriormente, debe admitirse la misma opción, por lo que se permitirá al perito que éste complete su dictamen, si lo estima pertinente, incorporando a tal fin ese juramento y procediendo a su ratificación en la forma que dispone el artículo 289.3 de la LEC (a presencia del letrado de la Administración de Justicia), antes del juicio, no exigiéndose la ratificación para que el informe escrito tenga eficacia probatoria[43].

---

42. GUZMÁN FLUJA, Vicente, «Prueba pericial», en *El proceso civil*, ob. cit., pág. 7.

43. Sobre esta cuestión, léase BELHADJ BEN GÓMEZ, Celia, «La prueba pericial, reglas sobre proposición, admisión y práctica en el proceso civil. Estudio jurisprudencial», en *Revista Aranzadi Doctrinal*, 2012, núm. 3, págs. 125 a 145 y LARENA BELDARRAIN, Javier «La prueba pericial», en *El proceso civil: parte general, el juicio verbal y el juicio ordinario* (Gutiérrez Barrenengoa, Larena Beldarrain y Lledó Yagüe, dirs.), Dykinson, Madrid, 2020, págs. 269-277.

Sin embargo, no se trata de un acto procesal y esta interpretación vaciaría de contenido el artículo 335.2 de la LEC singularmente el momento preclusivo que contiene; también el específico artículo 289.3 de la LEC, que debe conectarse con los mencionados más arriba y, sobre todo, con el artículo 346 de la LEC referido a la pericial judicial, pues no hay otro momento y la objetividad e imparcialidad no puede ser sobrevenida, lo es de origen, sin que la vista pueda tener este exclusivo contenido, esto es, la subsanación para ratificación. Imaginar esta opción para el desarrollo de una prueba testifical sería impensable (primero declara y después jura).

Como argumento a favor de esta interpretación en fase de proposición de prueba en juicio es frecuente la alegación de indefensión por cuanto la no admisión de prueba priva a la parte de informe pericial, normalmente sustento principal de sus pretensiones. Sin embargo, la respuesta debe ser negativa. Debe ponerse de relieve que la aportación defectuosa del documento significa colocarse en una situación desventajosa para el éxito de las pretensiones, como la señalada *supra*, por la parte procesal correspondiente. No solo porque el derecho a la tutela judicial efectiva es de configuración legal y, por tanto, ha de estarse a lo dicho por la ley reguladora (*vid.* artículo 335.2 de la LEC) sino porque se articulan otras opciones para introducir al que ahora será testigo-perito que podrá declarar en juicio con las exigencias que le son propias (arts. 370.4.º y 380). Y no puede perderse de vista la finalidad de su «posible intervención» como indica el artículo 347 de la LEC, que bajo esta rúbrica establece las posibles actuaciones en el juicio o vista.

A favor de la posible subsanación del juramento se ha pronunciado la SAP Madrid de 27 de julio de 2010 (FJ 2.º), en la que fueron admitidos como testigos-peritos y así se practicó la prueba, aunque no existían obstáculos insubsanables para su admisión como prueba pericial, ya que la falta en el informe de juramento o promesa solemne de actuación objetiva e imparcial a que se refiere el artículo 335.2 de la LEC podía subsanarse en el acto del juicio.

Ello resulta de la aplicación del criterio sentado en la SAP de Madrid de 7 de febrero de 2006:

> (...) en el recurso de apelación se plantea que el dictamen de perito que aporta el demandante y en el que en esencia se basa la sentencia valorándolo como prueba pericial, no puede ser valorado como prueba de dictamen pericial al no cumplirse lo dispuesto en el número 2 del artículo 335 de la Ley 1/2000, de 7 de enero, de Enjuiciamiento Civil. En el dictamen del arquitecto (...) que se aporta no se hace el juramento o promesa. Pero luego, al comparecer en el juicio, para ratificar el dictamen, el perito, a preguntas de la magistrado de si juraba o prometía decir la verdad, juró, y, al advertirle de las penas por incumplir su deber como perito, dijo que las conocía. Lo cual basta y es suficiente

para poder valorar el dictamen del arquitecto (...) como prueba pericial de parte, pues se ha dado cumplimiento a las exigencias del artículo 335 de la Ley 1/2000, de 7 de enero, de Enjuiciamiento Civil.

En el mismo sentido se pronuncia ILLESCAS RUS[44] que dijo que «sin perjuicio de que, como regla, la falta deba reputarse subsanable, la negativa del perito a prestar el juramento (o promesa) y a efectuar la declaración de conocer las sanciones legalmente previstas, equivale a la no aceptación del encargo y, en el caso de los peritos designados por las partes, a la ineficacia sobrevenida del informe emitido.

Conviene reparar en que la LEC, aun supuesta la aquiescencia del perito a efectuar la declaración requerida, si manifestare ignorar el alcance de la aflicción o los correctivos asociados a las infracciones de su deber, no prevé como la LEC de 1881 que pueda ser instruido por el órgano jurisdiccional. Sin embargo, no vemos inconveniente alguno a que así pueda realizarse, en su caso, dejando debida constancia en un acta extendida al efecto».

Se incide en estos pronunciamientos en la razón de valoración de la prueba obviando que no es la pericial una prueba especial ni vinculante en sus conclusiones pues está sujeta como todas las demás a las reglas de la sana crítica. Por tanto, el resultado —que no es otro que la valoración— se trata de solventar mediante la subsanación de la omisión de juramento o promesa.

En contra de la subsanación, se pronuncia la SAP de Madrid de 23 de diciembre de 2008 (FJ 4.º):

> (...) la doctrina invocada por la parte actora y ahora apelante no es conforme con la disciplina de la prueba de peritos en el modo en que ha sido disciplinada por la LEC 1/2000, la cual sitúa en identidad de condiciones a la pericial practicada fuera y antes del proceso por experto designado privadamente por los litigantes con la que pueda realizar en el seno del procedimiento pendiente por un perito judicialmente designado; y ni siquiera es exigible para la plena validez y eficacia de aquellos que sean judicialmente ratificados ni que se practique, en relación con los mismos, alguna de las actividades previstas en el artículo 347 de la LEC. Tampoco la elaboración del dictamen por perito designado sin intervención alguna del tribunal convierte al experto *sic et simpliciter* en «testigo-perito», ni el dictamen está viciado por el hecho de que en el informe no conste emitida la promesa o el juramento de actuación independiente y fiel con el cometido aceptado[45].

44. ILLESCAS RUS, Ángel, «Práctica y valoración del dictamen pericial», en *Cuadernos de Derecho Judicial*, 2005, núm. 7, págs. 4 y 5.

45. En similares se pronuncia la SAP de Girona de 20 de diciembre de 2019 (FJ 3.º) y la SAP de Madrid de 13 septiembre de 2019 (FJ 4.º).

Proclive a la no subsanación es la interpretación del artículo 347 de la LEC efectuada por la jurisprudencia de la Sala Tercera del Tribunal Supremo, reflejada en las STS de 30 de abril de 2009 y de 16 de octubre de 2010 (FJ 5.º). Por cuanto la intervención del perito en juicio es posible pero no indispensable; la tesis de la subsanación la haría necesaria en todo caso. Se afirma entonces que el tribunal o sala «no viene obligado a formular preguntas y pedir aclaraciones al perito, sin que, por no haberlo hecha, tenga que aceptar sus conclusiones». La falta de ratificación no es falta de prueba ya que el informe tiene valor *per se*, siendo la finalidad del artículo 347 de la LEC la especificada allí, explicar el informe, exponerlo e incluso ampliarlo en lo conexo, estando legitimada cualquiera de las partes del proceso para proponer su práctica en el acto del juicio.

Ha de merecer extensa cita lo que al respecto se razona en la mencionada STS de 30 de abril de 2009 (FJ 6.º), que, si bien dictada por su Sala Tercera, se fundamenta en la ley procesal civil, al decir lo siguiente:

> No se exige la ratificación del dictamen pericial adjunto a la demanda como condición necesaria para su validez y eficacia como tal prueba pericial. Al contrario, el artículo 347 de la Ley Procesal Civil establece que «los peritos tendrán en el juicio o en la vista la intervención solicitada por las partes,, que el tribunal admita»; y el artículo 429.8 de la misma Ley señala que «cuando la única prueba que resulte admitida sea la de documentos, y estos ya se hubieran aportado al proceso sin resultar impugnados, o cuando se hayan presentado informes periciales, y ni las partes ni el tribunal solicitarán la presencia de los peritos en el juicio para la ratificación de su informe, el tribunal procederá a dictar sentencia, sin previa celebración del juicio, dentro de los veinte días siguientes a aquel en que termine la audiencia.

De ambos preceptos se desprende con claridad que, si ninguna de las partes o el tribunal solicitan la ratificación o aclaraciones al dictamen pericial, el mismo constituye un medio de prueba plenamente útil y eficaz como tal pericial sin necesidad de ratificación alguna (sin perjuicio, por supuesto, de la valoración que merezca al órgano jurisdiccional a la hora de resolver el litigio). Por eso, no cabe rechazar sin más consideraciones un dictamen pericial oportunamente aportado al pleito contencioso-administrativo con la demanda, so pretexto de que no se interesó su ratificación, al no ser esa ratificación preceptiva sino dispositiva por las partes y el tribunal[46]. En sentido similar se pronuncia la SAP de Madrid de 12 de junio de 2013 (FJ 3.º), por cuanto:

> (...) el dictamen no merece la consideración de informe pericial porque no cumple las prescripciones del artículo 335 de la LEC, ni acompaña los traba-

46. En igual sentido, las SSAP de Albacete, de 11 de diciembre de 2007 y 15 de abril de 2009; de Málaga, de 24 de marzo de 2009; de Vizcaya, de 19 de febrero de 2009; de Murcia, de 14 de

jos auxiliares o de campo para su mejor comprensión como ordena el artículo 336.2 de la LEC, ni la parte pide la intervención del perito con la amplitud del artículo 347 de la LEC, ni el interrogatorio posterior como testigo es bastante para suplantar el contenido del artículo 347 de la LEC y citado. En esas condiciones, el valor de su informe no pasa de ser el de un documento en que la parte funda su derecho, que da cuenta de un hecho documentado, y que no hace prueba por sí mismo; refiere un hecho por probar por los demás medios de prueba, sin que la ratificación de su autor lo convierta en prueba pericial; solo le añade la autenticidad, a los efectos de levantar la carga de la prueba de la autenticidad que viene impuesta por el artículo 362.2 de la LEC si la parte contraria impugna el documento.

La SAP de Baleares de 11 de junio de 2013 (FJ 3.º) comparte esta misma tesis cuando afirma que:

(...) alega la parte hoy apelante que la sentencia recurrida infringe el artículo 335.2 de la LEC, al otorgar eficacia probatoria a un dictamen aportado por la parte actora que carecía del juramento o promesa en la forma que exige aquella norma, cuyo defecto no fue debidamente subsanado posteriormente, al no haber comparecido el citado perito al acto del juicio oral. D. Franco no pudo comparecer a ratificar su informe a causa de la enfermedad que padece —documental del folio 216— y no es ineludible la ratificación en juicio de dichos informes periciales denominados «de parte», y aún cuando es más problemático que quepa admitir la idoneidad del informe como tal pericial cuando no consta en el mismo la previsión del artículo 335.2 de la LEC relativa a la manifestación «bajo juramento o promesa de decir verdad y que ha actuado con la mayor objetividad posible», cabe su valoración como prueba documental, de ahí que no quepa excluir toda eficacia probatoria por inidoneidad, pudiendo el juzgador que conoce en instancia atribuir al elemento probatorio la fiabilidad y la eficacia probatoria que estime adecuados conforme a las reglas de la sana critica en ejercicio de su función soberana de valoración de prueba.

Por último, de igual forma, la SAP de Murcia de 11 de septiembre de 2017 (FJ 2.º) dispone que:

(...) lo primero que es preciso señalar es que el hecho de que el informe no contenga la fórmula legal de juramento o promesa prevista en el artículo 335.2 de la LEC no afecta a su fuerza probatoria. Es necesario distinguir entre el dictamen pericial, que debe de contener la citada promesa o juramento, que consti-

---

marzo de 2005, a todas las cuales aún habrían de añadirse otras, como la SAP de Barcelona de 9 de diciembre de 2008, de Murcia de 14 de diciembre de 2004, y de Tarragona de 13 de marzo de 2009, entre otras, que no dejan de ser una traslación, salvadas sean las especialidades propias ya señaladas, de la conocida doctrina ya mantenida de antaño por el Tribunal Supremo respecto de la prueba documental, comprendida, por ejemplo, en las SSTS de 4 de diciembre de 1993 y 6 de mayo de 1994. Asimismo, puede cotejarse la STS 654/2011, de 10 octubre (FJ 2.º).

tuye la auténtica prueba pericial y la declaración de su autor es como perito y el informe pericial que adolece de dicho juramento y que se califica como prueba documental y la declaración de su autor en juicio es como testigo perito.

Es más, un dictamen pericial con ratificación de su autor en prueba testifical, sometida a contradicción de las partes, no quedaría privado de valor probatorio, produciéndose la «degradación» del informe a un documento privado, que habría de valorarse conforme a las reglas de la sana crítica (arts. 326 y 376 de la LEC) y conjuntamente con el resto de la prueba practicada. Si quienes emitieron los dictámenes pudieran acudir como testigos-peritos para ratificación con contradicción en el acto del juicio, tales dictámenes deben en todo caso valorarse de acuerdo con tales parámetros. Si bien la «actividad dirigida» a realizar el informe, en realidad encierra prueba pericial fuera de plazo como se verá.

Al igual que la prueba pericial propiamente dicha (art. 348 de la LEC). Este requisito pues se considera ineludible y previo según el tenor literal del precepto que dice claramente «al emitir el dictamen», ello cualifica lo que sería un mero documento de contenido científico-técnico y lo convierte en la prueba pericial propiamente dicha. Siendo, como es sabido, la interpretación gramatical la primera a la que ha de acudirse (arts. 1281 y ss. del CC).

Relevada de ratificación su emisión es por lo que se abraza la tesis de la insubsanabilidad pues de otro modo cualquier prueba pericial habría de pasar por esta siendo que el artículo 346 de la LEC la reserva exclusivamente a la pericial judicial por razones obvias en su tramitación el requisito de la ratificación; si bien se desprende del título del precepto, pero no de su propio contenido, pues al entregarlo el juramento o promesa irá ínsito en el documento. Es más, refuerza esta idea la reforma del citado precepto operada por la Ley 42/15, de 5 de octubre, por cuanto aúna ratificación y emisión y contempla la sola intervención del letrado de la Administración de Justicia, sin perjuicio de la asistencia a vista del perito para otras cuestiones que se decretará por providencia. La objetividad no puede ser «sobrevenida» y declarada tras la emisión del dictamen, sería tanto como tomar juramento a un testigo después de haber declarado.

Así pues, la intervención aludida no será otra que la prevista en el artículo 347 de la LEC, común a toda la prueba pericial —judicial o de parte— y centrada en seis puntos. Por tanto, la parte debe proponer tal intervención con motivación de la razón para que el tribunal pueda valorar la pertinencia de esta. Y ello a tenor del punto 1 primer párrafo de dicho precepto. La ratificación excluida, y siendo esta la razón de pedir la mayoría de las veces resulta inútil y dilatoria y por tanto debe centrarse el debate en sus términos sin alusiones genéricas sobre la contradicción de la prueba o aclaraciones imprecisas. Esta solución encuentra su apoyo en la necesidad de solicitar la presencia del perito a la vista en caso de aportación de la prueba después de interposición de demanda o una vez realizada contestación como indican los artículos 337.2, 338 y 346 *in fine* de la LEC.

A mayor abundamiento y *a sensu contrario* puede y debe considerarse que el documento que contiene tal juramento como prescribe la Ley es ya prueba pericial y, por tanto. resulta innecesaria la declaración del perito para darle tal naturaleza, posibilidad denegatoria prevista en el artículo 347 de la LEC. Conectada igualmente sobre la valoración del dictamen que se realiza en la audiencia previa (*vid.* artículo 427 de la LEC) lo que requiere que este goce de los requisitos legales aun cuando el tribunal no se ha pronunciado sobre su naturaleza o admisión y respaldado por pronunciamientos de Audiencias como la de Huesca —24 de noviembre de 2010— y Madrid, e incluso el propio Tribunal Supremo —las citadas de la Sala Tercera y de la Primera de 16 de febrero de 2010— como se verá más adelante.

Desde mi punto de vista no hay posibilidad de subsanación, el juramento o promesa de actuar con objetividad ha de prestarse al emitir el dictamen. No es un acto procesal que refiere el artículo 231 de la LEC. La prueba ha de ser aportada con todos sus requisitos y el tiempo imperativo que expresa el legislador en el artículo 335.2 de la LEC así lo exige. De otro modo carecería de sentido la intervención contingente del perito en el acto o vista expresada en el artículo 347, pues sería un motivo de presencia segura en la vista la expresión de juramento o promesa.

Esta negación no es por la falta de ratificación, prevista en el artículo346 de la LEC para el perito de designación judicial. Que se realiza en la oficina judicial al momento de aportación. El sentido de este precepto y el del artículo 335.2 de la LEC que analizamos es el mismo. Antes de incorporar el informe pericial al proceso debe contener este requisito que lo cualifica y otorga carácter de prueba pericial.

3.1.2. Encargo del informe

La esencia de la pericia descansa en la información que los expertos suministran al juez en el curso del proceso con la finalidad de demostrar las alegaciones formuladas por las partes. Desde este punto de vista, todo documento que las partes aporten, o que soliciten que sea elaborado por expertos con dicha finalidad, debe tener el carácter de dictamen pericial y quedar, por consiguiente, sometido al régimen previsto para la prueba pericial.

Destacarían pues dos notas: el encargo del dictamen al perito y el juramento o promesa de actuar con objetividad previo, si bien algunos autores consideran que cualquier documento por su contenido técnico podría ser prueba pericial.

Así FLORES PRADA[47] dice que «es preciso reconocer que el incumplimiento de las formas no esenciales del dictamen —*v. gr.* el encargo específico o el juramento de objetividad— no puede excluir su naturaleza pericial, debiendo admitirse que siempre que para conocer o apreciar un hecho dado sean necesarios conocimientos técnicos especializados y estos se suministren, aun de forma elemental en un documento, nos hallamos ante un dictamen pericial (ILLESCAS RUS)». Opinión que no comparto como se expuso en el anterior epígrafe.

Debe destacarse, en relación con la virtualidad de la prueba pericial, que la jurisprudencia tiene reiteradamente declarado (véase SAP de Madrid de 12 de junio de 2013 —FJ 6.º— que cita *v. gr.*, SSTS de 133/2010, de 9 de marzo; 697/2011, de 3 de octubre, que los dictámenes no acreditan irrefutablemente unos hechos, sino que incorporan y exteriorizan simplemente el criterio personal o la convicción formada por el perito con arreglo a los antecedentes suministrados. Esta es la razón por la cual no vinculan a los órganos jurisdiccionales, los cuales pueden apreciar la prueba según las reglas de la sana crítica

El dictamen pericial preconstituido a instancia de parte se configura como la modalidad más común de aportación de dictámenes periciales al proceso civil. Esto supone que la relación jurídica nacida entre el autor y quien lo encarga es previa al proceso. La definición del objeto será dada por el especialista con la motivación que inspire la razón de pedir, una suerte de diagnóstico del problema surgido al que ha de darse forma jurídica para resolución del litigio.

Por tanto, la demanda o contestación ha de tener muy en cuenta este encargo en apoyo de los argumentos jurídicos a esgrimir e incluso oriente el sentido de la misma en gran parte de su extensión o contenido. Se trata pues de una relación jurídica privada y extraprocesal entre las partes, con la salvedad de la prueba pericial de designación judicial en la que interviene el tribunal en el encargo, una vez admitida la prueba. Pero esto queda al margen del encargo profesional de este apartado y será tratado en el capítulo 3.

3.1.3. Materialización del dictamen

No existen unas formalidades propiamente dichas o rigurosas en cuanto a la materialización del dictamen, será el autor el que elija la deseada, siempre y cuando la forma sea escrita y conste firma del autor. Es conveniente que exista una exposición de la metodología, análisis y

47. FLORES PRADA, Ignacio, «La prueba pericial», en *La prueba en el proceso civil*, ob. cit., pág. 365.

conclusiones a fin de seguir un hilo conductor para mayor claridad del tribunal y las partes. Y suele ir acompañado de anexos que vienen a reforzar los argumentos y tesis expuestas por el perito y en cierto modo forman parte del informe pues lo complementan y explican.

El soporte material puede ser digital o papel. La digitalización y autenticidad, firma electrónica y prueba digital conectan con esta idea.

3.1.4. Forma escrita e idioma

Establece el artículo 336.2 de la LEC que el dictamen pericial ha de ser formulado por escrito. Este requisito, común a los dos modos de elaboración e incorporación de la prueba pericial al proceso, unido a la necesidad de su presentación anterior al acto del juicio o vista, permite que la parte contraria pueda examinarlo y, eventualmente, someterlo a la oportuna crítica y contradicción; y al órgano jurisdiccional su adecuado análisis y valoración.

Contribuye a esta misma finalidad la posibilidad de adjuntar al dictamen los documentos, instrumentos o materiales —o, de no ser posible su incorporación, una relación circunstanciada de ellos—, adecuados para su mejor comprensión o más acertada valoración (contenido del informe y aportación de anexos como forma de inclusión al mismo). El idioma empleado será el castellano, o el idioma oficial de la Comunidad Autónoma en cuyo lugar se sigan las actuaciones como exige el artículo 142.3 de la LEC. ¿Y en idioma extranjero, si el perito necesario o adecuado es extranjero? ¿Se podría? ¿Habría que presentarlo traducido? ¿Quién correría con esos costes?

Si el dictamen, por las razones que sean, fue redactado en idioma distinto del oficial del territorio en que se sustancia el proceso, se procederá a su traducción conforme a las normas generales previstas en el artículo 142.4 del mismo texto legal. En todo caso cuando así lo dispongan las leyes o a instancia de parte que alegue indefensión.

Por tanto, la regla general será que el dictamen sea escrito salvo excepciones legales que se reconocen en el artículo 356 de la LEC en relación con los artículos 353.2 y 354.3 de la LEC. Supuestos de realización del reconocimiento judicial con intervención de las partes y personas entendidas. Reconocimiento judicial con su presencia y el acta correspondiente, *vid.* artículo 358.2 de la LEC.

Podrá emitirse dictamen oralmente, pero documentado por escrito o por otro medio cual podria ser una grabación con posibilidad de transcripción, un video u otro soporte. Los medios han de estar a disposición de las partes y ser posible el visionado o escucha en sala. En cualquier caso, cualquier intervención de parte en los términos del artículo 347 de la LEC debe ser posible lo que incrementa la opción de la oralidad.

Esta emisión en cualquier caso debe cumplir con el momento de aportación del informe, *vid.* artículos 336 a 338 de la LEC.

3.1.5. Firma del autor

Otro requisito del dictamen que parece obvio es la firma del autor. Si hubiesen sido varios los peritos que han intervenido en la elaboración del dictamen, será necesario autorizar las conclusiones con la firma de todos ellos, siempre que las formularan conjuntamente y con plena conformidad. En otro caso, deberá ser firmada la autoría si fuere parcial o discordante en su caso —rara vez expresada—. De este modo, podrán realizar aclaraciones o ampliaciones al informe en caso de concurrir al juicio o vista.

Es frecuente la aparición de dictámenes que podemos llamar auxiliares, firmados por sus autores o no. En este último caso el perito autor del dictamen sustancial asumiría sus consecuencias y debería estar en disposición de declarar sobre su contenido, nos referimos a estudios anexos.

También son aportados con bastante asiduidad dictámenes emitidos por personas jurídicas —instituciones, academias, colegios profesionales o entidades públicas o privadas, *vid.* artículo 340.2 de la LEC—, en este caso se estará a lo dispuesto en el artículo 340.3 de la LEC. La institución que se encargue del dictamen expresará a la mayor brevedad qué persona o personas se encargarán directamente de prepararlo, a estas se les exigirá el juramento o promesa previsto en el artículo 335.2 de la LEC, y todos los demás requisitos de autoría, como la firma a fin de determinar la presencia en su caso en el juicio o vista.

Por último, cabe referencia a la aportación electrónica de la prueba en formato digital, que se desarrollará en otro capítulo. Baste aquí mención de la Ley 18/2011 de Uso de las Tecnologías de la Información y la Comunicación en la Administración de Justicia, y por la Ley 42/2015, de Reforma de la LEC.

Esta última, ha previsto la obligación de aportación electrónica de los documentos que deben acompañar a las alegaciones iniciales y complementarias de las partes en el artículo 135 de la LEC, así como el deber de los peritos designados a través del tribunal de aportar sus dictámenes por vía electrónica, *vid.* artículo 346 de la LEC. Circunstancia a tener en cuenta junto a la firma electrónica.

3.2. Contenido material

Son muchas y variadas las materias, conocimientos, procedimientos y contenidos que pueden ser objeto de pericia lo que hace difícil una clasificación. No obstante, lo cual y siguiendo básicamente los precedentes doctrinales, cabe diferenciar, siguiendo a FONT SERRA[48], las siguientes clases de dictámenes:

- De una parte, aquellos en que los peritos se limitan a proporcionar máximas de experiencia especializadas para que sean aplicadas por el juez al caso, objeto o estado concreto. Estos dictámenes aportan conocimientos, reglas, principios o modos de proceder de carácter abstracto, sin que lleven aparejadas operaciones de aplicación a supuesto alguno, ni lógicamente emisión de juicios o conclusiones fácticas.
- De otra parte, existen dictámenes que, partiendo de un hecho conocido, consisten en la verificación de datos, composiciones, características o medidas. Este tipo de dictámenes exige la aplicación concreta por el perito de sus conocimientos especializados, debiendo notar que, en estos casos, a la vista de la facilidad de comprobación de los resultados, las conclusiones se aproximan más a operaciones de verificación o demostración que a juicios de probabilidad.

También el trabajo de los peritos puede consistir en tratar de determinar las causas de un hecho conocido o bien sus previsibles consecuencias.

Se trata, sin duda, de la labor más compleja dentro de la actividad pericial ya que exige integrar hechos desconocidos a partir de un juicio de probabilidad sobre la realidad del origen o efecto de un hecho presente. Estamos básicamente aquí ante un trabajo de aproximación en el que los grados de posibilidad, imposibilidad o probabilidad juegan un papel fundamental.

En todo caso, según sea la clase de dictamen que se haya pedido y emitido en un determinado asunto, su cometido respecto de los hechos será distinto. En unos casos facilitará que se integren o cualifiquen hechos, aplicando las máximas de experiencia que se han dado a conocer. En otros, contribuirá a que se determine la certeza de hechos controvertidos. Cabe también que el dictamen sirva para valorar hechos que ya se han adquirido en el proceso, por haber sido admitidos por las partes (si ya han

48. FLORES PRADA, Ignacio, «La prueba pericial», en *La prueba*, ob. cit., pág. 367. Asimismo, véase ESPARZA LEIBAR, Julio, *El dictamen de peritos en la Ley 1/2000, de Enjuiciamiento Civil*, ob. cit., págs. 60 y ss.

sido admitidos y hay plena conformidad sobre el hecho por ambas partes están exentos de prueba, artículo 281.3 de la LEC) o, incluso, acreditados a través de otros medios de prueba. Incluso es posible que el dictamen introduzca en el proceso hechos o circunstancias nuevas, desconocidas hasta entonces[49]. Las consecuencias serán según el caso la relevancia que tomen si son aceptadas por el tribunal, articuladas en todo caso a través del artículos 426 y 443 de la LEC. No existe reglas ni normas específicas para la elaboración de dictámenes. Si bien, tiene influencia la presentación, exposición y estructura, anexos que se acompañen y razón de ciencia. La ilustración de conclusiones y explicación del método deductivo que llevó a las conclusiones deducidas por su autor.

Debe ser un acto procesal, consecuencia de un encargo, dictamen personal y versar sobre hechos emitido por un tercero[50].

3.3. Metodología, análisis y conclusiones

No regula la ley cómo se procede a realización del dictamen por el perito nombrado por la parte, pues esa es una actividad extrajudicial y previa o externa al proceso. El artículo 345 de la LEC atiende sólo a la actividad del perito de designación judicial y lo hace muy limitadamente pues contempla únicamente el caso de que requiera algún reconocimiento de lugares, objetos o personas o la realización de operaciones análogas, y a este efecto prevé que alguna de las partes solicite estar presente en aquel o presencie estas, lo que puede acordar el tribunal.

El artículo 346 de la LEC, en cuanto a la emisión y ratificación del dictamen por el perito que el tribunal designe, dispone que, el perito lo formulará por escrito y lo hará llegar al tribunal por medios electrónicos en el plazo que se le haya señalado. De dicho dictamen se dará traslado a las partes por si consideran necesario que el perito concurra al juicio o a la vista, a efectos de que aporte las aclaraciones o explicaciones que sean oportunas. El juez podrá acordar siempre que lo considere necesario la presencia del perito en el juicio o en la vista, según estemos en un juicio ordinario o en juicio verbal, para comprender y valorar mejor el dictamen realizado.

Por tanto, con las salvedades dichas, no existen requisitos para la elaboración o emisión de dictamen, si bien las consecuencias de no tener contenidos mínimos se valorarían en sentencia.

---

49. Flores Prada, Ignacio, «La prueba pericial», en *La prueba*, ob. cit., pág. 367.

50. Léase Devis Echandia, Hernando, *Teoría general de la prueba judicial*, 2019, Temis, Bogotá, tomo II, págs. 310 a 313.

El informe ha de recoger análisis y conclusiones. Sería deseable que se explicase metodología aplicada no hay obligación de explicarla, pero tendrá consecuencias a la hora de valorar la prueba en sentencia. Efectivamente la ley no recoge ninguna exigencia en este sentido, y no es hasta el momento de valoración en sentencia cuando estos parámetros pueden ser tenidos en cuenta, siendo de hecho orientativos para lograr su finalidad que como se viene diciendo, no es otra que lograr la convicción del juzgador.

Por tanto, como expone GARCIANDÍA[51], «el dictamen pericial habrá de ser minuciosamente descriptivo en cuanto al procedimiento seguido para la valoración del objeto material de la pericia y suficientemente motivado en la exposición de las conclusiones y resultados a que haya podido conducir el examen pericial. La motivación ampliamente considerada es preceptiva desde luego cuando el dictamen pericial implique la subsunción de supuestos hecho en máximas de experiencia especializadas, proporcionando un juicio que habrá de ser evaluado en última instancia por el tribunal, pero también debe incluirse en el dictamen cuyo objetivo sea proporcionar al juez únicamente las máximas de experiencia, consistiendo la motivación en este caso en la explicación de la manera más fácilmente comprensible para un lego en la materia, en qué ámbito científico, técnico o práctico se llegó a inferir tal postulado, para qué casos resulta aplicable, y qué grado de validez puede atribuirse al mismo».

Todo ello permitirá someter el dictamen a crítica y desde luego será imprescindible para la aportación de informe de refutación. Dictamen en el que otro técnico conocerá el método e instrumentos utilizados para la elaboración del propio con sometimiento a debate del conocimiento vertido. En efecto, sólo cuando el dictamen contiene la exposición detallada de las operaciones llevadas a cabo por el perito, de las máximas de experiencia especializadas que se han aplicado y del razonamiento empleado para llegar a determinadas conclusiones, es posible cuestionar la credibilidad, corrección y acierto del dictamen.

El principal fin del informe o dictamen es proporcionar información especializada para su posterior debate y valoración.

Es más, esto debería ser presupuesto de admisión y erigirse en requisito esencial, pues no puede considerarse dictamen pericial cualquier documento simplemente por que conste la firma del autor y el juramento o promesa de actuar con objetividad.

51. GARCIANDÍA GONZÁLEZ, Pedro, «Artículo 339», en *Comentarios a la Ley de Enjuiciamiento Civil* (Tapia Fernández, Muerza Esparza, Armenta Deu y Cordón Moreno, coords.), tomo. I, Thomson, Pamplona, 2011, pág. 116.

Ya que el análisis del objeto de la pericia de parte sólo puede controlarse *a posteriori* y, precisamente, a través del reflejo documental que conste en el dictamen. Del mismo modo, resultará exigible en el dictamen la detallada descripción del objeto de la pericia, dejando constancia de su estado, composición, situación, medida, tamaño y, en general, de todos los elementos que sirvan para identificarlo. Operaciones técnicas y deductivas, explicación del método para verificación por cualquier técnico en la materia.

Solo así podrá ser objeto de controversia el dictamen, elaborándose otro de refutación, como se ha dicho. Y llevar a cabo en su caso de modo óptimo cualquier aclaración o ampliación del peritaje en el acto o vista.

No parece aventurado sugerir algunas pautas elementales aconsejadas por la práctica forense y derivadas sólo mediatamente de la propia regulación legal. Siguiendo la propuesta de ILLESCAS RUS[52]:

a) Una formación específica y la posesión de un título en su caso habilitan, en abstracto, para el desempeño de la función pericial. Pero siempre que aquello sobre lo que haya de versar el dictamen forme parte del conocimiento especializado que el título poseído presupone y representa.

b) En íntima vinculación con cuanto acaba de expresarse, y porque no todo buen especialista es también un buen perito, no basta con «conocer» si al propio tiempo no se posee la capacidad de decidir el contenido técnico (o científico) adecuados del servicio requerido.

c) En relación con los dictámenes *ex* parte, el experto puede desenvolver, con precedencia a la emisión del dictamen, una importante —y habitualmente descuidada labor: asesorar a la parte solicitante acerca de cuáles sean las cuestiones sobre las que ineludiblemente debería versar el dictamen en función de los objetivos que con él se pretendan lograr; y cuáles sean los elementos de juicio necesarios para su más adecuada elaboración y la obtención de conclusiones más sólidamente asentadas, menos controvertibles y más útiles.

d) Deben identificarse pormenorizadamente los extremos o cuestiones concretas sobre los que la parte interesada haya recabado el parecer del perito, en cuanto de ello dependerá la calificación del informe como completo o fragmentario, y la posibilidad, utilidad o conveniencia de que en un momento ulterior pueda solicitarse por

52. ILLESCAS RUS, Ángel, «Práctica y valoración del dictamen pericial», en *Cuadernos de Derecho Judicial*, ob. cit., págs. 9 y 10.

el peticionario o por la parte contraria la ampliación del mismo a otros extremos conexos (arg. *ex* artículo 347, apdo. 1, n.º 4).

e) Cuando el dictamen verse sobre una realidad concreta se describirá el objeto que haya debido ser reconocido, así como los demás elementos —«documentos, instrumentos o materiales» (art. 336, apdo. 2)— examinados o empleados en la práctica de las operaciones previas y precisas para la emisión del informe.

f) Expresión de las premisas de que se haya partido, el método empleado y, en su caso, las conclusiones obtenidas, en cuanto sobre estos extremos pueden los litigantes centrar su interrogatorio o formular observaciones o reparos (arg. *ex* artículo 347, apdo. 1, n.º 3).

En todo caso el informe ha de estar motivado. Así, ante una eventual intervención de los peritos en los actos del juicio o vista, que en el dictamen se expresen los puntos que recoge el propio artículo 347 de la LEC.

a) Los particulares sometidos a la consideración del perito por las partes —o por la resolución de admisión de la prueba—.

b) Las operaciones que haya sido preciso realizar, con indicación precisa, en su caso, de las que no hubiera sido posible llevar a cabo o de las que, por cualquier otro motivo se hubiera considerado conveniente prescindir, así como las causas o motivos de la imposibilidad o las razones de su voluntaria preterición.

c) Las premisas de que se haya partido y el método empleado en el reconocimiento, o en los estudios o análisis realizados.

d) Los datos arrojados por las operaciones practicadas.

e) Cuando así se hubiere determinado, las valoraciones o apreciaciones que, de acuerdo con el saber especializado del perito, proceda extraer respecto de los datos obtenidos.

En este sentido subrayaba Guasp Delgado[53], con ocasión de comentar el derogado artículo 627 de la LEC de 1881, que «la rigurosa educación jurídica, habituada a tajantes antítesis, se revuelve muchas veces contra dictámenes matizados en que no se llega por los peritos a resultados categóricos sobre los datos de la prueba; pero esta concepción debe ser superada y acostumbrarse a reconocer el hecho de que, fuera del mundo jurídico (y muchas veces también dentro del derecho), la realidad no es susceptible de reducirse a esquemas rígidos de miembros fácilmente cla-

53. Guasp Delgado, Jaime, «Artículo 627», en *Comentarios a la Ley de Enjuiciamiento Civil*, Aguilar, Madrid, 1949, tomo II, vol. 1, pág. 659.

sificados, sino que hay una inmensa gama de perspectivas que entre el sí y el no desarrollan una extraordinaria riqueza de posibles soluciones intermedias, con frecuencia inaccesibles a la limitada inteligencia humana» .

Asimismo, la parte habrá de acompañar tantas copias del informe como de los elementos documentales que, en su caso, lo complementen (art. 273 de la LEC), en el bien entendido de que la omisión de estas determinará que los dictámenes y documentos se tengan «por no aportados, a todos los efectos» (arts. 275, apdo. 2 i.f., y 276, apdo. 3 i.f. de la LEC).

En la práctica, cuando no hay metodología, análisis o conclusiones, no se ve afectada la admisión, pero sí la forma de practicar la prueba o su valoración. Ello por cuanto no podrá en el curso de una eventual intervención en el juicio o vista, (*vid.* artículo 347 de la LEC) suplir esa omisión, ya que quebraría el principio de igualdad de armas. La parte contraria conoce el informe y sus fisuras en el sentido apuntado y el contrainforme incluso las ha podido analizar para refutarlo. Estas carencias de origen no pueden modificarse en el curso de las preguntas que se formulen.

En la valoración de prueba se tendrá en cuenta esa falta de metodología, análisis o conclusiones, en detrimento de los hechos o circunstancias relevantes y carga de la prueba, (*vid.* artículo 217 de la LEC).

IV. MOMENTO DE APORTACIÓN DEL DICTAMEN PERICIAL

El régimen legal de aportación es muy riguroso. De no cumplirse, la consecuencia será la inadmisión de la prueba por motivos exclusivamente procesales. Se trata de un sistema inspirado en garantizar el derecho de defensa y evitar que, de forma sorpresiva se aporten documentos que contengan informes periciales ocasionando a la otra parte una desventaja que afecta al ejercicio de su derecho de contradicción y que podrá tener una mayor o menos trascendencia, según los casos, en debilitar la posición de parte y disminuir su posibilidad de convencer al juez de que tiene razón.

Como se verá, los momentos previstos siguen un orden cronológico de entrada al proceso, si bien se prevén eventualidades extraordinarias provocadas por hechos nuevos o de nuevo conocimiento o ampliación del inicial objeto litigioso.

Se ha justificado esta equiparación procesal y la necesidad de la aportación inicial de los dictámenes periciales, a partir de la exposición de motivos de la LEC, en razones de agilidad y simplicidad del procedimiento, y también en razones de igualdad de armas procesales y buena fe[54].

---

54. Véase Abel Lluch, Xavier, *La prueba pericial*, ob. cit., pág. 103.

4.1. Anticipación y aseguramiento de prueba

Los artículos 293 a 298, sección 4.ª, capítulo V del título I del libro II, bajo la rúbrica «De la anticipación y del aseguramiento de la prueba» contempla los supuestos.

Se trata de actividades que pueden tener que ver con la prueba pericial y que temporalmente se sitúan antes del inicio del proceso o antes de que comiencen las sesiones de la audiencia oral. Se plantea la opción de que sea anticipada la prueba pericial, si es creada antes del proceso. En principio la falta de colaboración de la parte aún no demandada podría ser el motivo de la misma.

La filosofía de la anticipación de prueba pasa por llevarla a cabo antes del proceso principal. Por tanto, no es prueba aún, pero sí una actuación procesal. Cortés Domínguez[55] define la anticipación de la prueba en los siguientes términos:

> (...) como un conjunto normativo procesal, pero que regula actividad, cuando es relevante desde el punto de vista dogmático, que no se desarrolla en el proceso concreto, sino antes del proceso. La prueba anticipada es prueba con todas las consecuencias si se practica con las garantías que dice la ley, lo único que cambia es que no se ha celebrado durante las sesiones del juicio o audiencia oral, sino antes, bien antes de que comience el proceso, bien iniciado ya el proceso, pero antes de la audiencia o juicio oral donde se practica la prueba.
>
> Se trata de salvaguardar la tutela efectiva de los derechos precisamente admitiendo la actividad probatoria fuera de los límites temporales y espaciales, que excepcionalmente pueden ser un obstáculo para obtener aquella tutela efectiva o que, de acuerdo con el artículo 24 CE, incluye poder disponer de los medios de prueba adecuados para la defensa de los intereses.

Son muy cercanas ambas actividades procesales referidas, tanto aseguramiento como anticipación de prueba. La anticipación de la prueba lo que persigue es que la prueba pueda practicarse plenamente, con las garantías legales, de manera que pueda ser incorporada al proceso en las mismas condiciones que si se hubiera podido celebrar en el juicio oral, de forma que cuando llegue el momento de valorar la prueba, el juez pueda apreciarla y valorarla como una prueba más y obtener en ese momento la convicción que corresponda.

Así, el artículo 293.1 de la LEC regula los casos y causas de anticipación de la prueba. Y lo son para quien pretenda incoarlo o cualquiera de las partes durante el curso del proceso. La razón de ser es el temor fundado

55. Cortés Domínguez, Valentín, «Concepto y objeto de la prueba», en *La prueba en el proceso civil*, ob. cit., pág. 26.

de que, por causa de las personas o por el estado de las cosas, los actos de prueba no puedan realizarse en el momento procesal generalmente previsto.

En este caso sería la preparación del propio informe, quizá el examen del estado de cosas o personas que, por algún motivo, si se dilatase haría imposible la probanza.

La forma de proposición será la propia de esta prueba, por tanto y en el caso propuesto se estaría a lo dispuesto en el artículo 336.5 de la LEC precepto que no tiene que ver con la prueba anticipada sino con la elaboración del informe.

El procedimiento para proponerla y practicarla está en los artículos 294 y 295 de la LEC. Si bien en el mismo existe el obstáculo de que solo se habla del demandado. Quedaría sin esta cobertura el actor quien podría acudir a la norma general y no específica de esta prueba. —*vid.* artículo 294.1 de la LEC—.

La práctica se llevará a cabo de forma contradictoria y podrá realizarse de nuevo si, en el momento de proposición de prueba, fuera posible llevarla a cabo y alguna de las partes así lo solicitara, se valoran en ese caso ambas pruebas, (art. 295.4 de la LEC).

La prueba anticipada no tendrá valor probatorio alguno si no se interpone la demanda anunciada, en el momento de su petición, en el plazo de dos meses desde que la prueba anticipada se practicó o plazo mayor si puede justificarse, *vid.* artículo 295.3 de la LEC. Dice la norma citada que «no se dará valor probatorio alguno a lo actuado...», lo que confirma de que con la anticipación de la prueba no se trata de asegurar nada, porque no habría proceso en el que hacer valer ese valor probatorio[56].

En la medida de aseguramiento lo que hay es actividad judicial que permitirá que en el futuro se pueda practicar una prueba determinada.

Las medidas de aseguramiento de prueba también son de aplicación antes de la iniciación de cualquier proceso quien pretenda incoarlo o cualquier litigante en el curso del mismo. Se trata de medidas de aseguramiento útiles para evitar que, por conductas humanas o acontecimientos naturales, que puedan destruir o alterar objetos materiales o estados de cosas, resulte imposible en su momento practicar una prueba relevante o incluso carezca de sentido proponerla (art. 297.1 de la LEC).

---

56. Léase Rizo Gómez, Belén, *La anticipación de la prueba en el proceso civil*, Tirant lo Blanch, Valencia, 2010, pág. 99 a 103 y 125 a 12; y Larena Beldarrain, Javier, «La prueba pericial», en *El proceso civil: parte general, el juicio verbal y el juicio ordinario*, ob. cit., pág. 225.

Dirigida pues a la conservación de cosas o situaciones o hacer constar fehacientemente su realidad y características. A tal fin se podrán dirigir mandatos de hacer o no hacer, bajo apercibimiento de desobediencia en caso de infracción (art. 297.2 de la LEC).

Las medidas se acordarán en caso de concurrir los requisitos del artículo 298 de la LEC. A saber, pertinencia y utilidad de la prueba, imposibilidad de práctica en el futuro y valoración de perjuicios a las personas implicadas o terceros. Siendo claro que la utilidad y pertinencia hay que matizarla: lo que se asegura es la fuente de prueba y se hace antes del proceso, por lo que habrá que ver cómo se emite ese juicio de utilidad y pertinencia respecto de la prueba de una pretensión que está todavía sin formular.

Estas medidas pues son de diferente índole, una supone práctica de prueba y otra adopción de medidas. Sin embargo, se adoptan antes del proceso, existiendo en el primer caso un pronunciamiento sobre prueba sin que aún exista demanda ni contestación. Por tanto, no fijado el hecho controvertido. Lo cual nos lleva a plantearnos si admitida la anticipación también lo es la prueba y si esta debe proponerse como tal en el momento procesal oportuno. Entendiendo que: si no es posible practicarla en el juicio, lo que se pide es que se incorpore al debate la prueba anticipada ya practicada; si es posible, pese a haberse anticipado, su práctica en el juicio, entonces se pedirá practicarla en el juicio oral, y el juez podrá valorar ambas, como dice la ley.

La respuesta debe ser positiva. Tal vez esa prueba anticipada se revele innecesaria pues versa sobre hechos pacíficos o no controvertidos. El aseguramiento quizá quede vacío de contenido si la prueba que pretendía asegurar tampoco es útil o pertinente.

En cualquier caso, respecto al dictamen pericial la figura que se antoja más útil, en lo que aquí interesa, es la de aseguramiento de prueba atendiendo a su contenido y finalidad. De otro lado y, partiendo del presupuesto de necesidad de auxilio judicial por cuanto la parte que ha de someterse a la prueba, no lo hace voluntariamente.

Se plantea el problema de cómo puede el demandante acceder a esos lugares y cosas antes de la demanda, qué instrumentos legales tiene la LEC y qué utilidad tienen para esa finalidad, y si no es suficiente, ver posibles soluciones.

El instrumento de elaboración pasa por las diligencias preliminares, sobre todo para la parte actora y por la solicitud ante el tribunal. Será la única forma de obtener los elementos necesarios para el informe cuando no son facilitados por el afectado. Así pues, el aseguramiento de prueba será posterior a la obtención de lo que sea necesario y requerido a la parte que no colabora voluntariamente para elaborar el informe pericial.

La finalidad de las mismas es que la parte obtenga datos u otras circunstancias necesarias e indispensables para la correcta formulación de la demanda, es decir, aquellos hechos o elementos que son imprescindibles conocer o tener para iniciar correctamente un proceso, facilitar su desarrollo o asegurar la eficacia de la sentencia que en su día se dicte[57].

La finalidad de la diligencia preliminar es obtener los elementos procesales necesarios e indispensables para acceder a la tutela jurisdiccional, que no consiste en el acceso a los tribunales, sino en las condiciones adecuadas para obtener una sentencia sobre el fondo. Se trata, en definitiva, de favorecer al promotor para que pueda obtener la efectividad de la tutela judicial, respecto del derecho subjetivo que considera perjudicado. Son instrumentales, preparatorias y exigibles. De modo que las consecuencias de las diligencias preliminares se van a producir en un proceso concreto y determinado. Así se desprende de su regulación jurídica, tanto por la posible oposición, *vid.* artículo 260 de la LEC como por la negativa a llevarlas a cabo, artículo 261 de la LEC[58].

En cuanto a la necesidad de entrada para elaborar un informe, y como recuerda la SAP de Sevilla de 16 de octubre de 2012 (FJ 2.º):

> (...) es necesario que exista una justa causa que implica que el promotor necesite algún tipo de ayuda para conocer cuestiones esenciales y que ese auxilio interesado sea proporcional, lo que provoca que se excluya cualquier ayuda abstracta y genérica, y, además, será necesaria que se aprecie cierta resistencia o negativa de quien ha de proporcionar esos datos indispensables para promover el proceso ulterior.

Esta resolución en aquel supuesto denegó la entrada y registro por considerarla desproporcionada. Pretender que se ordenase entrada y registro en un inmueble, lo consideró una medida de difícil, por no decir de imposible encaje en el ámbito del proceso civil, para la obtención de documentos.

La exhibición de inmueble no está prevista, siendo que la mayoría de la jurisprudencia considera el listado de diligencias preliminares, *numerus clausus*.

En este sentido, cabe citar la SAP de Cádiz 51/2012, de 7 de mayo (FJ 3). Con referencia al AAP de Madrid 253/2008, de 12 diciembre, nos dice

---

57. Larena Beldarrain, Javier «La prueba pericial», en *El proceso civil: parte general, el juicio verbal y el juicio ordinario*, ob. cit., págs. 227 y 228.

58. Véase Cortés Domínguez, Valentín, «Concepto y objeto de la prueba», en *La prueba en el proceso civil*, ob. cit., pág. 26.

el tribunal gaditano que el artículo 256.1.2.º de la LEC contempla la exhibición de la cosa «a la que haya de referirse el juicio». Y añade:

> Es esa «cosa» como cuerpo físico el futuro objeto del juicio y no cualquier instrumento proporcionador de información o datos y de cuyo examen se infieran elementos que permitan la valoración de una situación acreditativa. Aquí, la finalidad no es la cosa poseída sino otra distinta.

Por eso, la diligencia de entrada o acceso al inmueble sería un acto de preparación para aseguramiento de prueba para el actor, por cuanto el demandado tiene la opción de solicitarla al tribunal ya dentro del procedimiento en los términos del artículo 336.5 de la LEC.

Puede contemplarse la regulación de exhibición de cosa mueble, y cómo el artículo 256.1.2.º de la LEC en el supuesto del incumplimiento debe complementarse con lo establecido en el artículo 261.3 de la LEC que establece que si la persona citada y requerida no atendiese el requerimiento y se tratase de la exhibición de una cosa y se conociese o presumiese fundadamente el lugar en que se encuentra, el tribunal ordenará la entrada y registro de dicho lugar, procediéndose, si se encontraren, a ocupar y se presentará la cosa al solicitante, que podrá pedir el depósito o medida de garantía más adecuada a la conservación de aquella. Lógicamente estas actuaciones nada tienen que ver con documentos o inmuebles, sino con cosas muebles.

Así pues, no existe norma habilitante para preparar la prueba pericial salvo si entendemos que el acceso a la cosa u objeto de la diligencia preliminar para realizar un dictamen pericial tenga por vehículo la diligencia preliminar que permite al demandante acceder a la cosa y se propicie que un perito elabore el correspondiente dictamen pericial para aportarlo a la demanda. Tampoco en términos de contestación. Bien es cierto que pudiera existir justa causa e interés legítimo, pero la finalidad de las diligencias preliminares es bien clara y no se puede pretender forzar la norma, cuando la pretensión no es encuadrable en los supuestos legales.

Tampoco concurren en realidad los presupuestos de la prueba anticipada, esto es temor fundado de que, por causa de las personas o por el estado de las cosas, el acto de prueba no pueda realizarse en el momento procesal legalmente previsto. Pues el obstáculo seguirá dándose una vez iniciado el procedimiento. Por tanto, no puede obligarse legalmente a la parte a someterse a examen para dictado de prueba pericial.

Estas lagunas debieran corregirse mediante previsión legal. De modo que la parte interesada pueda acceder a lugares, personas o cosas antes de la emisión del dictamen y no solo en el caso del demandado y ya interpuesta demanda. Pues bien podría interesar formular reconvención y no tendría herramientas jurídicas para alcanzar el perseguido informe pericial.

De modo que el demandado puede hacer uso del artículo 336.5 de la LEC. En cambio, el demandante carece de previsión legal pudiendo acudir a las diligencias preliminares si la cosa es mueble, siendo inmueble como se expresa más arriba no hay opción legal para acceder al inmueble o examen de personas. Ni la medida de aseguramiento ni la prueba anticipada dan solución a este problema

4.2. La aportación del dictamen con la demanda y contestación de la demanda

El régimen de aportación del dictamen pericial con los actos de alegación iniciales de cada parte, demanda y contestación a la demanda se regula en los artículos 336 y 337 de la LEC, que son congruentes con la vigencia de los principios dispositivo y de aportación de parte propios del proceso civil. En principio, la regla general, artículo 336 de la LEC es que los dictámenes se aporten con la demanda, en todo caso, ya se trate de juicio ordinario o de juicio verbal, y con la contestación a la demanda siempre que esta deba realizarse por escrito, lo que sucede siempre en el juicio ordinario y también en el juicio verbal tras la reforma de la LEC.

Si el dictamen, que es escrito y con el juramento incluido a efectos de proposición de prueba, no puede aportarse con la demanda o la contestación a la demanda, lo que deberá justificarse, entonces hay que anunciar en dichos actos de alegación su futura aportación, en los términos del artículo 337.1 de la LEC; y ello resulta esencial por tanto debe aportarse en todo caso en cuanto se disponga del dictamen y en todo caso cinco días antes de la audiencia previa o del acto de la vista del juicio verbal. Nótese que, si bien en el supuesto primero, aportación con los actos iniciales de alegación, la LEC no indica que sea preciso constatar intención de intervención del perito en juicio, en el segundo caso, aportación posterior, sí es necesario que las partes expresen si desean que los peritos autores de los dictámenes comparezcan en la vista del juicio ordinario o del juicio verbal, por mandato del punto 2 del artículo 337 de la LEC mencionado. Y esto es muy importante para evitar indefensión a la otra parte. Así, un informe de fecha muy anterior y aportado cinco días antes de la audiencia previa o juicio verbal no podría ser admitido por conculcar estas reglas, como se desarrollará posteriormente.

Este régimen se entiende por el hecho de que la LEC parte de que los dictámenes periciales van a estar a disposición de las partes al tiempo de presentar sus actos de alegación iniciales: el demandante, en principio, no presentará la demanda hasta que no disponga del dictamen que ha encargado con carácter pre-procesal, y el demandado tiene el tiempo legal que la LEC le concede para contestar a la demanda para encargar la elaboración del dictamen y tenerlo a su disposición para aportarlo con la contestación.

Es obvio que el demandante dispone de más tiempo y que, en general, tendrá menos excusas para no hacer la aportación con la demanda.

Como se ha dicho, en principio, los dictámenes se aportan con la demanda y la contestación (art. 336.1 de la LEC). Y siguiendo la clasificación propuesta por NIEVA FENOLL[59] destacan dos excepciones legales a esta regla: la imposibilidad de aportación por insuficiencia temporal, y el descubrimiento sobrevenido de la importancia del dictamen. Así como el caso de que el solicitante goce del beneficio de justicia gratuita o simplemente insta la designación judicial de perito que merecen un capítulo aparte.

4.2.1. Imposibilidad de aportación por insuficiencia temporal

Aquí, la LEC, en el propio artículo 336, establece dos formas de entender esta insuficiencia temporal. Primero, respecto del demandante, la ley entiende que dispone de tiempo suficiente para planificar el momento en que va a presentar la demanda y poder calcular con qué antelación debe encargar la elaboración del dictamen para poder aportarlo con aquella; por ello, artículo 336.3, dice que se entenderá que al demandante le es posible aportar el dictamen con la demanda y configura como excepción que debe ser justificada adecuadamente la no presentación. Esa justificación, debe ser cumplida, lo que se debe entender en términos de suficiencia y de imperiosidad, de no tener otra alternativa, y debe encajar con el hecho de que la defensa de su derecho, en términos de interposición de la demanda, no se podía retrasar hasta que el dictamen estuviera elaborado. Como ejemplo, puede ponerse que no dé tiempo a aportar los dictámenes porque venza un plazo de prescripción o caducidad de la acción en el caso de la demanda.

El caso del demandado es diferente, porque será a la vista de la demanda que podrá determinar si necesita encargar un dictamen pericial, pero es casi imposible que pueda determinar esa necesidad antes de la demanda, salvo en el extraordinario caso en que sospeche que va a ser demandado y en qué términos aproximados. Y dado que dispone de 20 días para contestar a la demanda (de 10 días en el juicio verbal), la LEC, artículo 336.4, lo que dispone es que debe aportar el dictamen junto con la contestación salvo que justifique que no resulte posible pedirlos y obtenerlos en legal plazo.

Nótese que será muy infrecuente que el dictamen no se pueda pedir o encargar por el demandado dentro de esos 20 días, pero que, en atención a factores como la complejidad de la pericia, si puede resultar más frecuente que no se pueda obtener dentro de ese plazo. La justificación, en el primer caso, resultará más difícil que en el segundo.

59. NIEVA FENOLL, Jordi, *Proceso Civil*, ob. cit., pág. 226.

En los dos casos de falta de aportación con los actos de alegación iniciales, la LEC dice que en la demanda o contestación se designarán los dictámenes (art. 337.1 de la LEC), justificando la aportación tardía (art. 336.3 y 4 de la LEC). También deberá aportarse con el dictamen la posible documentación o materiales en que se base el mismo, y si no fuera posible o conveniente, se harán indicaciones de dichos materiales en el mismo dictamen (art. 336.2 de la LEC).

La imposibilidad o inconveniencia a que hace referencia el artículo 336.2 de la LEC debe abordarse al caso concreto. Resultando conceptos difíciles de conciliar por cuanto la imposibilidad obedece a elementos externos de la voluntad del proponente mientras que la conveniencia no responde a parámetros subjetivos. En cualquier caso, han de ser analizados concienzudamente por el juzgador con el fin de determinar si la aportación resulta extemporánea o ajustada al plazo legal[60].

El dictamen debe llegar al menos cinco días antes de la audiencia previa, si hablamos del juicio ordinario, a fin de poder ejercer debidamente la defensa y pedir la citación del perito para declarar en el acto del juicio, en su caso (art. 337 de la LEC). El mismo plazo rige para el acto de la vista del juicio verbal. Pero recuérdese que la LEC, artículo 337.1, establece la obligación de aportación del dictamen lo antes posible, en cuanto dispongan de ellos, aunque sea al día siguiente de haber presentado el respectivo acto de alegación, por lo que estando disponible el dictamen, sería contrario a la buena fe procesal retrasar su entrega hasta que falten cinco días para la audiencia previa o para el acto de la vista del juicio verbal[61].

---

60. Analiza la cuestión de indebida inadmisión la SAP de Zamora, de 16 de septiembre de 2020 (FJ 2.º). Anunciada la prueba, se aportó antes de los 5 días de audiencia previa y la aportación fue indiferente a la resolución del litigio. También la SAP Madrid, de 8 de noviembre de 2018 (FJ 3.º), cuando afirma que «sobre el referido artículo 336.3 de la LEC. Esta presunción únicamente quedaría enervada en el caso de que la actora justifique cumplidamente que la defensa de su derecho exigía la interposición de la demanda, sin esperar a la obtención del dictamen. En ese caso, la demandante alegó en la Audiencia Previa que al haber puesto las Diligencias Preliminares tenía un tiempo limitado para presentar la demanda y, por ello, la presentó sin aportar el informe Pericial que justificara su derecho...».

61 REFORMA RDL 6/2023, de 19 de diciembre, por el que se aprueban medidas urgentes para la ejecución del Plan de Recuperación, Transformación y Resiliencia en materia de servicio público de justicia, función pública, régimen local y mecenazgo. Entra en vigor el 1 de marzo de 2024.
Se modifica el apartado 1 del artículo 337, que queda redactado del siguiente modo:
«1. Si no les fuese posible a las partes aportar dictámenes elaborados por peritos por ellas designados, junto con la demanda o contestación, expresarán en una u otra los dictámenes de que, en su caso, pretendan valerse, que habrán de aportar, para su traslado a la parte contraria, en cuanto dispongan de ellos, y en todo caso cinco días antes de iniciarse la audiencia previa al juicio ordinario o en treinta días desde la presentación de la demanda o de la contestación en el juicio verbal. Este plazo puede ser prorrogado por el tribunal cuando la naturaleza de la prueba pericial así lo exija y exista una causa justificada.»
Como se observa se modifica el plazo de aportación de la prueba pericial en juicio verbal para reducirlo en realidad, treinta días desde presentación de la demanda o contestación en juicio verbal.

Sobre inadmisión de la prueba por aportación extemporánea, basada en la preclusión, cabe cita de la STS de 27 de diciembre de 2010 (FJ 3.º) sobre la aportación de los dictámenes periciales elaborados por los peritos designados por las partes en momento posterior a presentación de la demanda y de la contestación. Dijo así:

> (...) la regla general de aportación de los dictámenes periciales elaborados por los peritos designados por las partes se contiene en los artículos 336.1 de la LEC y 265.1.4.º de la LEC. Estos preceptos establecen que los dictámenes periciales elaborados por los peritos designados por las partes, en las que estas apoyen sus pretensiones y estimen necesarios o convenientes para la defensa de sus derechos, sean incorporados al proceso con la demanda y con la contestación y, aunque los preceptos no lo digan, con la reconvención y con la contestación a la reconvención...

Respecto a los dictámenes periciales aportados junto con el escrito de demanda o contestación que hayan sido elaborados con anterioridad al inicio del proceso se ha pronunciado la STS de 10 de octubre de 2016 (FJ 4.º):

> Deteniéndonos en la valoración de la prueba pericial, recientemente recordábamos (STS 702/2015, de 15 de diciembre, con cita de otras] lo siguiente: «la modalidad de prueba pericial por medio de dictámenes de peritos designados por las partes es, sin lugar a dudas, una de las principales innovaciones introducidas por la nueva de la LEC. Al permitirse, por los artículos 336 y siguientes de la LEC, la prueba a través de dictámenes elaborados por peritos designados por las partes, se otorga naturaleza probatoria a los llamados dictámenes periciales extrajudiciales, producidos fuera del proceso, que las partes acostumbran a acompañar a sus escritos de alegaciones, adaptándose la prueba pericial a la realidad de nuestro foro». Como es sabido, antes de presentar la demanda o la contestación a la demanda, las partes acostumbran a buscar las fuentes de prueba, que luego introducirán en el proceso a través de los medios de prueba. Y suele ocurrir, además, que en esta actividad previa al proceso surge la necesidad de encargar dictámenes periciales para conocer o apreciar algunos hechos o circunstancias que posteriormente argumentarán en los escritos de alegaciones.

Estos dictámenes, en el anterior orden procesal, se acompañaban habitualmente por las partes con la demanda y con la contestación a la demanda, como documentos fundamentadores de sus argumentaciones

---

En cualquier caso plazo prorrogable por el tribunal atendiendo a la naturaleza de la prueba- debe entenderse dificultad en la emisión del informe o circunstancias que impidan u obstaculicen su realización- sumado a que exista causa justificada.
Esta causa justificada ha de ser alegada y acreditada pues de otro modo no podría ser objeto de valoración.
Se mantiene la idea de evitar indefensión a la parte, de modo que el contenido de la prueba sea conocido lo antes posible. Así se podrá pedir en su momento cualquier aclaración o ampliación al informe, vía artículo 347 LEC.

de naturaleza técnica o especializada, pero era difícil saber qué valor se les podía atribuir ya que para nuestra jurisprudencia:

1.º Se trata de documentos periciales, ratificados habitualmente por los expertos que los habían emitido, a través de la prueba de testigos: STS 6 de febrero de 1998.

2.º No tenían la naturaleza probatoria de los documentos: STS 30 de julio de 1992.

3.º Tampoco podían valorarse los dictámenes como declaraciones testificales, dado que incorporaban juicios de valor: STS 4 de diciembre de 1965.

4.º Desde luego, no podían considerarse dictámenes emitidos a través de la prueba de peritos: STS 9 de marzo de 1998.

5.º Aunque, de todos modos, se trataba de conclusiones técnicas, que el juzgador podría tener en cuenta en el momento de la valoración conjunta de la prueba: STS 26 de noviembre de 1990.

Esta clara contradicción jurisprudencial, consistente en negar naturaleza de medio de prueba a la llamada pericia extrajudicial, pero a la vez atribuirse un cierto valor probatorio, era imposible de superar sin una reforma legal. La nueva de la LEC, al abordar esta reforma, otorga naturaleza de prueba pericial a los llamados dictámenes periciales extrajudiciales, obtenidos fuera del proceso, facultando a las partes para que los aporten con sus escritos de alegaciones e, incluso, permitiéndoles aportarlos posteriormente, —aunque siempre con anterioridad al juicio o vista—, cuando la necesidad de aportarlos surja de actuaciones procesales posteriores.

Sobre la justificación por no aportación, el artículo 336.3 de la LEC dispone:

> Se entenderá que al demandante le es posible aportar con la demanda dictámenes escritos elaborados por perito por él designado, si no justifica cumplidamente que la defensa de su derecho no ha permitido demorar la interposición de aquella hasta la obtención del dictamen.

Y el apartado 4 añade:

> El demandado que no pueda aportar dictámenes escritos con la contestación a la demanda deberá justificar la imposibilidad de pedirlos y obtenerlos dentro del plazo para contestar.

La redacción anterior disponía:

> En los juicios con contestación a la demanda por escrito, el demandado que no pueda aportar dictámenes escritos con aquella contestación a la demanda deberá justificar la imposibilidad de pedirlos y obtenerlos dentro del plazo para contestar.

La redacción se ha actualizado a la nueva forma del juicio verbal donde la contestación ya es escrita.

Cabe aquí conexión con el artículo 337 mencionado. La clave estará en justificar la imposibilidad o hacer referencia a ella para valoración del tribunal en caso de proposición o aportación que pueda tildarse de extemporánea. Una justificación.

Por tanto, no vale una alusión genérica sino acreditada documentalmente o de cualquier otro modo previo a pronunciamiento sobre admisibilidad.

La más frecuente es la justificación del retraso en la aportación, por petición de reconocimiento.

Esta justificación puede venir dada por la imposibilidad de acceder al objeto de pericia y por ello se justificaría la solicitud al juzgado o tribunal en los términos del artículo 336.5 de la LEC. Anuncio de presentación, colaboración de la parte.

Con anterioridad a la redacción de dicho apartado era habitual que se interesase autorización judicial o requerimiento a la parte con el fin de facilitar entrada en inmueble o prestarse a reconocimiento médico, por ejemplo. Son los supuestos en que se hace precisa la concurrencia de la voluntad de la parte contraria a los fines de elaboración de la prueba pericial. La pericial de parte no permite que se estime tal solicitud tal como aparece regulada. Tampoco la pericial judicial, solo el artículo 345 de la LEC hace especial referencia a las operaciones particionales y posible intervención de las partes en ellas. La negativa puede ser valorada con el conjunto de la prueba que se practique y también aplicar las normas sobre las reglas de la buena fe, pero en ningún caso puede obligarse a la parte al sometimiento a la prueba cuando se ventilan intereses particulares. Existen otros medios previos a la presentación de demanda por ejemplo a través de las diligencias preliminares o prueba anticipada; mayor dificultad se presenta para el demandado o quien pretende práctica de prueba pericial a la vista de las alegaciones de contrario. Sin embargo, la experiencia indica que el perito judicial puede realizar el informe con normalidad y no se producen estas disfunciones que a veces se dan con el perito de parte. Esta idea se desarrollará posteriormente.

Del sistema normativo propuesto se pretende que, en el momento de la celebración de la audiencia previa, las partes tengan y hayan podido examinar los dictámenes periciales elaborados por los peritos de las partes en que funden sus respectivas pretensiones por ser determinantes y servir de base y fundamento a las mismas. El respeto a los principios de contradicción, de interdicción de la indefensión y de igualdad de armas en el proceso exige que las partes tengan conocimiento desde el inicio del procedimiento de todos los elementos sustanciales en que la parte contraria funda su pretensión.

La sentencia citada más arriba afirmó lo siguiente:

> (i) la literalidad del artículo 337.1 de la LEC, en su redacción vigente por razones temporales, no permite una interpretación distinta a la que se ha quedado expuesta, (ii) el momento preclusivo que establece este artículo lo es en último término, pues la exigencia primera del precepto es que la presentación de los dictámenes se realice «en cuanto [las partes] dispongan de ellos», (iii) corresponde a la diligencia de las partes atender a estas previsiones y también le es exigible a los órganos judiciales una especial diligencia cuando se agota el plazo de presentación para evitar la indefensión de la parte contraria que pueda ser generada por situaciones derivadas de la propia organización de las oficinas de presentación de escritos, (iv) la hipotética falta de indefensión de la parte demandante, que ha sido alegada por la recurrente, no releva de la carga procesal de dar cumplimiento a un plazo preclusivo, que como tal está afectado por lo dispuesto en el artículo 132 y 136 de la LEC, y que solo tendrá las excepciones previstas en el artículo 134.2 de la LEC, en su redacción vigente por razones temporales, para los supuestos de fuerza mayor.

Y negó, en definitiva, que esta interpretación produjese indefensión:

> A) El derecho de tutela efectiva se satisface mediante el acceso de las partes al proceso sin limitación de garantías ni impedimento alguno para alegar y demostrar en el proceso los propios derechos (SSTC 40/1994, de 15 de febrero, 198/2000, de 24 de julio) mediante la obtención de una respuesta judicial razonada, motivada y fundada en Derecho, (SSTS de 24 de enero de 2003, 6 de abril de 2006, 25 de mayo de 2010).

La STS 80/2013 de 7 marzo (FJ 2.º), con cita de la anterior, tras la denegación de la aportación de un dictamen pericial con posterioridad a la demanda por no resultar justificado, mantuvo la decisión de la audiencia y del juzgado. Ocurrió en este caso que el juzgado, primero, y la audiencia, después, denegaron la prueba pericial porque no se había ofrecido cumplida justificación de que «las acciones que ejercitaba con la demanda pudieran perjudicarse de esperar a la elaboración de los informes». Es más, se dice lo siguiente:

> (...) debemos reputar lo contrario a la vista de la ingente y extensísima documentación acompañada con la demanda que, sin duda, ha debido tardar semanas y meses la dirección letrada en obtenerla y teniendo en cuenta que la escritura de disolución y liquidación de gananciales cuya nulidad se pretende data de casi treinta años antes de la interposición de la demanda». Lo que se indicó en la demanda, que la sentencia reputó insuficiente, es que «se aportará un informe pericial exhaustivo y completo del valor que tenían tales bienes al momento de la adquisición, y al momento de la liquidación de la sociedad de gananciales, para comprender el desfase económico en el reparto y la irrealidad del mismo, lo que anuncia a los efectos del artículo 337.1 de la LEC, dado que por la premura y laboriosidad de esta demanda no ha sido posible contar con dicho dictamen.

Continúa la sentencia en los siguientes términos:

> (...) Sin duda, el pretexto de la premura y laboriosidad en la redacción de la demanda no acredita la imposibilidad de obtener el informe pericial para aportarlo con la misma. Ni se ofreció ni se acompañó documentación complementaria que acreditara que la defensa de su derecho no le permitía interponerla hasta la emisión de los dictámenes que presentó casi siete meses después y tres días antes de la audiencia previa, que se celebró el lunes 9 de junio. Desde luego, esta forma de actuar ni permite hacer efectivo el principio de contradicción con todas las garantías, ni se corresponde con lo que es práctica habitual en la redacción y preparación de una demanda judicial que tiene como sustento, entre otras cosas, una discrepancia sobre la valoración de los lotes que les fueron adjudicados a cada uno de los cónyuges en la escritura de capitulaciones, por más que se intente hacer valer lo contrario.

En definitiva, de la jurisprudencia citada se desprende, en consonancia con lo que dice la LEC, que hay que exigir la justificación de la imposibilidad. Otra cosa será el diferente grado de exigencia de la justificación en función de cada situación concreta y en función de que se trate del demandante o del demandado como se ha dicho más arriba.

Desde mi punto de vista la aportación extemporánea de la prueba pericial es motivo de inadmisión. La preclusión se aplica en este caso pues la pretendida indefensión se ocasiona a las partes que pudiendo conocer el contenido de la prueba en legal plazo se encuentran injustificadamente con una pericia que les impedirá un legítimo uso del artículo 347 de la LEC o incluso la posibilidad de aportar informe de refutación.

Debe examinarse la fecha de emisión del informe pericial, la de aportación, el anuncio previo y la justificación dada en la demanda o contestación que impidió cumplir los plazos iniciales. Este control permitirá resolver sobre la admisibilidad en plazo.

4.2.2. Por descubrimiento sobrevenido de la importancia del dictamen

Puede ser que las partes, el demandado en la contestación, y cualquier demandado o demandante en la audiencia previa, introduzcan puntos de debate de nueva ocurrencia (*vid.* art. 426 de la LEC). En esos casos es posible la aportación de dictámenes tras la audiencia previa, pero siempre con cinco días de antelación al inicio del juicio, manifestando las partes —o el juez de oficio— si consideran necesaria la comparecencia de los peritos (art. 338 de la LEC en relación con el artículo 337.2 de la LEC).

La aportación y la admisión de prueba han sido conectadas por CORTÉS DOMÍNGUEZ[62] ya que, si las partes deben aportar con la demanda y con la

62. CORTÉS DOMÍNGUEZ, Valentín, «Concepto y objeto de la prueba», en *La prueba en el proceso civil*, ob. cit., pág. 27.

contestación los dictámenes elaborados por los peritos, que ellas estimen que son necesarios o convenientes para la defensa de sus derechos (art. 336 de la LEC), también permite la ley distintos mecanismos para poder aportar posteriormente esos dictámenes cuando no sea posible obtenerlos en su momento. Se prevé, incluso, la posibilidad de anunciar el dictamen, para no perder la oportunidad procesal de aportarlo más tarde, pero deberá hacerse, en todo caso, cinco días antes del inicio de la audiencia previa al juicio ordinario o de la vista en el juicio verbal (art. 337.1 de la LEC). Puede la parte hacer uso de las posibilidades que se recogen en el artículo 336.5 de la LEC, en donde se dispone que el demandado pueda examinar por medio de abogado o perito las cosas, los lugares, incluso las personas, a efectos de la preparación de informes que se pretendan presentar con la contestación a la demanda.

Concluye que el órgano judicial no tiene ninguna capacidad para negar la práctica de la misma cuando las partes hayan decidido servirse de ella aportando el dictamen pericial o cuando se anuncien los dictámenes de acuerdo con lo que se establece en los artículos 337.1 y 339.1; incluso el órgano judicial no tiene capacidad alguna de evitar la prueba, aun en los supuestos en que fuese una prueba innecesaria por tener él los conocimientos científicos, artísticos, técnicos o prácticos exigidos en el proceso.

Y ello porque el artículo 265.1. 4.º de la LEC da a estos dictámenes el mismo tratamiento que a los documentos, lo que quiere decir que una vez presentados con la demanda o contestación, al órgano judicial no le queda más posibilidad que admitirlo y trasladar la copia a la parte contraria directa o indirectamente a través del procurador (arts. 273 y 276 de la LEC), decidir (en los términos del artículo 337.2 de la LEC), sin posibilidad de rechazar el dictamen por inútil o impertinente.

Conclusión que parecen desdecir los artículos 429 y 442 de la LEC, de los que se deduce el acceso de la documental o pericial al proceso con carácter previo a su admisión como prueba lo es por razones legales, la estructura del proceso permite así que las partes puedan conocer los instrumentos de que se valdrá la contraria. Pero ello no es óbice para que en su caso puedan ser inadmitidos, bien por inutilidad de la prueba o impertinencia. Baste, como simple ejemplo, la presentación de dictamen pericial fuera de plazo (*vid.* arts. 336 y 337 de la LEC), en cuyo caso se procedería a devolver la documental o el dictamen por su conducto.

En todo caso, hay que tener cuidado con esta previsión legal porque estos nuevos puntos de debate que justifican la aportación de dictámenes fuera de los actos de alegación iniciales no puede servir a una modificación del objeto del proceso que pudiera darse bajo el velo de cambio de circunstancias o hechos nuevos. Siendo, pues, la casuística la que debe dar respuesta al caso concreto. Por ello, conviene recordar que, el objeto del proceso, en virtud del principio dispositivo y de aportación de parte que informa el proceso civil, ha de ser fijado en los escritos de alegaciones rectores del proceso, identificando la pretensión mediante los tres clásicos elementos individualizadores del sujeto, objeto y causa de pedir, que ha de permanecer invariable a lo largo del proceso en virtud de la litispendencia, no estando autorizadas modificaciones sustanciales del mismo, que pudieran generar indefensión a la parte contraria, al no poder formular alegaciones y articular prueba sobre lo que no fue desde el inicio el objeto del proceso. De lo contrario se vulneraría el derecho de defensa de la parte contraria, pues la misma no podría alegar ni probar sobre las cuestiones extemporáneamente planteadas, y vulneraría los principios de igualdad de parte, preclusión, contradicción y dispositivo.

Cuando el dictamen sea consecuencia de hechos introducidos por el demandado en su contestación que han sido silenciados por el demandante y que exijan conocimientos técnicos, al actor le es permitido aportar el dictamen, pero siempre cinco días antes de la celebración de la audiencia previa o del juicio.

A esta posibilidad se refiere la STS 842/2010 de 22 diciembre (FJ 6.º):

> Con la finalidad de que la contraparte conozca desde el primer momento el fundamento de las pretensiones de contrario y, en su caso, pueda impugnarlas, el artículo 265 de la LEC enumera una serie de elementos probatorios que deben aportarse con los escritos de demanda y contestación, y en lo que aquí interesa el artículo 265.1 dispone que «[a] toda demanda o contestación habrán de acompañarse: (...) 4.º Los dictámenes periciales en que las partes apoyen sus pretensiones, sin perjuicio de lo dispuesto en los artículos 337 y 339 de esta ley» lo que se reitera en cierta medida en el artículo 336.1 de la propia Ley de Enjuiciamiento Civil..., de tal forma que, salvo los supuestos de la llamada entrega retardada y de que alguna de las partes opte porque el peritaje sea emitido dentro del litigio por perito designado por el tribunal, como regla, los dictámenes en los que las partes apoyen sus pretensiones deben acompañarse al proceso con la demanda o la contestación a la demanda, tratándose de un plazo preclusivo, a tenor de lo que dispone el artículo 269.1 de la propia Ley de Enjuiciamiento Civil.
>
> No obstante, cuando la demandada adiciona al relato histórico extremos de hecho silenciados por el demandante, la norma reconoce al demandante la posibilidad de impugnarlos en la audiencia previa y, claro está, cuando se trata de hechos o circunstancias relevantes cuya valoración requiera conocimientos científicos, artísticos, técnicos o prácticos, tiene la posibilidad de aportar la correspondiente prueba pericial que apoye la impugnación, a cuyo efecto, el artículo 265.3 de la LEC y el artículo 338.

En ese caso el dictamen que se pretendió aportar no se emitió para valorar hechos diferentes a los descritos en la demanda introducidos en la contestación a la demanda, sino para valorarlos de otra forma, en el propio dictamen se indicó el punto de partida que fue otro informe emitido, tratándose, en definitiva, de un «contrainforme» o crítica que la ley procesal difiere en su caso al trámite regulado en el artículo 347.1.5.º de la LEC, sin perjuicio de lo dispuesto en los apartados 2.º, 3.º y 4.º En consecuencia, la pericial fue rechazada por extemporánea.

Actualmente la situación se pretende solventar con la nueva redacción dada al artículo 336.5 que dispone:

> A instancia de parte, el juzgado o tribunal podrá acordar que se permita al demandado examinar por medio de abogado o perito las cosas y los lugares cuyo estado y circunstancias sean relevantes para su defensa o para la preparación de los informes periciales que pretenda presentar. Asimismo, cuando se trate de reclamaciones por daños personales, podrá instar al actor para que permita su examen por un facultativo, a fin de preparar un informe pericial.

Así pues, puede distinguirse ahora claramente entre el acceso a cosas y lugares y reclamación por daños personales. En el primer supuesto, el juzgado o tribunal deberá valorar la necesidad de acordar el acceso. De acogerse la petición, la resolución judicial consiste en una orden; por consiguiente, con carácter imperativo. Las consecuencias de su incumplimiento no se prevén; por tanto, habrá de acudirse a la regla general, ya sea desobediencia o multa o delito contra la Administración de justicia[63].

Ante la negativa no se impone la adopción de medidas coactivas. En sede civil el único supuesto de entrada y registro es curiosamente el de las diligencias preliminares. En el apartado de este precepto el legislador no incluye ninguna consecuencia. Por tanto, el juicio de valor ha de realizarse ponderando el derecho de acceso a la prueba necesaria y el derecho a la intimidad familiar. No parece adecuado pues a falta de norma expresa que se viole un derecho fundamental. Las consecuencias han de llevarse al proceso a través de la normativa sobre buena fe procesal del artículo 247 de la LEC, reglas sobre la carga de la prueba del artículo 217 de la misma ley y facilidad probatoria.

En el supuesto de daños corporales la dicción del precepto es más tibia, pues adopta la expresión «podrá instar». Por tanto, podrá invitar a la parte a someterse a examen. No hay consecuencias legales específicas respecto del no sometimiento, al igual que sucedía en el apartado anterior.

De esta forma, puede entenderse que la parte habrá de someterse ahora con mayor claridad que en la redacción anterior, si bien las consecuencias de la negativa no parecen diferir. Ahora si puede expresarse en la resolución el *iter* de la resolución que acuerda o insta y las razones para negarse en su caso de haber sido dadas.

---

63. Léase Belhadj Ben Gómez, Celia, «La prueba pericial, acceso a lugares y cosas. Examen de personas», en *Revista Aranzadi Doctrinal*, 2016, núm. 1, págs. 143 a 148.

Una vez iniciado el procedimiento, esta solicitud debe acompasarse con los plazos de presentación del informe y la justificación de no aportación. Solo el demandado puede hacer uso de la posibilidad del artículo 336.5, no el actor. Debe haber contestado a la demanda o estar en plazo para ello, justificar y explicar por qué no se aporta el dictamen junto a la contestación y cumplir en todo caso el plazo de presentación del artículo 337 y 338, esto es, en cuanto disponga del informe o cinco días antes de la vista o juicio.

El actor por su parte solo puede acudir a las diligencias preliminares, con las limitaciones vistas o prueba anticipada. No puede hacer uso del artículo que nos ocupa y la no presentación de informe por falta de colaboración del demandado debe constatarse y hacer ver al juzgado o tribunal la relevancia de la actitud obstativa a su elaboración.

Las consecuencias en todo caso nos llevarían a la buena fe y facilidad probatoria.

Quizá debió extenderse esta reforma a la figura del actor que sin justificación se excluye. Como se ha venido sosteniendo, serán las reglas de valoración conjunta de la prueba y sana crítica las que caso por caso den respuesta a la incidencia sobre imposibilidad de aportación por la conducta del actor o demandado.

Se revela como una carga del actor en el artículo 336.5 de la LEC someterse a la prueba, no así para el demandado. No hacerlo tras la orden dada por el tribunal o la sugerencia para daños personales, reglado el sometimiento tendrá consecuencias más tangibles que para el demandado que no lo permitió.

Esta puede suplirse mediante la petición de prueba de perito de designación judicial, en la práctica es más difícil que se oponga a someterse a la misma el demandado. Las normas de proposición son las del artículo 339 y el artículo 345 ambos de la LEC ya permite intervención de partes en operaciones periciales.

Sobre la designación judicial de peritos cabe cita de la SAP de Orense de 7 de noviembre de 2012 (FJ 3.º) que reseña que no existe norma habilitante que autorice la entrada en domicilio particular para la práctica de la prueba en proceso civil, siendo además que en ese caso la finalidad perseguida por la pericial de parte pudo obtenerse mediante dictamen de perito designado judicialmente, cuya entrada en la vivienda aceptaban los moradores.

Consecuencias expresas a la negativa no hay como ya se ha expuesto. Sin embargo, la dicción para uno y otro supuesto, orden o sugerencia podrá informar con mayor contundencia la comisión delictiva en el primer supuesto.

En cuanto a la afectación de plazos de aportación la respuesta ha de ser negativa pues la ley nada ha previsto al respecto.

En este sentido, cabe cita de la SAP de Baleares de 13 de septiembre de 2016 (FJ 2.º) que dijo:

> (...) la inadmisión de la prueba pericial propuesta por el demandado obedece al hecho incuestionable de que tal proposición de prueba no se realizó conforme a las prevenciones legales: artículos 336 y 337, y sin que sea justificación para ello la excusa dada por el demandado consistente en que la embarcación se hallaba en el taller del actor, pues ya se hallaba vigente, desde el 7 de octubre de 2015, la reforma del artículo 336 de la LEC que introdujo su apartado 5.º.

También la SAP de Asturias de 26 de febrero de 2016 (FJ 2.º) se expresó en el mismo sentido:

> Como ya se expuso, el escrito reconvencional advirtió por otrosí su intención de incorporarlo en un momento posterior al amparo de lo dispuesto en el artículo 337 de la LEC e interesó, para así poder llevarlo a término, que la recurrente fuese requerida para facilitar al perito su acceso al inmueble. .... no se justifica el diferimiento de la incorporación del dictamen del perito a un momento posterior a la formulación de la reconvención, con infracción consecuente de lo dispuesto en los artículos 336 y 337 de la LEC....E Actualmente la Ley 42/2.015, de 5 de octubre ha introducido un apartado 5 en el artículo 336 de la LEC, de acuerdo con el cual el demandado puede solicitar del tribunal de los autos que se le permita examinar por medio de abogado o perito las cosas y lugares cuyo estado y circunstancias sean relevantes para su defensa o para la preparación de los informes periciales que se proponga presentar, lo que pone en evidencia para el caso la concurrencia del supuesto del artículo 337 de la LEC y que no era de aplicación el artículo 336 de la LEC que, como regla, debe de presidir la actuación de la parte (STS de 22-02-2006, 27-12-2010, 18-7-2012 y 7-03-2013), como tampoco del artículo 338 de la LEC (que invoca la recurrida en su escrito de oposición al recurso), pues la pericia está en directa conexión con la petición reconvencional y el objeto que introduce en el proceso y no con las alegaciones posteriores de la reconvenida o las complementarias en la audiencia previa.

4.2.3. Con motivo de hechos nuevos o de nuevo conocimiento

Debemos hacer hincapié en que la modificación sobrevenida del objeto del proceso por aparecer nuevos hechos o hechos de nuevo conocimiento debe posibilitar que se encarguen los dictámenes periciales que resulten congruentes con las necesidades derivadas de este hecho nuevo de nuevo conocimiento. Siendo diferente del hecho complementario porque éste no modifica el objeto del proceso, mientras que el hecho nuevo o de nuevo conocimiento sí puede modificarlo.

Esto puede darse en segunda instancia y el asunto debe analizarse desde la perspectiva temporal.

El artículo 339.3 de la LEC dispone:

> En el juicio ordinario, si, a consecuencia de las alegaciones o pretensiones complementarias permitidas en la audiencia, las partes solicitasen, conforme

previene el apartado 4 del artículo 427, la designación por el tribunal de un perito que dictamine, lo acordará éste así, siempre que considere pertinente y útil el dictamen.

Lo mismo podrá hacer el tribunal cuando se trate de juicio verbal y las partes solicitasen en la vista designación de perito, en cuyo caso se interrumpirá aquella hasta que se realice el dictamen.

La necesidad ha de surgir de alegaciones o pretensiones complementarias, no de la propia demanda o contestación para la que juega el plazo preclusivo de aportación —*vid.* arts. 336 y 337 de la LEC, ya analizados—.

Y esta prueba tendrá por objeto precisamente el hecho nuevo o complementario. Quien lo alegue interesará la prueba y deberá afrontar la provisión de gastos en su caso. Cabe plantearse en este punto si la necesidad de probanza pasa porque ambas partes muestren conformidad con el objeto de pericia. Lo cual tendrá también su refrendo en la provisión de fondos y asunción de gastos sin perjuicio de lo que sobre imposición y tasación de costas se establezca en su momento procesal.

Extremo que contempla el propio precepto en su apartado 4, que dice:

En los casos señalados en los dos apartados anteriores, si las partes que solicitasen la designación de un perito por el tribunal estuviesen además de acuerdo en que el dictamen sea emitido por una determinada persona o entidad, así lo acordará el tribunal. Si no hubiese acuerdo de las partes, el perito será designado por el procedimiento establecido en el artículo 341.

Ello no significa aceptación del resultado o sometimiento de la decisión a éste, pues podrá discutirse el mismo o solicitar aclaraciones o ampliaciones (*vid.* art. 347 de la LEC). En caso de desacuerdo, se designará uno por cada parte solicitante por el procedimiento del artículo 341 de la LEC como se indica. Ninguna duda ofrece este apartado en materia de orden público, donde la verdad material es la que interesa y el proceso está informado por la actuación de oficio. La prueba aquí es intraprocesal y bajo principio dispositivo. El apartado 5 dice:

El tribunal podrá, de oficio, designar perito cuando la pericia sea pertinente en procesos sobre declaración o impugnación de la filiación, paternidad y maternidad, sobre la capacidad de las personas o en procesos matrimoniales.

En este caso debe estarse al apartado 6:

El tribunal no designará más que un perito titular por cada cuestión o conjunto de cuestiones que hayan de ser objeto de pericia y que no requieran, por la diversidad de su materia, el parecer de expertos distintos.

Se trata de determinar la ciencia para la pericia a fin de evitar gastos superfluos. En esto es importante la determinación de la parte para fijar la cualificación profesional necesaria. Aunque también puede acudirse a la notoriedad de la especialización y por tanto determinarla atendiendo a ello, que suele la regla general pues no ofrece contradicción entre las partes. Esto se analizará en profundidad en el capítulo relativo a designación del perito. No obstante, es interesante apuntar la frecuencia con la que se viene aportando informe médico forense calificando el mismo como informe pericial, aunque carece de tal carácter precisamente por la falta de designación de parte, su procedencia, en sede de instrucción por razón de su función, y la finalidad por la que fue emitido.

El artículo 338.1 de la LEC regula la solicitud de intervención de los peritos en el juicio o vista por cuanto:

> Lo dispuesto en el artículo anterior no será de aplicación a los dictámenes cuya necesidad o utilidad se ponga de manifiesto a causa de alegaciones del demandado en la contestación a la demanda o de las alegaciones o pretensiones complementarias admitidas en la audiencia, a tenor del artículo 426 de esta Ley.

Situación excepcional[64] lo que permite colegir la preclusión en la aportación del informe y proposición de prueba pericial al momento de interposición de la demanda, contestación o antes de la audiencia previa o juicio verbal como se ha expuesto anteriormente. Sin embargo, en el momento de contestación a la demanda, puesta de manifiesto la necesidad el periodo de aportación llega a los 5 días anteriores a la audiencia previa (art. 336 de la LEC) pero en caso de alegaciones o pretensiones complementarias se estará a ese momento y al de proposición de prueba (art. 429 de la LEC). En este caso se plantea si debe articularse un plazo de aportación o admitirse en cualquier caso la presencia del perito que designe la parte o el tribunal sin conocer aún su contenido y por tanto los posibles términos de aclaración o ampliación del artículo 347 de la LEC. La solución legal se remite al artículo 337.2 de la LEC, por tanto, debe pedir la parte la intervención del perito y fijar la finalidad pretendida.

---

64. La SAP de Alicante, de 4 de noviembre de 2021 (FJ 2.º), dijo: «el referido dictamen pericial no tiene otro objeto que tratar de contradecir las conclusiones que alcanza el dictamen pericial de la parte demandada. La jurisprudencia viene entendiendo (entre las más recientes, STS de 3 de octubre de 2019), que para que ello sea posible es necesario que estas alegaciones guarden relación con excepciones o causas de oposición que amplían el objeto litigioso, esto es, que van más allá de la causa petendi de la demanda. De tal forma que, si las alegaciones del demandado suponen una negación o mera contradicción de los hechos aducidos en la demanda, en ese caso debe entenderse que el demandante corría con la carga de aportar un informe pericial completo con la demanda, si entendía que era necesario o conveniente para acreditar algún extremo de los introducidos por él con la misma. En el presente caso, de la lectura de los hechos, séptimo, octavo y noveno de la demanda, cabe concluir que la demandada no ha introducido motivos de oposición distintos; por lo que fue debidamente inadmitida dicha prueba».

El artículo 338. 2 de la LEC dispone:

> Los dictámenes cuya necesidad o utilidad venga suscitada por la contestación a la demanda o por lo alegado y pretendido en la audiencia previa al juicio se aportarán por las partes, para su traslado a las contrarias, con al menos cinco días de antelación a la celebración del juicio o de la vista, en los juicios verbales con trámite de contestación escrita, manifestando las partes al tribunal si consideran necesario que concurran a dichos juicio o vista los peritos autores de los dictámenes, con expresión de lo que se señala en el apartado 2 del artículo 337.
>
> El tribunal podrá acordar también en este caso la presencia de los peritos en el juicio o vista en los términos señalados en el apartado 2 del artículo anterior.

Las reglas son idénticas a las del apartado anterior. El plazo de aportación y manifestación de necesidad de concurrencia del perito autor al juicio o vista. Por supuesto la pertinencia vendrá determinada por el hecho controvertido fijado en audiencia previa o juicio verbal que acogerá o no las pretensiones o alegaciones complementarias que no resulten extemporáneas o no guarden relación con el objeto del proceso[65].

---

65. La STS 901/2011, de 13 diciembre, declara que el régimen de aportación de dictámenes periciales del artículo 338 de la LEC no es una excepción respecto del régimen general de aportación previsto en el artículo 336 de la LEC —aportación junto a la demanda y contestación—, sino «supuestos concretos que determinan que la aportación del dictamen pericial deba hacerse con posterioridad a la demanda y a la contestación porque son consecuencia de las distintas posibilidades alegatorias que el proceso otorga a las partes». Ello lleva a concluir que no se puede considerar este supuesto del artículo 338.1 de la LEC como algo anormal y que ocurra sólo en situaciones excepcionales, sino una situación ordinaria que se dará cuando haya alegaciones de las partes, como ocurre con la contestación a la demanda. En ese afán por dar sentido y función al artículo 338.1 de la LEC, el TS en la sentencia citada señala que la finalidad de la norma, «es evitar que la introducción en el proceso, al contestar a la demanda, de un elemento de controversia que, aun relacionado o conexo con la demanda, exceda de los términos en que se dejó planteado el litigio por el demandante, cause indefensión al demandante». A continuación, indica la sentencia, que lo difícil es deslindar cuándo se introduce en la contestación un elemento que excede de los términos del debate fijados por el actor en su demanda. Pues bien, en esta función de clarificación por parte del TS de los supuestos en los que se debe de aplicar este artículo 338.1 de la LEC, el TS hace una labor negativa y propone dos supuestos donde nunca se deberá de aplicar el mismo:
— En primer lugar, nunca se debe permitir aportar dictámenes periciales al amparo del artículo 338.1 de la LEC para permitir, «la subsanación de omisiones, olvidos, inexactitudes o cualesquiera irregularidades en la aportación del informe pericial o en el contenido del informe pericial aportado con la demanda para acreditar los hechos constitutivos de la causa petendi». Ello lo justifica el TS, en que con dicha práctica se rompería el principio de igualdad de armas y contradicción, pues se burlaría la regla general de aportar dictámenes periciales con la demanda y la contestación.
— El segundo supuesto donde no se puede permitir la aplicación de este artículo 338.1 de la LEC, es cuando a través de él se pretende «la formulación de una réplica encubierta a los hechos alegados en la contestación, pues el artículo 427.2 de la LEC sitúa en la audiencia previa el momento en el que las partes tienen la oportunidad de manifestarse respecto a los informes aportados y de pedir su ampliación y los artículos 426.1 y 428.1 de la LEC sitúan, asimismo, en la audiencia previa los momentos en que los litigantes pueden efectuar alegaciones complementarias en relación con lo expuesto de contrario y fijar los hechos controvertidos». Lo que se quiere evitar es la contestación a la contestación a la demanda, pues en todo caso el demandante tiene la facultad de precisar hechos frente a la contestación mediante las alegaciones

Dispone el artículo 337.1 de la LEC:

> Si no les fuese posible a las partes aportar dictámenes elaborados por peritos por ellas designados, junto con la demanda o contestación, expresarán en una u otra los dictámenes de que, en su caso, pretendan valerse, que habrán de aportar, para su traslado a la parte contraria, en cuanto dispongan de ellos, y en todo caso cinco días antes de iniciarse la audiencia previa al juicio ordinario o de la vista en el verbal.

Esta referencia es general en el apartado anterior. Por tanto, debe concurrir la imposibilidad de aportación, pero no basta mera referencia esta ha de acreditarse de algún modo, si se conecta esta exigencia con el punto 4 del artículo 336 de la LEC y no vale cualquier referencia genérica.

El segundo punto sería el plazo para aportarlo, desde que se disponga de éste y en todo caso cinco días antes del señalamiento previsto. Por tanto, debe atenderse a las fechas de emisión y disposición razonable del mismo como se ha indicado.

La aportación extemporánea a veces se acompaña de solicitud subsidiaria del dictamen como prueba documental y proposición de la declaración de su autor en calidad de testigo perito (arts. 380 y 370.4.º de la LEC); es de considerar que este subterfugio adolece de un defecto de origen y es la calidad de testigo de su autor pues no lo fue de los hechos y es llamado por la cualidad adjetiva que le da la norma procesal, esto por sus conocimientos, exige la ley que tenga conocimiento del hecho y además posea la pericia pero esto no es sustancial a su condición. Esto habrá de tenerse en cuenta para pronunciamiento sobre pertinencia de la prueba.

El artículo 337.2 de la LEC dispone:

> Aportados los dictámenes conforme a lo dispuesto en el apartado anterior, las partes habrán de manifestar si desean que los peritos autores de los dictámenes comparezcan en el juicio regulado en los artículos 431 y siguientes de esta Ley o, en su caso, en la vista del juicio verbal, expresando si deberán exponer o explicar el dictamen o responder a preguntas, objeciones o propuestas de

---

complementarias. Al final el TS, y después de definir de forma negativa el objeto del precepto, artículo 338.1 de la LEC, da una regla general para determinar si se permite o no aportar un dictamen pericial al hilo de la contestación a la demanda, y es examinar en cada proceso lo que fue objeto de la demanda y ha sido objeto de alegación en la contestación para decidir si el artículo 338.1, inciso primero, de la LEC ampara la presentación de un dictamen o si se pretende su utilización más allá de la previsión de la norma. Esta interpretación amplia y flexible del artículo 338.1 de la LEC, viene exigida por la propia dicción del artículo 426.5 de la LEC, que permite «en el acto de la audiencia, las partes podrán aportar documentos y dictámenes que se justifiquen en razón de las alegaciones complementarias, rectificaciones, peticiones, adiciones y hechos nuevos a que se refieren los apartados anteriores de este artículo». De tal forma que, si una mera adición permite la aportación de una pericial, por qué no se va a poder aportar por el actor una pericial cuando el demandado introduzca hechos nuevos al hilo de la contestación a la demanda.

rectificación o intervenir de cualquier otra forma útil para entender y valorar el dictamen en relación con lo que sea objeto del pleito.

Si la parte no hace reserva alguna queda limitada la posibilidad de intervención en los términos del artículo 347 de la LEC y esto conecta con la contención del juramento o promesa como requisito subsanable o no, así analizado (art. 335.2 de la LEC); la innecesaria ratificación —el artículo 346 de la LEC prevé solo el caso de pericial judicial— y la valoración al aportarlo de la necesidad de exposición o explicación. Tesis que abunda en la necesidad de exponerlo en el momento de admisión para aplicación del primer precepto reseñado.

Por tanto, este precepto es norma especial respecto al artículo 347 de la LEC pues adelanta la necesidad de proposición de intervención del perito en juicio.

Cabe citar, entre otras, la STS de 18 de julio de 2012 (FJ 3.º), que dijo:

> (...) como regla, el dictamen deberá aportarse con el escrito de demanda o con el de contestación, de conformidad con —lo previsto en el artículo 265.1 de la LEC, a cuyo tenor «a toda demanda o contestación habrán de acompañarse: (...) 4.º Los dictámenes periciales en que las partes apoyen sus pretensiones». No obstante, la norma admite lo que la doctrina ha calificado como «entrega aplazada»; aludida tanto en el artículo 265.1.4.º como en el 336.1 de la misma Ley, cuyo artículo 337.1 dispone que «si no les fuese posible a las partes aportar dictámenes elaborados por peritos por ellas designados, junto con la demanda o contestación, expresarán en una u otra los dictámenes de que, en su caso, pretendan valerse, que habrán de aportar, para su traslado a la parte contraria, en cuanto dispongan de ellos, y en todo caso antes de iniciarse la audiencia previa al juicio ordinario o antes de la vista en el verbal.

Por su parte, la STS 80/2013 de 7 marzo (FJ 2.º), con cita de la anterior, tras la denegación de la aportación de un dictamen pericial con posterioridad a la demanda por no resultar justificado, mantuvo la decisión de la audiencia y del juzgado:

> Ocurrió en este caso que el Juzgado, primero, y la Audiencia, después, denegaron la prueba pericial porque no se había ofrecido cumplida justificación de que «las acciones que ejercitaba con la demanda pudieran perjudicarse de esperar a la elaboración de los informes». Es más, se dice lo siguiente: «debemos reputar lo contrario a la vista de la ingente y extensísima documentación acompañada con la demanda que, sin duda, ha debido tardar semanas y meses la dirección letrada en obtenerla y teniendo en cuenta que la escritura de disolución y liquidación de gananciales cuya nulidad se pretende data de casi treinta años antes de la interposición de la demanda». Lo que se indicó en la demanda, que la sentencia reputó insuficiente, es que «se aportará un informe pericial exhaustivo y completo del valor que tenían tales bienes al momento de la adquisición, y al momento de la liquidación de la sociedad de gananciales, para comprender el

desfase económico en el reparto y la irrealidad del mismo, lo que anuncia a los efectos del artículo 337.1 de la LEC, dado que por la premura y laboriosidad de esta demanda no ha sido posible contar con dicho dictamen».

Sin duda, el pretexto de la premura y laboriosidad en la redacción de la demanda no acredita la imposibilidad de obtener el informe pericial para aportarlo con la misma. Ni se ofreció ni se acompañó documentación complementaria que acreditara que la defensa de su derecho no le permitía interponerla hasta la emisión de los dictámenes que presentó casi siete meses después y tres días antes de la audiencia previa, que se celebró el lunes 9 de junio. Desde luego, esta forma de actuar ni permite hacer efectivo el principio de contradicción con todas las garantías, ni se corresponde con lo que es practica habitual en la redacción y preparación de una demanda judicial que tiene como sustento, entre otras cosas, una discrepancia sobre la valoración de los lotes que les fueron adjudicados a cada uno de los cónyuges en la escritura de capitulaciones, por más que se intente hacer valer lo contrario.

En definitiva, hay que exigir la justificación de la imposibilidad. Esta regla quiebra a favor de la demandante en el supuesto de que la demandada afirme en la contestación hechos nuevos o circunstancias relevantes, y, a favor de ambas, en el caso de que cualquiera de ellas, en la audiencia previa, formule alegaciones o pretensiones complementarias cuya valoración requiera conocimientos científicos, artísticos, técnicos o prácticos. Así lo disponen los artículos 265.3 y el 338.1 ambos de la LEC como se ha visto.

La norma no regula, por el contrario, una pretendida «pericial complementaria» sobre «el dictamen de contrario» como fórmula para sortear la preclusión del momento procesal fijado para que se aporte la pericial, sino que articula el control sobre el contenido de los dictámenes por el cauce regulado en el artículo 347 de la LEC. Prueba que no tendría por objeto demostrar hechos precisados de prueba para cuya valoración se requiriesen conocimientos científicos, artísticos, técnicos o prácticos, sino el control del contenido del dictamen aportado por la contraparte[66].

66. Cabe cita de la SAP de 17 de diciembre de 2021 (FJ 5.º) que dijo: «La clave para la aplicación de los artículos 265.4 de la LEC y 338.1, inciso primero, de la LEC —idénticos en lo sustancial— está en determinar los supuestos en los que las alegaciones del demandado justifican la aportación de un dictamen pericial por la parte demandante. La interpretación finalista y sistemática de estos artículos lleva a concluir que excluyen los siguientes supuestos: (i) la subsanación de omisiones, olvidos, inexactitudes o cualesquiera irregularidades en la aportación del informe pericial o en el contenido del informe pericial aportado con la demanda para acreditar los hechos constitutivos de la causa pretendí (causa de pedir), pues, de otra forma carecería de sentido que la LEC haya establecido una regla general preclásica en los artículos 336.1 de la LEC y 265.1.4 .º de la LEC, y no se respetarían los principios de contradicción, de interdicción de la indefensión y de igualdad de armas en el proceso que exigen que las partes tengan conocimiento desde el inicio del procedimiento de todos los elementos sustanciales en que la parte contraria funda su pretensión, y (ii) la formulación de una réplica encubierta a los hechos alegados en la contestación, pues el artículo 427.2 de la LEC sitúa en la audiencia previa el momento en el que las partes tienen la oportunidad de manifestarse respecto a los informes aportados y de pedir su ampliación y los artículo 426.1

4.2.4. Perito de designación judicial. Reglas propias de aportación

El artículo 339 de la LEC articula el modo de proposición y práctica. Que será objeto de estudio en el capítulo III. Tanto en lo relativo al momento de designación, modo designación aceptación de cargo de provisión de fondos, garantías de imparcialidad y la posibilidad de pericial dirimente.

En cualquier caso, el artículo 338.2 de la LEC establece la posibilidad de que las partes manifiesten si quieren que los peritos vayan a declarar al acto de la vista. La fórmula para acordarlo estará en conexión con el artículo 347 de la LEC. Pudiendo incluso el juez acordarlo según el apartado 2 de este precepto.

La facultad atribuida al juzgador para designar perito que emita dictamen, *vid.* artículo 339.2 y 3 de la LEC no cualifica la prueba ni le otorga otra procedencia, sigue siendo prueba de parte en virtud del principio dispositivo. Ni siquiera la alteración que sobre régimen de prueba supone el artículo 429.1 de la LEC, que puede considerarse una interferencia en tal principio desnaturaliza la prueba o permite una proposición preclusiva.

En cualquier caso, es obvio que aquí la aportación depende de la designación judicial, tiempo de preparación de dictamen y aportación previa ratificación de su contenido, *vid.* artículo 339 y 343 de la LEC.

4.3. Aportación de documentos y anexos

El artículo 336.2 de la LEC dispone:

> Los dictámenes se formularán por escrito, acompañados, en su caso, de los demás documentos, instrumentos o materiales adecuados para exponer el parecer del perito sobre lo que haya sido objeto de la pericia. Si no fuese posible o conveniente aportar estos materiales e instrumentos, el escrito de dictamen contendrá sobre ellos las indicaciones suficientes. Podrán, asimismo, acompañarse al dictamen los documentos que se estimen adecuados para su más acertada valoración.

Este requisito tiene relación con el propio objeto del dictamen. No solo debe especificarse metodología aplicada, sino que esta puede y debe apoyarse en los anexos que justifican las conclusiones dadas. La aportación posterior es improcedente, así debe interpretarse la expresión «en su

---

y 428.1 de la LEC sitúan, asimismo, en la audiencia previa los momentos en que los litigantes pueden efectuar alegaciones complementarias en relación con lo expuesto de contrario y fijar los hechos controvertidos».

caso». De modo que de existir apoyo en tales anexos deben acompañarse al dictamen, justificado todo ello en el principio de igualdad de armas, no puede ocasionarse indefensión.

La elección de qué documental se anexe es propia del perito y estará en función de los elementos utilizados para redacción del informe. Este punto carece de interés procesal pues depende de la pericia del autor y no puede desarrollarse ulteriormente a salvo de ampliación al mismo al caso concreto (art. 347.1 de la LEC). Pero es esencial su conocimiento para la otra parte, quien es demandada y quiere oponerse a juicio, pues podrá aportar otra prueba pericial en su escrito de contestación para sustentar el hecho obstativo o discutir el contenido y conclusiones de la pericial aportada por el actor. Así por ejemplo la técnica o método empleados, credibilidad de la pericia con base a una crítica razonada. La suficiencia de la prueba valorada por la parte, en definitiva.

Puede plantearse respecto a esta documental si es esencial y, por tanto, la aportación lo es con el dictamen o puede considerarse complementaria y no sujeta a plazo por cuanto abunda en los argumentos del informe.

La casuística dará la respuesta si bien otra opción puede desprenderse de una interpretación literal, en el sentido de que podrán acompañarse a la pericial; pues no serían los documentos que la apoyan y no precisan que se valoren por la otra parte en su contestación a la demanda; tendrían el tratamiento de documental y, por tanto, sujetos a estas reglas. La especificación fuera del dictamen llama pues a su propia regulación contenida en los artículos 265 y ss. de la LEC.

Otra opción interpretativa en el caso de que la parte decidiera aportar anexos sería que debe hacerlo junto al dictamen pues forma parte de éste. Así pues, precluiría cualquier intento de aportación por extemporáneo de forma independiente al informe que se pretende proponer como prueba pericial.

De esta forma, la STS 737/2014 de 22 diciembre (FJ 10), delimitó dicha posibilidad de aportación en los siguientes términos:

> En relación con la pertinencia, el motivo plantea una cuestiona sobre el momento preclusivo de la aportación de documentos y los anexos documentales de un informe aportado con posterioridad a la demanda (...) los informes periciales deben ser presentados por las partes junto con sus respectivos escritos de alegaciones de demanda o de contestación (art. 336.1 de la LEC), aunque el artículo 337.1 de la LEC permite que si no fuese posible aportarlos en ese momento, las partes puedan expresar en la demanda o en la contestación «los dictámenes de que, en su caso, pretendan valerse, que habrán de aportar en cuanto dispongan de ellos, y en todo caso antes de iniciarse la audiencia previa...

Es en estos casos en que el informe se presenta con posterioridad a la demanda o la contestación a la demanda, cuando se plantea el problema de sobre qué documentos puede basarse este informe, y si necesariamente deben haber sido aportados previamente con la demanda, o si pueden serlo como anexos al informe.

Si el documento constituye un medio de prueba directo y decisivo para la acreditación de los hechos constitutivos de la pretensión del demandante o del demandado, debe necesariamente ser aportado con su demanda o con su contestación, dejando a salvo las salvedades legales que permitan su aportación posterior. Se trata de una exigencia legal que pretende garantizar la defensa de la contraparte y, en última instancia, posibilitar la efectiva contradicción.

Pero lo anterior no significa que los informes presentados con posterioridad sólo puedan basarse en la información reflejada en los documentos aportados a los autos con la demanda.

El deber de aportación y momento preclusivo es recogido una vez más en el artículo 336.3 de la LEC que prevé lo siguiente:

> Se entenderá que al demandante le es posible aportar con la demanda dictámenes escritos elaborados por perito por él designado, si no justifica cumplidamente que la defensa de su derecho no ha permitido demorar la interposición de aquella hasta la obtención del dictamen.

Incluso aportado el dictamen pueden no aportarse instrumentos, documentos o materiales, porque no sea posible o porque no sea conveniente como dispone la Ley. Dice la LEC que, si no se aportan, el dictamen debe contener información suficiente sobre ellos. Se trata de salvaguardar el derecho de defensa y principio de contradicción. Por ello, será posible aportarlos por la parte en los supuestos en que no haya sido posible acompañarlos al informe pericial, entendiendo que la conveniencia no sería un elemento justificativo en línea con la mencionada STS 737/2014 reseñada más arriba.

Este punto hace hincapié en lo expresado en el anterior epígrafe. Debe aportarse el dictamen en cuanto se disponga de él. La presunción por tanto exige justificación cumplida de la no aportación con la demanda o contestación en el apartado 4. En caso de no hacerlo podrá pedirse subsanación siguiendo la regla general del artículo 231. Ello atendiendo a la regulación conjunta de la prueba y sus requisitos internos y procesales. La seguridad jurídica exige el sometimiento a las reglas para dirimir los intereses particulares en juego y garantizar la igualdad de armas en el proceso.

Impone forma de aportación del dictamen, que aparte de la pericia en sí misma, exige la de la documentación en que se basen, si se aportan con posterioridad la portación de documentos instrumentos o materiales con posterioridad al dictamen no es tratado por la LEC. La imposibilidad o conveniencia que se hace referencia el artículo 336.2 de la LEC a los materiales e instrumentos, pasan cualquier caso por la exigencia de que el dictamen tenga las indicaciones suficientes.

Ello en aras al principio de contradicción y la posibilidad de verificación de las conclusiones y resultados analizando los medios utilizados por el autor del informe de una de las partes por la contraria.

De otro modo al reservarse dicha posibilidad podría alterarse el momento preclusivo de aportación documental. No es infrecuente que, sin aportar la documentación junto con el escrito de demanda y de contestación, sin embargo, sea aportada adjunta al dictamen pericial. Ahora bien, en qué supuestos puede admitirse la inclusión en el proceso de documentación no aportada en los momentos procesalmente establecidos.

V. LA IMPUGACIÓN DEL DICTAMEN PERICIAL

El artículo 427.2 de la LEC es del siguiente tenor:

> Las partes, si fuere el caso, expresarán lo que convenga a su derecho acerca de los dictámenes periciales presentados hasta ese momento, admitiéndolos, contradiciéndolos o proponiendo que sean ampliados en los extremos que determinen. También se pronunciarán sobre los informes que se hubieran aportado al amparo del número 5.º del apartado 1 del artículo 265.

Es exigible concreción en la impugnación. Las alusiones genéricas sin contenido deben ser desestimadas. Sobre el asunto concreto, cabe citar la SAP de Navarra de 8 de junio de 2021, que dijo:

> En el acto de la audiencia previa no concretó tampoco los motivos de su discrepancia con la valoración del lucro ni los concretos extremos de esta valoración que consideraba incorrectos (arts. 427.2 de la LEC). En consecuencia, atendida la falta de precisión en la oposición de la demandada respecto a la valoración del lucro cesante que habría de ocasionar la paralización de la actividad, no resultaba exigible a la actora otro esfuerzo probatorio que interesar la presencia del perito en el acto del juicio a los efectos del artículo 347 de la LEC. Acto en el cual el perito ofreció las aclaraciones requeridas por las partes.

Es posible afirmar la dificultad de la impugnación de la prueba pericial, por cuanto que dicho medio tiene por objeto ilustrar al órgano enjuiciador sobre determinadas materias que, por la especificidad de las mismas, requieren unos conocimientos especializados de técnicos en tales materias y de los que, como norma general, carece el órgano enjuiciador, quedando atribuido a favor de jueces y tribunales, en cualquier caso, valorar el expresado medio probatorio conforme a las reglas de la «sana crítica», que no están codificadas y han de ser entendidas como las más elementales directrices de la lógica humana. La mera impugnación de la prueba pericial no priva de valor probatorio a la citada prueba, ya que el hecho de impugnar una prueba no implica que esta deje de tener valor probatorio, pues lo contrario supondrían dejar en manos de la parte a la que perjudica la admisión de una prueba.

La STS de 27 de febrero de 2005 recoge los supuestos en que se admite con carácter excepcional la impugnación de la prueba pericial:

a) Cuando se ha incurrido en un error patente, ostensible o notorio;

b) Cuando se extraigan conclusiones contrarias a la racionalidad, absurdas o que conculquen los más elementales criterios de la lógica o se adopten criterios desorbitados o irracionales;

c) Cuando se tergiversen las conclusiones periciales de forma ostensible, o se falsee de forma arbitraria sus dictados, o se aparte del propio contexto o expresividad del contenido pericial;

d) Cuando se efectúen apreciaciones arbitrarias o contrarias a las reglas de la común experiencia.

Sobre la indeterminación de la impugnación cabe mención de la SAP, Navarra Civil sección 3 del 10 de junio de 2019 FJ 2.º que dijo:

> (...) En el acto de la audiencia previa, la parte demandada no cuestionó la autenticidad de este informe pericial (artículo 427.1 de la LEC), no lo contradijo o solicitó su ampliación (artículo 427.2 de la LEC y no propuso la intervención del perito en el acto del juicio (artículo 347 y 429 de la LEC), por lo que la ratificación del mismo era innecesaria, pudiendo el tribunal valorar válidamente dicho medio de prueba conforme a los criterios que ofrece la sana crítica (artículo 348 de la LEC)[67].

Esta impugnación pues se refiere al contenido del dictamen no a su admisibilidad que puede ser atacada vía recurso una vez se haya pronunciado el tribunal sobre su admisibilidad a través de reposición.

La impugnación del contenido pues se deriva a la audiencia previa o en la vista de juicio verbal al momento previo a la fijación del hecho controvertido. Lo cual resulta extraño pues aún no se ha propuesto prueba ni hay pronunciamiento sobre su admisibilidad.

Este tratamiento también lo ofrece el artículo 427 a la prueba documental e impugnación si bien referido solo a su autenticidad por remisión a los artículos 320 y 326 de la LEC.

67. Léase SAP de Barcelona de 16 de abril de 2018 (FJ 2.º y 3.º).

CAPÍTULO III

LA DESIGNACIÓN DEL PERITO

I. INTRODUCCIÓN

La designación de perito nos enfrenta a un sistema dual por cuanto cabe que sea la parte de forma privada quien la lleve a cabo o se venga a realizar por el tribunal en los casos previstos legalmente. Como afirma GÓMEZ COLOMER[68] «el legislador de 2000 se enfrentó con la herencia de una prueba pericial de estrecha configuración legal, y cuya utilidad probatoria estaba diseñada para facilitar la decisión judicial antes que la labor de fundamentación y demostración de las alegaciones sostenidas por cada uno de los litigantes. La LEC/2000 aborda una reforma en profundidad del sistema tradicional de prueba pericial, introduciendo como novedad un modelo dual que permite a las partes optar entre la pericia practicada por expertos designados privadamente por las partes y la pericia emitida por peritos designados a través del tribunal».

Se trataría, entonces, de dos modalidades compatibles, que no se excluyen entre sí pues, según el artículo 335.1 de la LEC, las partes podrán aportar al proceso el dictamen de peritos que posean los conocimientos correspondientes o solicitar, en los casos previstos en esta ley, que se emita dictamen por perito designado por el tribunal. Y los casos previstos en esta ley se hallan en el artículo 339, donde se permite al demandante y al demandado solicitar la designación judicial de perito, en diversos momentos, según el dictamen deba versar sobre alegaciones iniciales o alegaciones complementarias. Como afirma FONT SERRA[69], «queda, por tanto, claro que la aportación por las partes de dictámenes periciales rea-

68. GÓMEZ COLOMER, Juan Luis, «La prueba: Los medios de prueba en concreto (IV)», en *Derecho Jurisdiccional II. Proceso Civil*, ob. cit., pág. 310 y 311. Asimismo, véase FLORES PRADA, Ignacio, «La prueba pericial», en *La prueba*, ob. cit., pág. 352 y ss.

69. FONT SERRA, Eduardo, «Dictamen de peritos en la nueva Ley de Enjuiciamiento Civil», en *Cuadernos de Derecho Judicial*, 2000, vol. 7, pág. 7.

lizados fuera del proceso, no les impide solicitar la designación judicial de perito para que emita dictamen, incluso sobre la misma cuestión en torno a la cual se haya aportado un dictamen».

II. LA DESIGNACIÓN PERICIAL DE PARTE

La Ley de Enjuiciamiento Civil atribuye el carácter de genuina prueba pericial a la que se practica a través de dictámenes elaborados por peritos que los propios litigantes hayan escogido unilateralmente.

Como recoge ESPARZA LEIBAR[70], se potencia el papel de las partes en relación con el medio de prueba que nos ocupa. La exposición de motivos de la Ley de Enjuiciamiento Civil notifica esta opción por entender que el dictamen de peritos como medio de prueba en el marco de un proceso no se impone ni se responsabiliza al tribunal de la investigación y comprobación de la veracidad de los hechos relevantes en que se fundamentan las pretensiones de tutela formuladas por las partes, sino que es sobre estas sobre las que recae la carga de alegar y probar. Y, por ello, se introducen los dictámenes de peritos designados por las partes y se reserva la designación por el tribunal de perito para los casos en que así le sea solicitado por las partes o resulte estrictamente necesario.

Como indica MONTERO AROCA[71], son las partes las únicas que han de aportar los hechos careciendo el juzgador esta facultad.

En este caso, la norma no obliga a que dichos conocimientos estén refrendados por la posesión de un título oficial, si bien, por regla general, los dictámenes que se aporten inicialmente por las partes serán elaborados por personas tituladas en su correspondiente saber científico o técnico debido, sin duda alguna, al mayor poder de convicción que ello pueda tener para el juez. En cualquier caso, será este quien al valorar la prueba dará mayor o menor credibilidad al dictamen aportado, tomando en consideración, entre otros datos, la titulación del perito[72].

Nos situaríamos entonces ante una facultad de parte como se desprende del artículo 335.2 de la LEC «...las partes podrán aportar al proceso el dictamen de peritos... o solicitar, en los casos previstos en esta Ley, que se emita dictamen por perito designado por el tribunal».

70. ESPARZA LEIBAR, Iñaki, *El dictamen de peritos en la Ley 1/2000, de Enjuiciamiento Civil*, ob. cit., pág. 121.

71. MONTERO AROCA, Juan, *La prueba en el proceso civil*, Civitas, Madrid, 2011, pág. 8 y ss.

72. PICÓ I JUNOY, Joan, *La prueba pericial en el proceso civil español: Ley 1/2000, de Enjuiciamiento Civil*, ob. cit., pág. 53. GUZMÁN FLUJA, Vicente, «Actuación de los peritos en el juicio o vista», en *El proceso civil*, ob. cit., pág. 2475.

El término «podrán» y la conjunción «o» indican con claridad que se trata de dos opciones perfectamente alternativas. No impide ello que la segunda posibilidad aparezca formalmente condicionada a la expresa autorización legal —... en los casos previstos en esta Ley...—, ya que se trata de un residuo proveniente de la redacción originariamente asignada al precepto, perpetuada durante la tramitación parlamentaria pese al cambio de orientación legislativa advertible entre aquella y el producto definitivo[73].

Por tanto, es posible afirmar que no existe un cauce único de designación, puesto que como recuerda JURADO BELTRÁN[74], la circunstancia de que un litigante opte por un perito designado a su instancia, o delegue tal designación nunca será baladí y desde luego entran en el juego multitud de factores.

A tal fin, señala VÁZQUEZ ROJAS[75] que, el testimonio del perito obedece a un modelo testimonial, siendo las partes quienes en este supuesto evalúan la necesidad de presentar este o aquel elemento de prueba, de fundamentar su demanda en esta o aquella afirmación sobre los hechos, etc. Y al ser las partes también quiere seleccionar un experto informará, ello supone que cierto de atribución de *expertise* al sujeto cuestión es al menos inicialmente por estas.

En definitiva, se trataría de una carga de la parte y, por tanto, la responsabilidad del éxito o fracaso de este sistema de designación recaerá eminentemente en la parte litigante. Será el letrado, responsable jurídico del asunto quien tenga que escoger al perito que se adecue a la titulación oficial requerida, que sea especialista en la cuestión objeto de estudio, que tenga además las aptitudes necesarias para exponer su parecer técnico bajo la forma de un dictamen comprensible para un lego en la materia, y para que lo acabe defendiendo con éxito ante el foro[76].

Corrobora esta interpretación el hecho de que el artículo 339 de la LEC no circunscriba la práctica de la prueba pericial mediante perito judicialmente designado al caso en que el litigante interesado tenga reconocido el beneficio de justicia gratuita (*vid.* apdo. 1), sino que confía también la solicitud de designación judicial de perito a la voluntad de las partes, como se infiere del apartado. 2, «... si entienden conveniente o necesario para sus intereses la emisión de informe pericial», con la que se fortalece

73. ILLESCAS RUS, Ángel Vicente, «Práctica y valoración del dictamen pericial», en *Cuadernos de derecho judicial,* 2005, núm. VII, págs. 14 y 15.

74. JURADO BELTRÁN, David, *La prueba pericial civil*, ob. cit., pág. 305.

75. VÁZQUEZ ROJAS, Carmen, «La prueba pericial de parte. Hacia un modelo educativo», en *De la prueba científica a la prueba pericial*, Marcial Pons, Madrid, 2015, pág. 151.

76. ORELLANA DE CASTRO, Rafael, «Aspectos conflictivos de la prueba pericial» en *Probática y Derecho Probatorio,* Wolters Kluwer, Madrid, 2020, pág. 100.

la capacidad de disposición de las partes en detrimento de la autoridad judicial, la cual no podrá, en rigor, entorpecer o dificultar su ejercicio denegando la designación solicitada salvo cuando la prueba pericial así propuesta recaiga sobre hechos, alegaciones o extremos que no guarden relación con lo que sea objeto del proceso (*vid.* artículo 283.1 de la LEC), o que no pueda contribuir a esclarecer los hechos controvertidos (*vid.* artículo 283.2 de la LEC).

A idéntica conclusión acerca de que la presentación de dictámenes extrajudiciales reviste carácter potestativo conduce el tenor del artículo 336.1 de la LEC:

> Los dictámenes de que los litigantes dispongan, elaborados por peritos por ellos designados, y que estimen necesarios o convenientes para la defensa de sus derechos, habrán de aportarlos con la demanda o con la contestación, si esta hubiere de realizarse en forma escrita, sin perjuicio de lo dispuesto en el artículo 337 de la presente Ley.

La exigencia o carga no se refiere aquí a la presentación en sí, sino a la oportunidad hábil en la que, supuesto que la parte tenga la voluntad de hacerlo, tiene que aportarlos.

No desvirtúa lo dicho el artículo 339.1 de la LEC. De acuerdo con este precepto «si cualquiera de las partes fuese titular del derecho de asistencia jurídica gratuita, no tendrá que aportar con la demanda o la contestación el dictamen pericial, sino simplemente anunciarlo, a los efectos de que se proceda a la designación judicial de perito, conforme a lo que se establece en la Ley de Asistencia Jurídica Gratuita».

No solo para supuestos de justicia gratuita como se desprende del apartado segundo del propio precepto, en cuanto faculta a quienes «no se hallen en el caso del apartado anterior», a que puedan «solicitar en sus respectivos escritos iniciales que se proceda a la designación judicial de perito, si entienden conveniente o necesario para sus intereses la emisión de informe pericial».

En el supuesto de los dictámenes periciales de parte, el nombramiento del perito que lo emita no tiene trascendencia procesal, pues se trata de un acto privado, que se incluye dentro de la relación jurídica de arrendamiento de servicios, en la que la designación del perito, por tanto, es un acto extrajudicial, más concretamente prejudicial, en el que no interviene el órgano judicial.

La LEC, al preceptuar la aportación de la pericial de parte junto con los escritos de alegaciones (arts. 265.1.4.º y 336, I de la LEC), equipara el tratamiento procesal de los dictámenes a instancia de parte con los documentos fundamentales, de manera que el dictamen no acompañado con la demanda o la contestación a la demanda no podrá ser aportado con posterioridad, por efecto de la preclusión procesal (art. 269 de la LEC), que se extiende tanto a los documentos, en este sentido fundamentales cuanto a los dictámenes a instancia de parte —y, en general, a todos los «documentos» enumerados en el artículo 265 de la LEC— como recoge ABEL LLUCH[77].

Sin embargo, su naturaleza y tratamiento procesal al practicar la prueba es distinto. Pues para el dictamen pericial la ley prevé la presencia contingente de su autor en determinadas circunstancias. Si bien las reglas de valoración son las mismas, sana crítica, también habría ciertas similitudes en la carga y régimen preclusivo de aportación. Aunque para la pericial existe un verdadero laberinto atendiendo a los distintas opciones y momentos procesales.

La proposición y admisión de la prueba se complica con la proposición y admisión de la prueba y la pluralidad de supuestos de pericial de designación judicial, la compatibilidad entre la pericial de parte y la de designación judicial, y la diversidad de requisitos para la admisión de la pericial de designación judicial en función de cada supuesto.

Respecto al número de peritos, cuando se trata de dictamen pericial de parte, en principio no existe limitación alguna en los que pueden emitirlo. Sin embargo, cuando se trata de dictamen pericial judicial, de acuerdo con lo que se establece en el artículo 339.6 de la LEC, el dictamen sólo puede emitirse por un sólo perito, aunque, si se trata de materias diversas que requieran conocimientos técnicos distintos, el dictamen podrá ser elaborado por distintos peritos, tanto como materias diversas existan, en el que no interviene el órgano judicial.

La aceptación del encargo va implícita en la firma del documento y obedece a la relación jurídica que le precede derivada del encargo profesional. Tanto si es persona física como jurídica, en este último caso deberá ser firmado por alguien que la represente o haya participado en la redacción del dictamen sea uno o varios. Esto porque a la hora de posibles tachas es importante, también para valorar su procedencia o conocimientos científicos y por supuesto para el caso de acudir a presencia judicial en el acto de la vista o juicio (*vid.* artículo 347 de la LEC).

Respecto a su procedencia será la profesional precisa que determinará el objeto de pericia. En cualquier caso, el artículo 335.3 de la LEC prohíbe, salvo acuerdo en contrario de las partes, solicitar dictamen a un perito que hubiera intervenido en una mediación o arbitraje relacionados con el mismo asunto.

---

77. ABEL LLUCH, Xavier, *La prueba pericial*, ob. cit., pág. 103.

Atendiendo a su designación el perito de parte puede ser tachado como se desarrollará más adelante.

Como pone de relieve, CORTÉS DOMÍNGUEZ[78]:

> (...) el dictamen pericial de parte no es contradictorio, aun cuando se pueda contradecir; mientras que el dictamen pericial judicial es contradictorio y no se puede contradecir. El dictamen de parte no es contradictorio, porque la parte que lo presenta es soberana para determinar el objeto del mismo; y se puede contradecir, porque en el acto del juicio cabe contradecir los resultados del dictamen por el perito de la parte contraria (art. 347 de la LEC) y, porque, la parte contraria puede presentar en el momento procesal adecuado un dictamen contradictorio (art. 426.5 de la LEC). Sin embargo, el dictamen judicial es contradictorio porque en él se dictamina sobre los puntos que ambas partes decidan, y sean aceptados por el órgano judicial, aunque en el acto del juicio no cabe una contradicción como la señalada anteriormente para los dictámenes de parte, permitiéndose tan sólo (art. 346 de la LEC), la presencia del perito en el proceso para hacer posible una mejor comprensión y valoración del dictamen realizado. Así, hay que interpretarlo teniendo en cuenta lo dispuesto en el artículo 339.3 de la LEC que, lógicamente, no sólo es aplicable al dictamen solicitado con ocasión de las alegaciones o pretensiones complementarias, sino a todos los que puedan solicitar las partes en sus escritos de demanda y contestación, e igualmente en lo dispuesto en el artículo 346 de la LEC que veda cualquier pregunta que no vaya dirigida a comprender y valorar el dictamen.

Según el mismo autor, el dictamen de parte siempre es posible, pues no cabe que el órgano judicial rechace su presentación, pues esta se lleva a cabo con los escritos alegatorios.

No obstante, estos dictámenes que se introducen así al proceso no suponen admisión de prueba. El momento de proposición es ulterior, una vez fijado el hecho controvertido y puede ser no admitida la prueba por las razones que sean lo que supondrá devolución del dictamen pericial por su conducto (*vid.* artículos 429 de la LEC para el juicio ordinario y 443 del mismo texto legal para el juicio verbal).

El dictamen judicial sólo es posible si se producen los supuestos contemplados en el artículo 339 de la LEC; cuando se refiere a alegaciones o pretensiones no contenidas en la demanda (art. 339.2 de la LEC), cuando se refiere a alegaciones o pretensiones complementarias permitidas en la audiencia previa (art. 339.3 de la LEC) o cuando es solicitado en los escritos alegatorios, siempre y cuando el órgano judicial estime en los tres últimos casos que el dictamen es pertinente y útil (art. 339.4 de la LEC).

---

78. CORTÉS DOMÍNGUEZ, Valentín, «Dictamen de peritos o prueba pericial», en *Derecho procesal civil*, ob. cit., pág. 274.

Por tanto, destaca el momento de aportación y carácter privado y extraprocesal de la relación jurídica entre la parte que encarga el dictamen pericial y su autor o autores.

Desde el punto de vista práctico, añadiremos que la línea de la demanda o contestación ha de estar inspirada por el dictamen encargado para evitar contradicciones innecesarias pues en muchas ocasiones esta es la prueba más importante que se trae al proceso en la que descansa la verificación del relato de hechos.

III. LA DESIGNACIÓN JUDICIAL DEL DICTAMEN PERICIAL

Alternativa y complementariamente al dictamen del perito designado por la parte, existen supuestos en los que es el propio juez quien, a petición de parte, designa al perito (*vid.* artículo 339 de la LEC)[79].

Se diferencia la designación tribunal del sistema de aportación de parte, en que el tribunal interviene en las decisiones previas a la emisión del dictamen, sobre todo en la admisión y la necesidad del mismo, como señala ORELLANA DE CASTRO[80].

Los peritos designados por el tribunal deben reunir las condiciones que exige el artículo 340 de la LEC, según el cual los peritos deberán estar en posesión del título oficial que corresponda a la materia objeto del dictamen y a la naturaleza de éste, aunque cuando se trate de materias que no estén comprendidas en títulos profesionales oficiales, podrán ser nombrados peritos personas entendidas en aquellas materias, sin título. Respecto a las personas que pueden ser designados peritos por parte del tribunal, hay que hacer referencia a que, también, reúnen condiciones para ser nombradas, cuando así se solicite por las partes, las Academias e Instituciones Culturales y Científicas, así como a personas jurídicas legalmente habilitadas para ello, que se ocupen del estudio de las materias correspondientes al objeto de la pericia (art. 340.2 de la LEC).

Cabe admitirse el de aquel perito que posee el título, pero no se ha colegiado o ha sido suspendido de colegiación. En definitiva, debe entenderse que el dictamen es plenamente valido, si bien el juez podrá tomar en consideración la falta de colegiación o el motivo de su suspensión para valorar (que no admitir) el contenido del dictamen, ya que lo realmente

79. ESPARZA LEIBAR, Iñaki, *El dictamen de peritos en la Ley 1/2000, de Enjuiciamiento Civil*, ob. cit., pág. 121.

80. ORELLANA DE CASTRO, Rafael, «Aspectos conflictivos de la prueba pericial» en *Probática y Derecho Probatorio*, ob. cit., pág. 100.

relevante en esta prueba es el contenido del dictamen, esto es, el correcto planteamiento de las cuestiones debatidas y la motivación de las soluciones que en el mismo se desarrollen, más que el título o la habilitación colegial de la persona que lo haya emitido[81].

El artículo 339 de la LEC regula la designación judicial de perito bajo la rúbrica «Solicitud de designación de peritos por el tribunal y resolución judicial sobre dicha solicitud. Designación de peritos por el tribunal, sin instancia de parte».

De esta forma, la designación puede realizarse a razón de su tenor de tres modos:

a) Designación de oficio.

b) Designación por acuerdo de las partes.

c) Designación por sorteo y lista corrida.

Partiendo de la admisión de dictámenes periciales a emitir por peritos judicialmente designados, las particularidades de este medio de prueba frente a los restantes se proyectan, asimismo, sobre las actividades necesarias para su realización. Ya fijado el hecho controvertido y conocida la posición de las partes, el objeto queda perfectamente definido. Y esto, aunque la Ley de Enjuiciamiento Civil no contenga una relación precisa sobre el tiempo de realización del dictamen.

Se impone distinguir según que la solicitud se haya deducido al tiempo de las alegaciones iniciales rectoras del proceso o que se produzca como consecuencia de las alegaciones posteriores admisibles. Se trata de evitar indefensión, y, por ende, resulta preciso que el informe y su contenido sea conocido por todas las partes del procedimiento, tanto en el juicio verbal como en el ordinario. La pericial judicial no es exclusiva para quienes gocen del beneficio de justicia gratuita también puede acudir a ella quien no la tenga. La intervención del tribunal será simplemente la de designación del perito en legal forma, pero la prueba no se desnaturaliza y sigue siendo de parte.

Se desvirtúa aquí el juicio de necesidad de parte que la ley ha pretendido en el diseño de la prueba. A salvo que el objeto de pericia se aleje notoriamente del suplico de la demanda y cuerpo del escrito de demanda, la

81. De igual modo, Font Serra, Eduardo, *El dictamen de peritos y el reconocimiento judicial en el proceso civil*, ob. cit., pág. 68; Garciandía González, Pedro, «Artículo 339», en *Comentarios a la Ley de Enjuiciamiento Civil*, ob. cit., pág. 1169 y Guzmán Fluja, Vicente, «Actuación de los peritos en el juicio o vista», en *El proceso civil*, ob. cit., pág. 2437 y 2474. Sin embargo, entienden que el artículo 340 de la LEC es de aplicación general a todo tipo de perito, Cortés Domínguez, Valentín, «Dictamen de peritos o prueba pericial», en *Derecho procesal civil*, ob. cit., pág. 314; Picó i Junoy, Joan, *La prueba pericial en el proceso civil español: Ley 1/2000, de Enjuiciamiento Civil*, ob. cit., pág. 53.

admisión será la regla general sin perjuicio de las consideraciones sobre la prueba a lo largo del proceso y valoración final y conjunta de toda la que se practique conforme a las reglas de la sana crítica.

El tribunal sólo podrá acordar la designación de perito cuando considere pertinente y útil el dictamen pericial solicitado, y necesaria, la intervención del perito, tanto cuando la designación se haya pedido en la demanda y/o en la contestación a la demanda, como cuando se haya pedido en la audiencia previa del juicio ordinario o en la vista del juicio verbal.

El dictamen pericial será impertinente cuando no guarde relación con lo que sea objeto del proceso; será inútil cuando, según reglas y criterios razonables y seguros, en ningún caso pueda contribuir a esclarecer los hechos controvertidos (arts. 283.1 y 2 de la LEC); y la intervención del perito será innecesaria, cuando para valorar hechos o circunstancias relevantes en el asunto, o adquirir certeza sobre ellos, no se precisen conocimientos especializados (art. 335.1 de la LEC).

De todos modos, estos requisitos, de pertinencia y utilidad del dictamen solicitado, y necesidad de conocimientos especializados, no son los únicos que se exigen en todos los casos, para que sea procedente la designación de perito por el tribunal. En concreto, cuando la solicitud de designación que realice cualquiera de las partes, sea consecuencia de las alegaciones y pretensiones complementarias permitidas en la audiencia previa del juicio ordinario, o en el trámite equivalente de la vista del juicio verbal, el tribunal sólo acordará la designación de perito, si además de la pertinencia, utilidad del dictamen, y necesidad de conocimientos especializados, concurren otros dos requisitos:

1.º Que ambas partes se muestren conformes con el objeto de la pericia.

2.º Que ambas partes se muestren conformes en aceptar el dictamen del perito que el tribunal nombre (art. 339.3 de la LEC).

En cualquier caso, la petición de designación de pericia judicial, al igual que la aportación de informes periciales de parte, se producirá en los escritos de parte iniciales del proceso. Esta opción no significa que se tenga que optar entre la pericia de parte y la de designación judicial, ya que es plenamente admitida la compatibilidad de ambos informes periciales. En este sentido cabe cita de la SAP de Pontevedra 138/2006 de 14 marzo 2006 (FJ 4.º), que dispone que «las partes pueden solicitar la designación judicial de un perito (art. 339 de la LEC), si bien tal pretensión no es ni obligatoria ni imprescindible y además es compatible con la nueva previsión de aportación de dictámenes elaborados por peritos designados por las partes (art. 336), teniendo tanto unos como otros la consideración de prueba pericial y su valoración debe realizarse según las reglas de la sana crítica que establece el artículo 348».

3.1. Designación tras demanda y contestación

A este caso parece referirse el artículo 339.2 de la LEC cuando establece que:

> (...) no se podrá solicitar, con posterioridad a la demanda o a la contestación, informe pericial elaborado por perito designado judicialmente». Aunque no se contempla expresamente la demanda reconvencional y contestación a la reconvención, es posible entender incluidos en la regla general y no la excepción del último párrafo que menciona solo alegaciones o pretensiones no contenidas en la demanda.
>
> De esta forma, el párrafo tercero del citado precepto dispone que «la designación judicial de perito deberá realizarse en el plazo de cinco días desde la presentación de la contestación a la demanda, con independencia de quién haya solicitado dicha designación. Cuando ambas partes la hubiesen pedido inicialmente, el tribunal podrá designar, si aquellas se muestran conformes, un único perito que emita el informe solicitado. En tal caso, el abono de los honorarios del perito corresponderá realizarlo a ambos litigantes por partes iguales, sin perjuicio de lo que pudiere acordarse en materia de costas.

Esta regulación como se ha expresado anteriormente se aleja de la finalidad de la prueba para que sea dirimida por el tribunal la pertinencia, la mera solicitud no implica admisión solo práctica y designación de perito en estos términos.

De existir conformidad en la emisión por un solo perito no se estará a su resultado salvo pronunciamiento expreso de las partes; en este caso se da una suerte de transacción que quizá permita el dictado de resolución en su momento en los términos del artículo 19.1 de la LEC.

En la práctica forense suele resolverse de este modo. Se da curso a la elaboración del dictamen presentada demanda y contestación. Y como quiera que en la contestación debe el demandado, como exigen los artículos 406 y 408 de la LEC, formular en su caso la demanda reconvencional, petición de nulidad o compensación, si estas fueren admitidas se provee contestación. Con todos los escritos ya será definido el objeto y el modo de llevar a cabo la prueba, especialidad que debe tener el perito y demás requisitos. Así como la asunción del coste por el proponente. En este punto existe una notable laguna legal.

El perito es designado por el órgano judicial en los supuestos contemplados en el artículo 339 apartados 1, 2, 3 y 5 de la LEC. En estos casos, el juez designa al perito de acuerdo con el procedimiento establecido en el artículo 341 de la LEC, procedimiento que huye del sistema anterior de designación *ad hoc* del perito para cada uno de los procesos.

Ahora, la Ley establece un sistema de confección de listas de peritos que se efectúa durante el mes de enero de todos los años, designándose por sorteo el primer perito que ha de dictaminar para ese Juzgado, en la materia correspondiente, y nombrándose para los casos posteriores a los que se encuentren en la lista preparada situados con posterioridad al primeramente elegido: es decir, se sigue un orden correlativo que se inicia con la primera designación que el órgano judicial tenga que hacer de peritos de esa especialidad.

La lista de peritos se confecciona por los distintos colegios profesionales, academias, sindicatos, asociaciones, etc., en la que se incluyen a las personas que están interesadas en actuar como peritos (art. 341.1 y 2 de la LEC). En el supuesto de los dictámenes periciales de parte, el nombramiento del perito que lo emita no tiene trascendencia procesal, pues se trata de un acto privado, que se incluye dentro de la relación jurídica de arrendamiento de servicios, en la que la designación del perito es un acto extrajudicial, más concretamente prejudicial, en el que no interviene el órgano judicial.

Cuando se trata de dictamen pericial de parte, no existe limitación alguna en el número de peritos que lo pueden emitir.

Sin embargo, cuando se trata de dictamen pericial judicial, de acuerdo con lo que se establece en el artículo 339.6, el dictamen sólo puede emitirse por un sólo perito, aunque, si se trata de materias diversas que requieran conocimientos técnicos distintos, el dictamen podrá ser elaborado por distintos peritos, tanto como materias diversas existan.

La situación jurídica de los peritos no puede ser exactamente la misma según se trate de perito de parte o de perito judicial. Es evidente que hay aspectos comunes, como el de la responsabilidad, pero los honorarios del designado por la parte se generan en el marco de una relación contractual privada. El designado judicialmente como se verá tiene una provisión de gastos diferente.

3.2. Designación a consecuencia de alegaciones o pretensiones complementarias en el juicio ordinario

Aunque no se permite la modificación sustancial de las peticiones formuladas, se autoriza la introducción de hechos fundamentales para las pretensiones ejercitadas (art. 426.4 de la LEC) o relevantes para la decisión del pleito (art. 286.1 de la LEC), respecto de los que se acredite su acaecimiento o conocimiento sobrevenido, ulterior a la conclusión de las oportunidades alegatorias ordinarias (art. 286.4 de la LEC).

Ha de tratarse, pues, de hechos importantes o trascendentes, carácter que incuestionablemente ha de predicarse de los constitutivos, modificativos, extintivos y excluyentes. Incluso debe tratarse de hechos aptos para configurar una causa de pedir diferente de la petición articulada (art. 400.1 de la LEC), siempre que no se contravenga la prohibición establecida en el artículo 413.1 de la LEC.

Por tanto, las innovaciones a tener en cuenta deben estar íntimamente ligadas a la pretensión principal y, por supuesto, no haber sido conocidas al momento de interposición de la demanda o contestación. Se trata de mantener la prohibición de ampliar el objeto de la demanda en momento preclusivo.

El límite en cualquier caso nos lo ofrecerá la casuística, pues debe estar justificada cualquier privación de interés legítimo que modifique definitivamente el estado de las cosas o las personas. La sujeción a prueba en cualquier caso dependerá del momento procesal y la propia alegación.

En el acto del juicio del procedimiento ordinario también tiene perfecta cabida la alegación de los hechos acaecidos o conocidos después de la finalización de la audiencia previa (art. 286.1 de la LEC). Igual norma aplicable al juicio verbal.

En relación con las alegaciones complementarias, la parte que efectúe la petición accesoria o complementaria puede —potestativamente— aportar en el propio acto de la audiencia previa en que las articule, presentar los dictámenes periciales con que, en su caso, se proponga justificarlas, o solicitar la ampliación de los ya presentados. Las demás partes, como quiera que no conocen con anterioridad a dicho momento la alegación de que se trate ni han tenido previamente la posibilidad de examinar los dictámenes que, en su caso, se aporten en dicho acto, aunque la norma les faculta para hacerlo en dicho momento, difícilmente podrán hacerlo. La lógica impone que en estos casos la carga de la presentación de los dictámenes de refutación se difiera a un momento ulterior.

En efecto, el artículo 426. 5 de la LEC, señala que «en el acto de la audiencia, las partes podrán aportar documentos y dictámenes que se justifiquen en razón de las alegaciones complementarias, rectificaciones, peticiones, adiciones... a que se refieren los apartados anteriores de este artículo». Por su parte, el artículo 427, apdo. 3 de la LEC, previene que «si las alegaciones o pretensiones a que se refieren los tres primeros apartados del artículo 426 suscitasen en todas o en alguna de las partes la necesidad de aportar al proceso algún dictamen pericial, podrán hacerlo dentro del plazo establecido en el apartado segundo del artículo 338».

Reviste pues carácter potestativo para los litigantes la aportación en la audiencia previa de los dictámenes en que apoyen las peticiones accesorias o complementarias sin que quepa exigir, ni siquiera a la parte que las introduzca en dicho instante que al propio tiempo presente los dictámenes que las sustenten. Y lo mismo es predicable de la mera ampliación de los dictámenes periciales que ya hubieran presentado.

La propia rigidez impuesta a la admisibilidad de las peticiones accesorias o complementarias aconseja prudentemente aguardar hasta que se conozca la decisión judicial favorable a su incorporación al proceso el encargo del dictamen pericial correspondiente.

Cuestión distinta es que si la parte que realice aquellas peticiones hubiera decidido aportar en el mismo acto los dictámenes nuevos o la ampliación de los previamente aportados, recaiga sobre las demás en dicho momento la carga de pronunciarse sobre su admisibilidad, contradecirlos en los términos que reputen convenientes o propongan, a su vez, «que sean ampliados en los extremos que determinen», del mismo modo que respecto de los dictámenes que se hubieran aportado con anterioridad con otro objeto (art. 427.2 de la LEC).

Seguidamente, el artículo 339.3 de la LEC dispone que:

> (...) en el juicio ordinario, si, a consecuencia de las alegaciones o pretensiones complementarias permitidas en la audiencia, las partes solicitasen, conforme previene el apartado 4 del artículo 427, la designación por el tribunal de un perito que dictamine, lo acordará éste así, siempre que considere pertinente y útil el dictamen.

Por tanto, si la designación judicial de perito procede respecto de las alegaciones posteriores admisibles que se produzcan en el acto de la audiencia previa de los procedimientos ordinarios, o en el acto de la vista de los procedimientos verbales, aunque nada diga al respecto el artículo 339.3 de la LEC, específicamente destinado a regular estas hipótesis, parece que la designación del perito habrá de tener lugar, respectivamente, en el acto de la audiencia previa y de la vista[82].

En estos casos, es posible distinguir además las siguientes hipótesis siguiendo la división propuesta por Illescas Rus[83]:

1. Que los únicos dictámenes periciales a emitir por peritos de designación judicial recaigan sobre las alegaciones posteriores;
2. Que junto con las alegaciones iniciales se hubieran solicitado dictámenes periciales sobre materias homogéneas a las concernidas por las alegaciones posteriores;
3. Que las alegaciones posteriores versen sobre conjuntos de hechos cuyo conocimiento o apreciación requieran el parecer de expertos distintos a los que eventualmente se hubieran designado a consecuencia de las alegaciones iniciales.

---

82. En el mismo sentido, Garciandía González, Pedro, «Artículo 339», en *Comentarios a la Ley de Enjuiciamiento Civil*, ob. cit., pág. 116.

83. Illescas Rus, Ángel, «Práctica y valoración del dictamen pericial», en *Cuadernos de Derecho Judicial*, ob. cit., pág. 67.

Por imperativo de lo dispuesto en el artículo 339.6 de la LEC, la primera y la tercera hipótesis no plantean problema alguno, y debe procederse a la designación de un único perito por cada materia, ora por acuerdo de las partes en la persona o entidad que deba emitirlo, ora por la suerte (art. 339.4 de la LEC). En cambio, a propósito de la segunda, en la medida en que los informes periciales que resultaren procedentes han de versar sobre materias homogéneas a las que determinaron la selección judicial de perito, no procederá la designación de otro distinto para que dictamine sobre estas, sino que habrá de someterse a los que ya fueran designados la ampliación del dictamen originario (*vid.* artículo 427 de la LEC).

3.3. Designación a consecuencia de alegaciones o pretensiones complementarias en el ámbito del juicio verbal

El artículo 339.3 párrafo segundo de la LEC dispone que «lo mismo podrá hacer el tribunal cuando se trate de juicio verbal y las partes solicitasen en la vista designación de perito, en cuyo caso se interrumpirá aquella hasta que se realice el dictamen».

Cuando la contestación al juicio verbal era oral podían darse varias vicisitudes en el nombramiento de perito, pues hasta ese momento no era conocida la posición del demandado sobre la *litis*. Obviando toda esa problemática fue un acierto la contestación escrita que redunda en el principio de contradicción e igualdad de armas.

Cuando se celebra la vista —en caso de que alguna de las partes la solicite— la prueba pericial ha de haber sido aportada. Así lo exigen los artículos 336 y 337 de la LEC. El anuncio exige en cualquier caso aportación en cuanto se disponga del dictamen y en todo caso cinco días antes de la vista.

Por tanto, las alegaciones o pretensiones complementarias tendrán el mismo tratamiento que en el juicio ordinario. No obstante, será en audiencia previa donde se propondrá la prueba de forma conjunta, la pericial ya existente en su caso junto a otra u otras cualesquiera del elenco del artículo 299 de la LEC.

La alegación de hechos nuevos o de nueva noticia (art. 286 de la LEC), también puede ser sometida a prueba. Estos incluso cuando han precluido los actos de alegación previstos en la ley y antes de comenzar a transcurrir el plazo para dictar sentencia.

En estos casos la vista deberá ser interrumpida para proveer lo que corresponda sobre la prueba pericial en orden a la elaboración del sistema. En este caso, se estará a lo dispuesto en el artículo 193.1. 4.º de la LEC.

3.4. Modos de designación del perito

Son varias las posibilidades a tener en cuenta: que la designación lo sea por acuerdo de las partes, por listas o sorteo, de oficio por el tribunal o incluso ante insuficiencia de prueba ante la alerta de falta de prueba sobre algún hecho relevante.

En este apartado se analizarán tanto la designación que podríamos llamar «privada» o «de parte» y la realizada con el auxilio de los tribunales, sin perder de vista que en cualquier caso la prueba es de parte.

3.4.1. Designación del perito por acuerdo de las partes.

Sobre el posible acuerdo en la designación, el artículo 339.4 de la LEC dispone que «en los casos señalados en los dos apartados anteriores, si las partes que solicitasen la designación de un perito por el tribunal estuviesen además de acuerdo en que el dictamen sea emitido por una determinada persona o entidad, así lo acordará el tribunal. Si no hubiese acuerdo de las partes, el perito será designado por el procedimiento establecido en el artículo 341».

Respecto de las alegaciones iniciales el acuerdo únicamente parece posible cuando el actor —principal o reconvencional —, al propio tiempo que proponga la prueba pericial a practicar por perito de designación judicial sugiera el nombre de la persona o entidad que estime más idónea para su elaboración y emisión. Así, los demandados, al evacuar el trámite de contestación podrán manifestar su posición sobre la prueba en sí y sobre el sujeto propuesto, por el contrario.

En cambio, si el solicitante no insinúa nombre alguno, aunque la parte contraria esté conforme con la prueba propuesta e incluso solicite a su vez su ampliación a otros extremos, no podría expresar además su conformidad con un extremo omitido por el primer solicitante. Es más, en ese mismo caso, aunque el demandado sugiriera la persona que en su criterio hubiera de ser designada, el contrario, que a la sazón fue el primer solicitante de la prueba carecería de trámite hábil para mostrar su conformidad con que la designación recaiga en el sujeto que el contrario haya indicado.

No obstante, a propósito de las alegaciones sobrevenidas, al producirse en el acto de la audiencia previa o de la vista, como quiera que la oralidad armoniza mal con la preclusión, es concebible que, ante la sugerencia de cualquiera de los litigantes, el otro pueda mostrar su conformidad. Al expresado convenio, cuando medie, respecto de la persona individual o entidad que reputen conveniente para emitir el dictamen con el fin de ser designado, reconoce la Ley carácter vinculante para el órgano jurisdiccional, como revela de forma inequívoca la expresión «...así lo acordará el tribunal».

Con todo, el eventual acuerdo de las partes acerca de estos extremos ha de preceder a la declaración de pertinencia por el órgano jurisdiccional de la clase de pericia propuesta y, en consecuencia, de la ciencia, arte, técnica o práctica en que ha de hallarse versado el perito. No obstante, la avenencia de los litigantes respecto de la persona que goza de su plena confianza para emitir el dictamen no basta, por sí sola, para tornar idóneo a quien carece de aptitud técnica para informar acerca de los hechos litigiosos[84].

La referencia del artículo 339.4 de la LEC a «los dos apartados anteriores» excluye también el caso, previsto en el apdo. 1 del propio precepto, de que alguno de los litigantes tenga reconocido el derecho de asistencia jurídica gratuita. La excepción se aviene al artículo 6.6 de la Ley reguladora de este derecho que determina el origen y extracción prioritaria de los peritos que deban emitir los dictámenes interesados por los beneficiarios del mismo entre funcionarios u organismos adscritos al órgano jurisdiccional o dependientes de la Administración Pública y seleccionados por aquel o esta, respectivamente, lo que imposibilita cualquier convención previa entre los litigantes acerca de la persona concreta que pueda ser escogida.

3.4.2. Designación por listas o sorteo

Este sistema se aplicará en los casos siguientes:

1. Cuando la prueba pericial a practicar por perito de designación judicial se interese por uno solo de los litigantes;
2. Cuando alguno de los litigantes tenga reconocido el derecho a litigar gratuitamente;
3. Cuando, fuera del caso anterior, aun habiéndose solicitado por todas las partes, no mediare acuerdo de las partes acerca de la persona o entidad que deba ser escogida;
4. Cuando deba designarse al perito que deba suplir a los designados por otros medios cuando estos se excusen, se abstengan o sean recusados y no se hubiere nombrado sustituto o cuando fuese el suplente quien deba ser reemplazado;

---

84. GARCIANDÍA GONZÁLEZ, Pedro, «Artículo 339», en *Comentarios a la Ley de Enjuiciamiento Civil*, ob. cit., pág. 1116.

5. En los casos en que el órgano jurisdiccional puede acordar *ex officio iudicis* la práctica de alguna prueba pericial (art. 339.5 de la LEC), es decir, en los procesos especiales regulados en el título I del Libro IV de la LEC (art. 752.1 de la LEC), previsión singularmente reiterada en los de incapacitación (art. 759.1 de la LEC) y los matrimoniales (arts. 770, regla 4.a; 771.3; 774.2 todos de la LEC).

La designación se hará por orden correlativo previo sorteo, en el modo previsto en el artículo 341 de la LEC.

La Ley no contiene disposición alguna acerca del procedimiento que deba observarse para la realización del sorteo, a salvo la prevención de que se efectúe «en presencia del secretario judicial» (apartado 1 *in fine*). Esta disposición debe entenderse en el sentido de que, al igual que la ratificación de los dictámenes, no se trata de una actuación en la que deba observarse el riguroso principio de inmediación, por lo que no será necesaria la presencia del juez o tribunal en el acto del sorteo. Y aunque no se mencione de forma explícita más que en el caso de que haya de seleccionarse como experto a persona no titulada, las partes deberán ser citadas para el acto del sorteo. A tal fin, como sostiene FONT SERRA[85] acerca del modo concreto en que deba realizarse el sorteo, será válido y eficaz cualquier método que asegure la aleatoriedad y neutralidad del resultado. Sobre la existencia de listas y su utilidad[86].

3.4.3. Designación de oficio del perito

El artículo 339.5 dispone que «el tribunal podrá, de oficio, designar perito cuando la pericia sea pertinente en procesos sobre declaración o impugnación de la filiación, paternidad y maternidad, sobre la capacidad de las personas o en procesos matrimoniales».

No obstante, y al amparo de lo previsto en el artículo 429.1 de la LEC, puede el tribunal acordar la práctica de una prueba pericial cuando advierta clara insuficiencia probatoria en la proposición de alguna de las

85. FONT SERRA, Eduardo, *El dictamen de peritos y el reconocimiento judicial en el proceso civil*, ob. cit., pág. 90 y RIFÁ SOLER, José María, «Artículo 341», en *Comentarios a la nueva Ley de Enjuiciamiento Civil* (Fernández - Ballesteros López, RIFÁ SOLER, y Valls Gombau, coords.), Atelier, 2000, tomo II, pág. 1605.

86. CAÑAL DE LEÓN, Ignacio, «La prueba pericial en el proceso civil. Su configuración en la Ley 1/2000, de 7 de enero», en *Exposición de la nueva Ley de Enjuiciamiento Civil* (Gutiérrez Alviz Conradi, dir.), Tirant Lo Blanch, Valencia, 2001, pág. 238, comprende que el que sólo figuren en la lista los colegiados interesados en actuar como peritos obedece a la voluntad del legislador de eliminar dilaciones procesales, por la no aceptación del cargo por colegiados no interesados en la pericia.

partes. Esta facultad, doctrinalmente discutible en lo que se refiere a los principios de imparcialidad del juez, aportación de parte e igualdad de armas, tiene apoyo legal y, puede, por tanto, respaldar la designación de oficio de un perito judicial siempre que no se advierta en la decisión de designación arbitrariedad, ilogicidad o desproporción.

Por ejemplo, en los procesos sobre declaración o impugnación de filiación, paternidad y maternidad, en los procesos sobre la capacidad de las personas y en los procesos matrimoniales, sin perjuicio de las pruebas que se practiquen a instancia del Ministerio Fiscal y de las demás partes, el tribunal podrá decretar, de oficio, cuantas estime pertinentes (art. 752.1 2 de la LEC), entre ellas siguiendo a Font Serra[87]:

a) los dictámenes periciales necesarios o pertinentes en relación con las pretensiones de la demanda y demás medidas previstas en los procesos sobre la capacidad de las personas, —en los que nunca se decidirá sobre la incapacitación sin previo dictamen pericial médico, acordado por el tribunal— (art. 759.1)

b) las pruebas periciales biológicas en los juicios sobre filiación, paternidad y maternidad (art. 767.2). Cuando, en estos procesos, el juez acuerde la emisión de dictámenes periciales de oficio, pero no cuando se trate de emisión de dictámenes por peritos designados por el tribunal a solicitud de parte, el tribunal designará directamente al perito (art. 339.5 de la LEC).

Aunque esta designación de oficio podrá recaer en cualquier profesional (por regla general de la medicina), lo habitual será que recaiga en los médicos forenses, como cuerpo titulado superior al servicio de la Administración de Justicia (arts. 497 y 498 LOPJ).

Asimismo, no puede confundirse esta designación con la facultad que atribuyen al tribunal los artículos 429.1 y 443.4 de la LEC sobre insuficiencia de prueba o las diligencias finales.

3.5. Sobre la insuficiencia de prueba

La facultad prevista en el artículo 429.1 de la LEC y para el juicio verbal por remisión el párrafo segundo del artículo 443.4 de la LEC, es alertar sobre la falta de probanza, no puede interpretarse como una posibilidad de que el tribunal acuerde por sí la práctica de pruebas no propuestas por las partes.

---

87. Font Serra. Eduardo, «El nuevo dictamen de peritos en la LEC», en *Cuadernos de Derecho Judicial*, 2005, núm. 9670, pág. 89,

La recta interpretación del precepto es que sólo permite al juzgador «indicar» a las partes las posibles deficiencias que, aparentemente tendrían las pruebas que propusieron a fin de acreditar los hechos básicos de sus respectivas pretensiones. Pero son las partes las que, en última instancia, deben solicitar el complemento de sus proposiciones iniciales.

Si las partes no proponen las pruebas, no puede el Juzgado acordarlas. Así lo establece la STS 80/2013 de 7 marzo (FJ 2.º), cuando analiza el artículo 429.1 de la LEC y su aplicación, al referir que se trata de una norma que no elimina la carga de la prueba que establece el artículo 217, a cuyas reglas se somete el juez para resolver el asunto, incluidas las derivadas de una falta de prueba. Este mecanismo procesal es, además, discrecional. Surge de la mera consideración del juez de que las pruebas propuestas no son suficientes para esclarecer los hechos. Discrecional es también («podrá») señalar la prueba o pruebas cuya práctica considere conveniente a partir de los elementos probatorios cuya existencia resulte de los autos. Consiguientemente, su omisión no supone infracción de las normas del proceso ni afecta al derecho de las partes causándoles indefensión. Finalmente, la insuficiencia probatoria puede venir dada por los propios elementos de prueba aportados por las partes, incluso de la prueba judicialmente insinuada.

Sobre el deber del juez de subsanar insuficiencia probatoria han sido varios los pronunciamientos de nuestros tribunales sobre todo en materia de prueba pericial. Cabe cita de la SAP de La Rioja 24/2005 de 31 enero (FJ 1.º), que dijo:

> (...) en cuanto a la pretendida infracción de los artículos 24-2 de la Constitución y 429-1 de la LEC, pretendiendo la nulidad de las actuaciones, ha de partirse de que el juez *a quo* no puede subsanar, al amparo de la facultad que le confiere el artículo 429-1 de la Ley Civil Adjetiva, la omisión de los informes periciales que deben acompañarse con la demanda (art. 336 Ley de Enjuiciamiento Civil), la omisión del anuncio de dictamen cuando no se pueda aportar con la demanda (art. 337) y la falta de solicitud en el escrito de demanda de la designación judicial de perito (art. 339); es decir, que la facultad que establece el artículo 429-1 de la Ley Procesal Civil no puede servir para la subsanación de la inexistencia de pruebas o de las propuestas inadecuadamente por las partes, por no ajustarse a lo establecido en la Ley de Enjuiciamiento Civil. Dicho precepto debe enmarcarse en sus justos límites que resultan de la interpretación sistemática respecto de toda la normativa de prueba en el proceso civil, y sin olvidar que la facultad admonitoria del juez es potestativa, como la expresión «podrá» del inciso segundo de dicho artículo igualmente confirma. En todo caso, como establece, la sentencia de la Audiencia Provincial de Lugo de 29 de mayo de 2002 (JUR 2002\191656), el precepto se refiere sólo a la prueba propuesta, no a la insuficiencia de la practicada, además de que se articula en un sistema donde la prueba sigue

siendo a instancia de parte como norma general (art. 282) y en el que siguen vigentes unas normas de reparto de la carga de la prueba (art. 217), así como las consecuencias de la falta de prueba.

La SAP de Salamanca de 16 de mayo de 2016 (FJ 2.º), con cita de la SAP de Burgos 408/2002, de 23 de julio, va más allá y analiza las hipótesis futuras de aceptarse la intervención del juez en la proposición de prueba cuando afirma que «el juez no sabe cuál va a ser el resultado de las pruebas, diciendo que el precepto ha de ser aplicado con singular cuidado, pues una aplicación no meditada del mismo puede conducir a la quiebra del más elemental principio de la imparcialidad judicial, ya que indicar sin más qué hechos pudieran resultar no acreditados y las pruebas necesarias para que ello no suceda, si bien pueden favorecer a una de las partes, sin duda cabe que perjudique a la otra, quien cabe que, en su estrategia procesal, juegue, precisamente, con el hecho de que no quede acreditado por quien le corresponda la base de la pretensión...

Por su parte, la SAP de Córdoba 298/2003, de 15 de diciembre (FJ 1.º), niega que el juez de instancia deba subsanar una deficiente llevanza del proceso «ab initio» y menos aún que sea dicho juez civil quien deba señalar al letrado (profesional del Derecho) las pruebas que deban proponer para ganar el pleito, ya que, en otro caso de admitirse tal interpretación, nunca podría desestimarse una pretensión por insuficiencia probatoria. En similar sentido la SAP de Badajoz de 3 de mayo de 2002 ya negaba retroactividad a la facultad del juez, por cuanto el artículo 429.1 de la LEC otorga al juzgador la facultad de indicar que a su juicio existe una posible insuficiencia probatoria, pero en el momento de la audiencia previa o juicio, porque si no advirtió tal insuficiencia hasta el momento de dictar sentencia es claro que las actuaciones no se pueden retrotraer al momento de la proposición de prueba para dar entonces posibilidad a la parte de que proponga la prueba que sea necesaria para acreditar su derecho. Ello iría no solo en contra de la imparcialidad del juez sino que además también contravendría la Ley en cuanto que la actuación procesal correcta sería la de practicar la prueba como diligencia final si es que el juzgador se encuentra en situación de duda por insuficiencia de la prueba propuesta y practicada a instancia de parte, y si esa proposición no se produjo es claro, que la responsabilidad de la insuficiencia de la prueba practicada nunca será achacable a la actuación del juzgador de instancia.. A mayor abundamiento, la SAP de A Coruña 106/2009, de 20 marzo (FJ 2.º) declara que serán las partes quienes decidirán, a la vista de lo manifestado por el juez, si proponen ellas esas pruebas complementarias, de estar conformes con su necesidad. Y si no las proponen, el juez no puede acordar su práctica.

Por tanto, y atendiendo al principio de facilidad probatoria y dispositivo, la parte no solo hace valer la acción que a su derecho convenga. También ha de utilizar los medios de prueba a su alcance y que considere idóneos. La facultada que atribuye al tribunal el artículo 429.1 de la LEC debe conectarse en definitiva con las reglas de la carga de la prueba establecidas en el artículo 217. La exigible neutralidad del juzgador impide pronunciarse más allá de la carencia de prueba sobre determinados hechos.

3.6. Respecto de las diligencias finales

En cuanto a las diligencias finales, tal como recoge el artículo 435 de la LEC, se acordarán mediante auto y solo a instancia de parte. Como indica la expresión «podrá» es potestativa para el tribunal quien en función de la prueba practicada la acordará o no.

Las reglas serán:

> 1.ª No se practicarán como diligencias finales las pruebas que hubieran podido proponerse en tiempo y forma por las partes, incluidas las que hubieran podido proponerse tras la manifestación del tribunal a que se refiere el apartado 1 del artículo 429.
>
> 2.ª Cuando, por causas ajenas a la parte que la hubiese propuesto, no se hubiese practicado alguna de las pruebas admitidas.
>
> 3.ª También se admitirán y practicarán las pruebas pertinentes y útiles, que se refieran a hechos nuevos o de nueva noticia, previstos en el artículo 286...

Así no podrá ser propuesta prueba pericial si hubo la oportunidad de hacerlo y el objeto sobre el que versaría ya era conocido en el momento procesal pertinente. Si hubo preclusión de plazos no pueden habilitarse por esta vía. Téngase en cuenta el rigor con que la ley recoge el momento de aportación y la interpretación jurisprudencial y doctrinal que de estos preceptos se ha dado. Por tanto, si el dictamen no se acompañó a la demanda, contestación o no fue anunciado, no puede proponerse como diligencia final. Y en caso de ser propuesta prueba pericial debe ser inadmitida.

La interpretación dada al artículo 429.1 de la LEC se ve reforzada en el artículo 435 de la LEC, pues no cabría proposición o aportación de dictamen si tras manifestaciones del tribunal no se propusieron en su momento.

El segundo apartado se refiere a causas ajenas a la parte que la hubiere propuesto. Aquí podría darse el caso de que, admitida la presencia del perito en el acto o vista, éste no acudiese. No obstante, y como se sostendrá en el capítulo correspondiente, esto no inhabilita la prueba, seguirá siendo una prueba pericial a valorar conforme a las reglas de la sana crítica (art. 348 de la LEC).

Otra cosa será que efectivamente las aclaraciones o ampliaciones que expresa el artículo 347 de la LEC sean de todo punto relevantes para la comprensión de la prueba y explicación de su objeto. En ese caso se estará al caso concreto para valorar la causa de incomparecencia y acordar su práctica como diligencia final en el modo solicitado. Estas circunstancias también pueden ser concordantes con los motivos que informan la solicitud de nuevo señalamiento (art. 182 de la LEC), o de suspensión de vistas (art. 188 de la LEC).

Finalmente puede referirse la prueba a hechos nuevos o de nueva noticia, por tanto, el dictamen pericial no pudo ser aportado o se precisa de éste a través de designación judicial.

En definitiva, debe versar sobre hechos relevantes, oportunamente alegados. Debe haber actos de prueba anteriores que no hayan dado resultados definitivos, el obstáculo a la práctica ha de deberse a circunstancias ya desaparecidas e independientes de la voluntad y diligencia de las partes. Y finalmente deben existir motivos fundados para creer que las nuevas actuaciones permitirán adquirir certeza sobre los citados hechos (art. 435.2 de la LEC).

Todas estas circunstancias y motivos deberán expresarse en al auto que acuerde la práctica de las diligencias, en lo que aquí interese prueba pericial.

En el caso de hechos nuevos o de nueva noticia que sean relevantes, podría articularse como una ampliación de prueba. De este modo el autor o autores del dictamen aportado podrán añadir sus conocimientos especializados al hecho así determinado. Esto podría articularse tanto por el actor como por el demandado, siendo posible incluso el llamamiento de otros peritos ya designados por la parte o judicialmente en el modo expresado en el artículo 339 que se analiza.

3.7. Número de peritos

Dispone el artículo 339.6 de la LEC que «el tribunal no designará más que un perito titular por cada cuestión o conjunto de cuestiones que hayan de ser objeto de pericia y que no requieran, por la diversidad de su materia, el parecer de expertos distintos».

Cabe que ambas partes soliciten en sus respectivas alegaciones iniciales la emisión de dictámenes periciales de designación judicial, y cabe a su vez que los dictámenes interesados recaigan sobre unos mismos hechos —o conjuntos de hechos pertenecientes a un ámbito de conocimiento especializado coincidente. Pero es posible también que la solicitud de una parte, o de ambas, concierna a supuestos de hecho de naturaleza distinta que precisen de máximas de experiencia especializadas que deban proporcionar expertos en diferentes disciplinas.

La dicción del artículo 339.2, párrafo tercero, de la LEC, *a contrario sensu*, parece autorizar que a falta de avenencia de las partes a propósito del número de peritos, el órgano jurisdiccional pueda designar tantos peritos como litigantes disconformes haya, abstracción hecha de que los dictámenes que unos y otros hubieran pedido recaigan sobre una o varias materias homogéneas, y ello con independencia de que los concretos extremos sobre los cuales hayan de informar los peritos coincidan en número, objeto y entidad. Esta tesis se defiende por GARCIANDÍA GÓNZALEZ[88].

Sin embargo, la antítesis —real— entre el contenido de los párrafos tercero y sexto del artículo 339.2 de la LEC debe resolverse en favor de la norma general contenida en este último, respecto del cual aquel constituiría una excepción, por cuanto ordena que, medie o no la conformidad de los litigantes, siempre que sean idénticas la materias sobre las que deba recaer el dictamen, sólo podrá designarse un perito para cada conjunto de hechos referidos a un mismo ámbito de conocimiento, cualquiera que sea el número de litigantes que haya solicitado esta prueba, procediendo la designación de otro u otros peritos únicamente en los casos de que el dictamen deba recaer sobre cuestiones correspondientes a otra rama especializada del saber, en este sentido se pronuncia OLIVA SANTOS[89].

Cuestión distinta es que, presupuesto que el perito a designar por cada materia ha de ser único, convengan o no en la identidad de la persona física o corporación que deba emitir el dictamen, ya que, en caso afirmativo, será preferido este método de designación frente al régimen subsidiario de selección por la suerte (art. 339.4 de la LEC).

3.8. La pericial dirimente

Se trataría de un informe dirigido a dirimir aspectos técnicos de los informes obrantes en autos, aportados por las partes o realizados tras designación judicial.

Siguiendo a RIFÁ SOLER[90], «con esta expresión se hace referencia a la posible existencia de informes periciales dirigidos a dirimir, es decir resolver, solucionar, zanjar, en el aspecto técnico propio de la pericia, las

88. GARCIANDÍA GONZÁLEZ, Pedro, «Artículo 339», en *Comentarios a la Ley de Enjuiciamiento Civil*, ob. cit., pág. 1168.

89. DE LA OLIVA SANTOS, Andrés, «La prueba y la determinación de hechos», en *El proceso de declaración. Derecho procesal civil*, ob. cit., pág. 364 y RIFÁ SOLER, José María, «Artículo 341», en *Comentarios a la nueva Ley de Enjuiciamiento Civil* ob. cit., pág. 1598.

90. RIFÁ SOLER, José María, «Valoración y carga de la prueba en el proceso civil. Especial referencia a la prueba pericial y al testigo perito», en *Cuadernos Digitales de Formación*, 2018, núm. 31, pág. 22.

cuestiones controvertidas en el proceso. Y ello con independencia de que se hubieren aportado dictámenes periciales de parte».

Modificada que fue la redacción del artículo 339.3 de la LEC por la Ley 42/2015, de 5 de octubre, de reforma de la Ley 1/2000, de 7 de enero, de Enjuiciamiento Civil, la expresión «y en aceptar el dictamen del perito que el tribunal nombre» ha desaparecido. La redacción anterior ofrecía dudas sobre si esa pericial era dirimente y vinculante para el tribunal por aceptada por las partes. Si bien se interpretó mayoritariamente en el sentido de que la aceptación alcanzaba a la designación y no al resultado por cuanto no puede ser conocido con antelación. Por tanto, no es una prueba tasada.

En materia civil, con exclusión de los supuestos de orden público no hay ninguna previsión de designación del perito. El artículo 339 de la LEC prevé designación de oficio en los supuestos concretos de filiación e incapacidad. Tampoco existe posibilidad de vinculación a la opinión que dimane de un informe. Si las partes así lo interesan podría homologarse un acuerdo en este sentido, pero fuera ya del régimen de prueba y tendría un contenido no definido aún, pero con estas bases ya referenciadas al citado informe.

Esta posibilidad la ofrece el artículo 19 de la LEC, pero no se incardina en el régimen de prueba. Solo se prevé la posibilidad de acordar el objeto y la persona o entidades que han de emitir el informe en el apartado 3 y 4 del artículo 339 de la LEC; perito de designación judicial.

Sería deseable en algún supuesto específico se prevea la posibilidad a las partes de proponer fuera ya de los plazos preclusivos prueba en este sentido.

El artículo 429.1 de la LEC permite poner de manifiesto a las partes la insuficiencia de la prueba, pero no acordar ninguna. El tribunal ciñéndose a los elementos probatorios cuya existencia resulte de los autos, podrá señalar también la prueba o pruebas cuya práctica considere conveniente. En este caso las partes podrán completar o modificar sus proposiciones a la vista de lo manifestado por el tribunal. Este precepto y la justicia rogada exigen un uso muy reglado, como se ha visto.

3.9. Aceptación del cargo

El artículo 342 de la LEC bajo la rúbrica «Llamamiento al perito designado, aceptación y nombramiento. Provisión de fondos» dispone:

> 1. En el mismo día o siguiente día hábil a la designación, el secretario judicial comunicará esta al perito titular, requiriéndole para que en el plazo de dos días manifieste si acepta el cargo. En caso afirmativo, se efectuará el nombramiento y el perito hará, en la forma en que se disponga, la manifestación bajo juramento o promesa que ordena el apartado 2 del artículo 335.

La comunicación se llevará a cabo, según lo establecido en el artículo 159 de la LEC para las comunicaciones con testigos, peritos y otras personas que no sean parte en el juicio. Se trataría de perito que esté incluido en las listas de un Colegio o Asociación Profesional para colaborar con la administración de justicia y desempeñar esta labor. No obstante, la ley también ha previsto la posibilidad de renuncia al encargo por justa causa.

Así lo recoge el artículo 342.2 de la LEC, puesto que «si el perito designado adujere justa causa que le impidiere la aceptación, y el secretario judicial la considerare suficiente, será sustituido por el siguiente de la lista, y así sucesivamente, hasta que se pudiere efectuar el nombramiento».

Este trámite lo lleva por completo el letrado de la Administración de Justicia. Atribución que le otorga la ley una vez que el tribunal ya se ha pronunciado sobre la admisión de la prueba o su realización. No puede olvidarse que técnicamente es posible que solicitada designación judicial de perito en demanda o contestación la prueba no sea admitida por inútil atendiendo a la controversia. No ocurría esto en los supuestos de aclaraciones o ampliaciones por hechos complementarios, nuevos o de nueva noticia que resulten relevantes.

Una vez efectuado nombramiento, como se ha visto, el perito deberá manifestar bajo juramento o promesa de decir verdad, en la forma en que se disponga, que actuará con la mayor objetividad posible, tomando en consideración tanto lo que pueda favorecer como lo que sea susceptible de causar perjuicio a cualquiera de las partes, y que conoce las sanciones penales en las que podría incurrir si incumpliere su deber como perito (art. 335.2 de la LEC).

En este acto de aceptación y nombramiento, aunque la ley no haga referencia a ello, deberá señalarse al perito lo que deba ser objeto de su dictamen y el plazo en que deberá emitirlo, informándole, asimismo, de los deberes que lleva consigo la aceptación del cargo, y de las penas señaladas, en los artículo 458 y siguientes CP, para los que faltaren maliciosamente a la verdad en su dictamen o, sin faltar sustancialmente a la verdad, la alterasen con reticencias, inexactitudes o silenciando hechos o datos relevantes que les fueran conocidos.

IV. SOBRE EL BENEFICIO DE JUSTICIA GRATUITA

Como afirma SÁNCHEZ GÓMEZ[91], «el artículo 119 CE ordena que la justicia será gratuita cuando así lo disponga la Ley, y en todo caso, respecto de

91. SÁNCHEZ GÓMEZ, Raúl, «Tendencias actuales en el acceso a la Justicia civil», en *IUDICIUM*, Salamanca, núm. 4, 2018, págs. 23 a 44.

quienes acrediten insuficiencia de recursos para litigar. La remisión constitucional al correspondiente cuerpo normativo hace depender la configuración y concesión del derecho prestacional de su previa determinación por el Legislador. Como señala la STC 16/1994, de 20 enero (FJ 3.º):

> (...) el artículo 119 del texto constitucional proclama, pues, un derecho a la gratuidad de la justicia, pero en los casos y en la forma en los que el Legislador determine. Es un derecho prestacional y de configuración legal cuyo contenido y concretas condiciones de ejercicio, como sucede con otros de esta naturaleza, corresponde delimitarlos al Legislador atendiendo a los intereses públicos y privados implicados y a las concretas disponibilidades presupuestarias». Sin embargo, en la configuración legal del derecho, éste no goza de una libertad absoluta, sino que debe respetar un contenido constitucional indisponible, que se corresponde con la mencionada insuficiencia de recursos para litigar. Por ende, se trataría de un derecho de carácter instrumental respecto del derecho de acceso a la jurisdicción del artículo 24.1 CE, que se reconoce a toda persona física que acredite las circunstancias legales exigidas de ausencia de recursos para litigar, y a determinadas personas jurídicas, en los términos que la legislación aplicable determine (STC 117/1998, de 2 de junio —FJ 3.º—). Por su parte, la Ley 1/1996, de 10 de enero, de asistencia jurídica gratuita[92] (en adelante LAJG), regula tanto el contenido del derecho como el procedimiento para su reconocimiento y efectividad, siendo de aplicación general en todo tipo de procesos judiciales, incluidos los recursos de amparo constitucional, así como el asesoramiento previo al proceso (artículos 1 y 6 LAJG)[93].

Respecto de las periciales, se plantea, por tanto, la designación por quien carece de recursos económicos y disfruta del beneficio de justicia gratuita. Y las limitaciones que ello supondrá para la redacción de la demanda en lo que al suplico se refiere y razón de pedir si se erige en la prueba fundamental.

En tal caso, el litigante tendrá que solicitarlo en la demanda o en la contestación a fin de que se proceda a la designación judicial de perito, de conformidad con lo previsto en la Ley de Asistencia Jurídica Gratuita. En segundo lugar, las partes podrán proponer la realización de dictámenes periciales elaborados por peritos designados a través del tribunal cuando entiendan que es la mejor opción para su estrategia procesal, sin sujeción a ninguna otra condición o requisito.

Entraremos a analizar la designación judicial para beneficiarios de justicia gratuita.

---

92. Ténganse presentes las previsiones del Real Decreto 996/2003, de 25 de julio, por el que se aprueba el Reglamento de asistencia jurídica gratuita respecto de las competencias autonómicas en la materia.

93. Véanse SSTC 37/1988, de 3 de marzo (FJ 6.º), STC 16/1994, de 20 enero (FJ 3.º) y STC 18/1995, de 24 enero (FJ 3.º), entre otras.

4.1. Aportación del dictamen, proposición de prueba

Quien sea titular del derecho de asistencia jurídica gratuita no es el único que «no tendrá que aportar» dictamen elaborado por perito de su designación ya que aunque el resto de los litigantes tienen la carga de presentar obligatoriamente junto con los actos alegatorios iniciales o posteriores los dictámenes periciales convenientes o necesarios para acreditar los hechos invocados; también pueden acudir a la designación judicial y, por tanto, en su acervo probatorio contar con más de una prueba pericial. Es pacífico que ambas pueden convivir en el proceso y están sujetas a las mismas reglas de valoración (art. 348 de la LEC).

No obstante, como señala Illescas Rus[94], no se impide a los beneficiarios del derecho de asistencia jurídica gratuita que puedan aportar junto con la exposición fáctica que dirijan al órgano jurisdiccional dictámenes extrajudiciales, lo que podrá suceder en dos hipótesis:

a) Los genuinos dictámenes periciales que revistan carácter extraprocesal sólo respecto del concreto proceso civil de que se trate, que se hubiesen incorporado u obraran unidos en otro proceso o en un expediente administrativo; y,

b) Aquellos cuya elaboración haya sido objeto de encargo específico por el titular del derecho a un perito que hubiera accedido a emitirlo sin percibir honorarios o, al menos, consentido en diferir su percepción a resultas del proceso en contemplación al cual se hubiera solicitado.

Esta hipótesis no suele darse en la práctica pues precisamente la escasez de recursos impide una aportación previa. Y para el caso de derivar los gastos al momento de las costas estaríamos en el ámbito de la designación de parte, contrato de encargo ya analizados.

La potestad para decidir sobre la pertinencia y utilidad de la prueba como se dijo es del tribunal, tras las alegaciones que la parte proponente, su objeto, extremos sobre los que en su caso haya de versar, y aún su posible ampliación a otros, así como a la clase y titulación del perito, determinará si acoge o rechaza la petición deducida, abstracción hecha de la situación económica del solicitante. Por tanto, será el caso concreto el que inspire e informe la decisión.

De este modo, es de cargo de la parte interesada en la proposición la determinación del objeto. No basta el uso de fórmulas estereotipadas comunes y abstractas, tales como «conveniencia» o necesidad», sino que

94. Illescas Rus, Ángel, «Práctica y valoración del dictamen pericial», en *Cuadernos de Derecho Judicial*, ob. cit., pág. 56.

habrán de argumentar los motivos por los cuales reputan indispensable o altamente provechosa la emisión del dictamen pericial en relación con los hechos en que se sustente la acción ejercitada o las causas de oposición frente a esta, expresando circunstanciadamente el objeto sobre el que deba recaer, los extremos a que debe extenderse, la clase de experto que haya de emitirlo, y la ciencia, arte, técnica o práctica en la que ha de estar versado, e incluso sugerir la identidad de la persona física o colectiva sobre la que, en su caso, debiera recaer el nombramiento. En este sentido se ha pronunciado de forma reiterada la jurisprudencia.

La prueba pericial ha de proponerse al propio tiempo que se efectúan las alegaciones fácticas sobre las que a través de aquella se pretende obtener la convicción del órgano jurisdiccional. Como quiera que son varias las oportunidades alegatorias hábiles a este fin, en función del momento en que se produzca la solicitud han de observarse distintos presupuestos formales ya sabidos con la demanda, contestación, reconvención, alegaciones complementarias o hechos nuevos.

4.2. Requisitos que ha de reunir el proponente, beneficiario del derecho

El único requisito relevante a estos efectos será gozar del beneficio de justicia gratuita, situación reconocida previamente al litigante actor. No obstante, cabe la posibilidad de que el reconocimiento sea posterior ya incoado el procedimiento o que sea el demandado el beneficiario de tal derecho.

Esto tiene cierta transcendencia práctica por cuanto si el suplico de la demanda va anudado al dictamen pericial o la propia acción precisa para determinación de hechos datos científicos, artísticos, técnicos o prácticos podría ocasionarse indefensión a alguna de las partes.

Para el demandante porque no tiene elementos de juicio necesarios para entablar la acción de forma adecuada con las mayores garantías de éxito. Sería el mayor perjudicado. La acumulación de acciones, objetiva y subjetiva de la demanda tiene un momento preclusivo que recoge el artículo 401 de la LEC. Por tanto, todos los elementos de hecho deben ser ya narrados en la demanda. Y quizá el *petitum* dependa del dictamen pericial que se solicita por lo que debería derivarse al resultado de la prueba pericial. Todo esto sin conocer el hecho de que sea admitida pues el momento de proposición es posterior, *vid.* artículos 429 y 443.4 de la LEC.

Por ello salvo que la acción a ejercitar esté próxima a la prescripción el actor podría utilizar el medio previsto de prueba anticipada. Claro está que el legislador debiera operar la reforma necesaria en este sentido. Tal como ahora está regulada no tendría cabida como se concluyó en el capítulo anterior.

Con el régimen actual, una vez admitida la demanda se provee la designación judicial de perito sin dar curso al demandado para contestación. De modo que esta suspensión permita conocer su contenido y ejercitar la defensa conveniente. Cuando esto no se hace es muy habitual que se solicite por el interesado la mencionada suspensión de plazo, y en caso de denegación la contestación está abierta a múltiples posibilidades.

En la fase de aclaraciones y ampliaciones se conecta con la prueba y se abre la vía para alegaciones en torno a los elementos desconocidos y relevantes que se pongan de manifiesto en el dictamen. Esto retrasa el posicionamiento en autos sobre el relato de hechos de la demanda.

No ocurre lo mismo al demandado quien tiene la misma posición ante el beneficiario de justicia gratuita que frente a quien no sea titular del mismo. Y, si fuese el caso de serlo podrá recurrir al anuncio en la contestación y solicitud vista para quien es traído en juicio en la posición procesal de demandado.

V. LA TACHA Y LA RECUSACIÓN DE PERITOS

Para garantizar la imparcialidad y objetividad del dictamen pericial la ley arbitra mecanismos tales como la tacha —para perito designado por la parte— y la recusación —para el designado judicialmente—.

5.1. Tacha, plazo y circunstancias

El artículo 343 de la LEC, bajo la rúbrica «Tachas de los peritos. Tiempo y forma de las tachas» dispone:

> 1. Sólo podrán ser objeto de recusación los peritos designados judicialmente. En cambio, los peritos no recusables podrán ser objeto de tacha cuando concurra en ellos alguna de las siguientes circunstancias:
>
> 1.º Ser cónyuge o pariente por consanguinidad o afinidad, dentro del cuarto grado civil de una de las partes o de sus abogados o procuradores.
>
> 2.º Tener interés directo o indirecto en el asunto o en otro semejante.
>
> 3.º Estar o haber estado en situación de dependencia o de comunidad o contraposición de intereses con alguna de las partes o con sus abogados o procuradores.
>
> 4.º Amistad íntima o enemistad con cualquiera de las partes o sus procuradores o abogados.

5.º Cualquier otra circunstancia, debidamente acreditada, que les haga desmerecer en el concepto profesional.

2. Las tachas no podrán formularse después del juicio o de la vista, en los juicios verbales. Si se tratare de juicio ordinario, las tachas de los peritos autores de dictámenes aportados con demanda o contestación se propondrán en la audiencia previa al juicio.

Al formular tachas de peritos, se podrá proponer la prueba conducente a justificarlas, excepto la testifical.

Como afirma CORTÉS DOMÍNGUEZ[95], «la tacha consiste en afirmar y probar la concurrencia de una objetiva circunstancia de hecho en virtud de la cual una persona es sospechosa de parcialidad, por lo que se trata por su medio de poner en guardia al juez para llegado el momento de la valoración de la prueba. La tacha, pues, no excluye a una persona de ser perito, ni priva de valor al dictamen ya presentado».

Se parte del hecho de que el dictamen ha sido aportado ya al procedimiento en legal forma y la tacha se formulará en audiencia previa o vista del juicio verbal. Ya conocido el contenido del informe y, sobre todo en lo que aquí interesa, su autoría.

La finalidad es la salvaguarda de la imparcialidad del perito quien debe contribuir al proceso de forma objetiva. No bastando solo su compromiso profesional y personal manifestado mediante el juramento o promesa, sino que también le es posible a la parte controlar su actuar.

Eso si la parte deberá tachar al perito en plazo perentorio de cinco días, debiendo al efecto proponer prueba conducente al justificarla excepto la testifical. La tacha no impide que sea tenido en cuenta el informe y que su autor o autores intervengan en el juicio o vista en el modo establecido en el artículo 347 de la LEC. La valoración final se hará en sentencia donde se incluirá juicio sobre objetividad.

El trámite lo prevé el artículo 344 de la LEC que dispone que:

1. Cualquier parte interesada podrá dirigirse al tribunal a fin de negar o contradecir la tacha, aportando los documentos que consideren pertinentes a tal efecto.

Si la tacha menoscabara la consideración profesional o personal del perito, podrá éste solicitar del tribunal que, al término del proceso, declare, mediante providencia, que la tacha carece de fundamento.

2. Sin más trámites, el tribunal tendrá en cuenta la tacha y su eventual negación o contradicción en el momento de valorar la prueba, formulando, en su caso, mediante providencia, la declaración de falta de fundamento de la tacha prevista en el apartado anterior. Si apreciase temeridad o deslealtad procesal

95. CORTÉS DOMÍNGUEZ, Valentín, «Dictamen de peritos o prueba pericial» en *Derecho procesal civil*, ob. cit., pág. 280.

en la tacha, a causa de su motivación o del tiempo en que se formulará, podrá imponer a la parte responsable, con previa audiencia, una multa de sesenta a seiscientos euros.

La sanción prevista en caso de tacha temeraria o que suponga deslealtad procesal es la multa previa audiencia de parte. Pero en caso de que el tribunal de oficio no apreciare esto podrá el perito solicitar que se declare mediante providencia que carece de fundamento, a fin de ejercitar la acción que corresponda en su caso.

Además de la tacha el artículo 335.3 de la LEC, salvo acuerdo en contrario prohíbe solicitar dictamen a un perito que hubiera intervenido en una mediación o arbitraje relacionados con el mismo asunto.

5.2. Recusación, plazo y circunstancias

Solo podrán ser tachados los peritos de parte «peritos no recusables», los de designación judicial pueden ser recusados. Lo recalca el artículo 124.2 con la remisión a los artículos 343 y 344 de la LEC.

Entiende CORTÉS DOMÍNGUEZ[96] que

> (...) el legislador se ha dejado arrastrar en este caso por una tendencia, ya clásica, a entender que el perito es un colaborador del juez; siendo así, nada más lógico que someter al perito, al igual que al juez, a la recusación, de modo tal que así aparecerá como una figura imparcial. Esta tendencia es más evidente en cuanto que no somete a recusación al perito de parte, más que nada porque la Ley entiende que no es verdaderamente un perito, sino un técnico informante que no es auxiliar del juez, sino de las partes. Se aboga por el mismo régimen de tacha para todos los peritos cualquiera que sea su designación.

Los peritos judiciales titulares o suplentes pueden ser recusados, tal como hemos visto, de acuerdo con lo que se establece en el artículo 124 de la LEC según el cual:

> 1. Sólo los peritos designados por el tribunal mediante sorteo podrán ser recusados, en los términos previstos en este capítulo. Esta disposición es aplicable tanto a los peritos titulares como a los suplentes.
>
> 2. Los peritos autores de dictámenes presentados por las partes sólo podrán ser objeto de tacha por las causas y en la forma prevista en los artículos 343 y 344 de esta Ley, pero no recusados por las partes.
>
> 3. Además de las causas de recusación previstas en la Ley Orgánica del Poder Judicial, son causas de recusación de los peritos:
>
> 1.ª Haber dado anteriormente sobre el mismo asunto dictamen contrario a la parte recusante, ya sea dentro o fuera del proceso.

96. CORTÉS DOMÍNGUEZ, Valentín, «Dictamen de peritos o prueba pericial» en *Derecho procesal civil* ob. cit., pág. 281.

2.ª Haber prestado servicios como tal perito al litigante contrario o ser dependiente o socio del mismo.
3.ª Tener participación en sociedad, establecimiento o empresa que sea parte del proceso.

La filosofía pues es la misma de la tacha, garantizar la objetividad del emisor del informe. La recusación se presenta por escrito en el que se expresará concretamente la causa de la recusación y los medios de probarla, y se acompañarán copias para el recusado y para las demás partes del proceso (art. 126.1 de la LEC).

El apartado segundo distingue entre la causa de recusación anterior o posterior a la designación. En el primer caso el plazo de presentación del escrito será de dos días siguientes a la notificación del nombramiento.

En el segundo caso, causa posterior, pero anterior a la emisión del dictamen, se presentará el escrito antes del día señalado para el juicio o vista al comienzo de los mismos.

En un momento posterior ya no cabe recusación, *vid.* artículo 126.3 de la LEC, con la salvedad de que las causas fueren conocidas con posterioridad a los momentos de alegación previsto, en ese caso se pondrán de manifiesto al tribunal antes del dictado de sentencia y si no fuere posible en la segunda instancia.

La tramitación tras admisión del escrito la recoge el artículo 126 de la LEC y sustanciación y decisión del incidente el artículo 127 de la LEC.

Se resume en traslado de copia del escrito al perito recusado y a las partes. De modo que el recusado deberá manifestar ante el secretario judicial si es o no cierta la causa en que la recusación se funda. Si la reconoce como cierta y el secretario considera fundado el reconocimiento le tendrá por recusado sin más trámites y será reemplazado por el suplente. Si el recusado fuera el suplente, y reconociere la certeza de la causa, se estará a lo dispuesto en el artículo 342 de la LEC. Esto se iniciará el proceso de nombramiento en el modo establecido en dicho precepto.

Si el recusado negase la certeza de la causa o no aceptare el reconocimiento realizado por el perito el secretario judicial ordenará a las partes que comparezcan a presencia del tribunal el día y hora que señale, con las pruebas de que intenten valerse y asistidas de sus abogados y procuradores, si su intervención fuera preceptiva en el proceso. Abriendo un incidente en el que de no comparecer el recusante se le tendrá por desistido y si lo hiciere se practicarán las pruebas pertinentes y útiles y, acto seguido el tribunal en este caso ya, resolverá mediante auto lo que estime procedente.

El apartado 4 del artículo 127 de la LEC prevé que contra la resolución que resuelva sobre la recusación del perito no cabrá recurso alguno, sin perjuicio del derecho de las partes a plantear la cuestión en la instancia superior.

Finalmente, como incidente propiciado por la parte se prevé la imposición de costas en iguales términos que para el de recusación de Jueces y Magistrados.

Asimilación que debe entenderse poco afortunada por cuanto la designación judicial no altera la naturaleza de prueba de parte. Por tanto, el régimen jurídico previsto para la tacha podría haber sido igualmente aplicable. Se omite aquí la imposición de multas o la providencia para que el tachado ejercite la acción que a su derecho convenga. Y la propia tramitación es más sencilla pues la valoración se hace en la propia sentencia.

VI. DERECHOS Y OBLIGACIONES DEL PERITO: LA PROVISIÓN DE FONDOS

Entre los derechos y obligaciones del perito destacaremos tanto la conformación de su estatuto jurídico básico, la correspondiente provisión de fondos y su correlativa responsabilidad por las funciones profesionales a desarrollar en el marco de un proceso civil.

6.1. El estatuto jurídico del perito

Una vez que el perito de designación judicial acepta el encargo surgen una serie de derechos y obligaciones. La primera desde luego será la emisión del dictamen en los términos del encargo. Debiendo dar respuesta a lo solicitado por la parte o partes que interesaron la designación. Con objetividad e imparcialidad.

Surge entre éste y la parte o partes que han solicitado su designación al tribunal una relación jurídica. Que pudiera calificarse como una relación jurídica de naturaleza pública, impuesta por el ordenamiento procesal. Dado que el perito estará obligado a emitir su dictamen en el plazo que se le señale, como contraprestación a los servicios profesionales que prestará en el proceso tendrá derecho a obtener la debida retribución económica, mediante el cobro de sus honorarios profesionales. El dictamen que emita el perito designado por el tribunal será a costa de quien lo haya pedido, sin perjuicio de lo que pudiere acordarse en materia de costas.

Entre los deberes destaca la obligación de emisión del dictamen en el plazo que le sea señalado.

Además, tiene obligación de comparecer en el acto o vista de ser llamado. En ese momento deberá atender las aclaraciones o ampliaciones a su informe que sean solicitadas. La incomparecencia sin causa justificada puede ser sancionada con multa en los términos previstos en el artículo 292.1 de la LEC. Y, como recoge el artículo 183.5 del mismo texto legal, cuando haya sido citado y le fuere imposible acudir tras audiencia a las partes se decidirá por el tribunal sobre la excusa efectuando en su caso nuevo señalamiento. Si no fuere atendible se podrá imponer multa.

Su estatuto se configura con una serie de derechos y obligaciones. Este no es diferente al que se predica de la profesión de que se trate y códigos deontológicos y profesionales que le sean propios. La característica que nace es derivada del sometimiento al proceso, por tanto, se ha prevenido tanto un régimen de responsabilidad como el derecho a ser retribuido como marco más destacado del mismo.

La posición externa al proceso que posee el perito designado de parte derivada del contrato de servicios supone que todo lo relativo a honorarios se haya resuelto con carácter general antes de la aportación del dictamen al proceso. Los pactos sobre gastos generados en comparecencia y demás serán también satisfechos por quien encarga la prueba. Esto desde luego sin perjuicio de la repercusión en costas.

Sin embargo, en la pericial de designación judicial los trámites se producen ya nacido el proceso siendo un elemento fundamental de viabilidad de la prueba la provisión de fondos.

6.2. Provisión de fondos

Como contraprestación, el perito tiene derecho a cobrar sus honorarios profesionales. En caso de que el informe hubiere sido solicitado por más de una parte, el abono de los honorarios se dividirá proporcionalmente.

Cuando ambas partes la hubiesen pedido inicialmente, el tribunal podrá designar, si aquellas se muestran conformes, un único perito que emita el informe solicitado. En tal caso, el abono de los honorarios del perito corresponderá realizarlo a ambos litigantes por partes iguales, sin perjuicio, asimismo, de lo que pudiere acordarse en materia de costas (art. 339.2 párrafo tercero de la LEC).

Pero además es necesario que se realice una provisión de fondos al perito designado. Se atenúa así, según se expresa en la exposición de motivos de la Ley de Enjuiciamiento Civil, el problema práctico, muy frecuente de la adecuada y tempestiva remuneración de los peritos.

A este respecto, según el artículo 342.3 de la LEC dispone:

> El perito designado podrá solicitar, en los tres días siguientes a su nombramiento, la provisión de fondos que considere necesaria, que será a cuenta de la liquidación final. El secretario judicial, mediante decreto, decidirá sobre la provisión solicitada y ordenará a la parte o partes que hubiesen propuesto la prueba pericial y no tuviesen derecho a la asistencia jurídica gratuita, que procedan a abonar la cantidad fijada en la cuenta de depósitos y consignaciones del tribunal, en el plazo de cinco días.

Transcurrido dicho plazo, si no se hubiere depositado la cantidad establecida, el perito quedará eximido de emitir el dictamen, sin que pueda procederse a una nueva designación.

Cuando el perito designado lo hubiese sido de común acuerdo, y uno de los litigantes no realizare la parte de la consignación que le correspondiere, el secretario judicial ofrecerá al otro litigante la posibilidad de completar la cantidad que faltare, indicando en tal caso los puntos sobre los que deba pronunciarse el dictamen, o de recuperar la cantidad depositada, en cuyo caso se aplicará lo dispuesto en el párrafo anterior.

La provisión es esencial para que la emisión del dictamen se lleve a cabo. Salvo supuestos de justicia gratuita la parte proponente debe asumir el pago. Siendo el secretario judicial quien ha de dirimir si la cuantía es ajustada o no al encargo. Se le atribuye la obligación de controlar la justeza de la suma peticionada, recabando, si ello fuera necesario, incluso del propio perito, las informaciones precisas (normas sobre honorarios colegiales, horas de trabajo, gastos previsibles para la confección del dictamen...) La cuestión es qué parámetros manejar para estos honorarios, en algunos casos existirán normas colegiales, pero en otros, por ejemplo, cuando son las máximas de experiencia los conocimientos a aportar, se estará a los usos. Debe ser el perito quien traiga esta información para hacer valer esa provisión, salvo que la misma goce de notoriedad.

Otro problema se plantearía en caso de resultar defectuosa la valoración de provisión de fondos inicial e insuficiente para cubrir los gastos necesarios para su realización, es razonable exigir que se justifique la necesidad de su ampliación, por las razones que sean; en cuyo caso se podrá requerir a la parte o partes a cubrir la ampliación de dicha provisión de fondos.

No existe procedimiento de revisión previsto para el caso de que no se aceptase la decisión, salvo el recurso propio de la resolución que lo adopte en todo caso.

Es interesante también la regulación que se ofrece cuando la prueba ha sido solicitada por más de un litigante y alguno no hiciera efectiva la provisión de fondos. La posibilidad del dictamen queda reducida a quien, si estuvo dispuesta a hacerla, y la prueba se reduciría a los puntos que interese. Contempla como se observa la opción de recuperación de la cantidad depositada.

En caso de no satisfacerse la provisión la consecuencia será el decaimiento de la prueba. Sin embargo, el tiempo ya invertido por el perito en acudir al tribunal y aceptar el encargo no estaría retribuido pues aún no se generaron los honorarios[97].

---

97 REFORMA RDL 6/2023, de 19 de diciembre, por el que se aprueban medidas urgentes para la ejecución del Plan de Recuperación, Transformación y Resiliencia en materia de servicio público

6.3. Responsabilidad del perito

El incumplimiento de sus obligaciones deriva en responsabilidad para el perito civil, penal y disciplinaria.

6.3.1. Responsabilidad penal

El perito, antes de emitir su dictamen, es consciente de la posibilidad de incurrir en una actuación tipificada penalmente. Así, el artículo 335.2 de la LEC destaca: «Al emitir el dictamen, todo perito deberá manifestar [...] que conoce las sanciones penales en las que podría incurrir si incumpliere su deber como perito».

La conducta penal en la que puede incurrir el perito se encuentra tipificada en diversos preceptos del Código Penal: delito de cohecho (art. 422); delito de falso testimonio (arts. 459 y 460); y delito o falta de perturbación del orden en el juzgado o tribunal (arts. 558 y 633). El perito incurrirá en delito de cohecho cuando en provecho propio o de un tercero, solicite o reciba, por sí o por persona interpuesta, dádiva o presente o acepte ofrecimiento o promesa para realizar en el ejercicio de su cargo un acto injusto, una acción u omisión constitutivas de delito, o por abstenerse de realizar el acto que debiera practicar (art. 422 CP en relación con los artículos 419, 420 y 421 del mismo texto legal). De la literalidad del Código Penal, el delito de cohecho sólo podrá cometerlo el perito judicialmente designado, si acepta el cargo de perito.

En cuanto al delito de falso testimonio, el grado de responsabilidad penal varía en función de la conducta del perito: así, el artículo 459 CP —en relación con el 458 del mismo cuerpo legal— establece que los peritos cometen el delito de falso testimonio en aquellos supuestos en «que fal-

de justicia, función pública, régimen local y mecenazgo. Entra en vigor el 1 de marzo de 2024. «Artículo 346. Emisión y ratificación del dictamen por el perito que el tribunal designe.
El perito que el tribunal designe emitirá por escrito su dictamen, que hará llegar por medios electrónicos al tribunal en el plazo que se le haya señalado. De dicho dictamen se dará traslado por el letrado o letrada de la Administración de Justicia a las partes por si consideran necesario que el perito deba intervenir en el juicio o en la vista a los efectos de que aporte las aclaraciones o explicaciones que sean oportunas. El tribunal podrá acordar, en todo caso, mediante providencia, que considera necesaria la intervención del perito en el juicio o la vista para comprender y valorar mejor el dictamen realizado.
Cuando el perito que deba intervenir en el juicio o la vista resida fuera de la demarcación judicial del tribunal, la declaración se hará preferentemente a través de videoconferencia.»
La reforma introduce la posibilidad de videoconferencia al supuesto específico, lo cual no era necesario desde mi punto de vista puesto que es aplicable a cualquier medio probatoria o diligencia que requiera presencia judicial, vid. Arts. 59 y ss RDL 6/2023, de 19 de diciembre. Recoge el posible traslado por el letrado o letrada de la administración de justicia, antes decía "Letrado de la Administración de Justicia"

taren a la verdad maliciosamente en su dictamen». El delito de falso testimonio implica, por tanto, que el perito haya emitido un dictamen falso de forma voluntaria, sin que sea necesario que haya causado un determinado perjuicio a los litigantes.

Por último, el perito puede incurrir en un delito de desorden público (art. 558 CP), entre otras conductas[98].

6.3.2. La responsabilidad civil del perito

El perito, al igual que cualquier otro profesional que presta sus servicios, es susceptible de incurrir en su actuación negligente o culposa en responsabilidad civil. Así, la pérdida o deterioro del objeto entregado para la realización del dictamen o su elaboración en error manifiesto e inexcusable. Del mismo modo que acontecía en la LEC de 1881, la Ley procesal vigente no establece una regulación legal específica de la responsabilidad civil del perito, este vacío legal se suple con las normas generales sobre la materia.

Si bien no existe discrepancia en el hecho de que el perito que cause un perjuicio a las partes responde civilmente, si ha sido objeto de discusión en la doctrina procesal la naturaleza de esta responsabilidad, en el sentido de catalogarla de contractual (art. 1101 CC) o extracontractual (art. 1902 CC).

Según Junoy i Picó[99], «una vez realizado un estudio sistemático del articulado que la LEC dedica a la prueba pericial, la responsabilidad civil del perito tiene un carácter contractual. La responsabilidad contractual del perito se encuentra fuera de duda en aquellos supuestos en que el actor y el demandado acompañan junto a sus escritos de alegaciones un dictamen pericial, ya que en estos casos se encarga por los interesados a una determinada persona la elaboración de un dictamen de forma voluntaria, lo que constituye un arrendamiento de servicios, cuyo incumplimiento origina la correspondiente responsabilidad civil contractual del perito».

De igual modo, este tipo de responsabilidad es aplicable al perito judicialmente designado, pues éste voluntariamente se apunta a las listas que los Colegios profesionales presentan cada año a los juzgados y tribunales

---

98. Para un análisis integral de la responsabilidad penal que pudiera derivarse por la actuación del perito puede consultarse Albés Blanco, María de la Concepción «El Dictamen de peritos. Ley de Enjuiciamiento Civil, 1/2000, de 7 de enero», en *Boletín del Ministerio de Justicia*, 2002, Año 56, núm. 1921, págs. 707 a 709.

99. Picó i Junoy, Joan, *La prueba pericial en el proceso civil español: Ley 1/2000, de Enjuiciamiento Civil*, J. M. Bosch, Barcelona, 2001, págs. 1 y ss.

(art. 341.1 de la LEC), el servicio que debe prestar está bien definido por las partes en los escritos que solicitan la «pericia judicial», y los honorarios por sus servicios están igualmente fijados desde un inicio con anterioridad a la emisión del dictamen, pudiendo la parte que solicita tales servicios renunciar al peritaje si no está dispuesta a pagarlos (art. 342.3 de la LEC)[100].

Con todo ello, nos encontramos los requisitos indispensables para que exista una relación de arrendamiento de servicios de acuerdo con lo previsto en el artículo 1544 CC, según el cual: «En el arrendamiento de obras o servicios, una de las partes se obliga a ejecutar una obra o a prestar la otra un servicio por precio cierto».

La responsabilidad civil del perito puede originarse tanto por acción como por omisión: en primer lugar, responderá por su actuación cuando en la elaboración del dictamen concurra culpa grave o negligencia en los supuestos en que la pericia no presente grandes complejidades; y, en

100 REFORMA RDL 6/2023, de 19 de diciembre, por el que se aprueban medidas urgentes para la ejecución del Plan de Recuperación, Transformación y Resiliencia en materia de servicio público de justicia, función pública, régimen local y mecenazgo. Entra en vigor el 1 de marzo de 2024.
Se modifica el apartado 3 del artículo 342, que queda redactado como sigue:
«3. El perito designado podrá solicitar, en los tres días siguientes a su nombramiento y con presentación de un presupuesto de lo que sería su futura factura, la provisión de fondos que considere necesaria, que será a cuenta de la liquidación final. El letrado o letrada de la Administración de Justicia, mediante decreto, decidirá sobre la provisión solicitada y ordenará a la parte o partes que hubiesen propuesto la prueba pericial y no tuviesen derecho a la asistencia jurídica gratuita, que procedan a abonar la cantidad fijada en la Cuenta de Depósitos y Consignaciones del tribunal, en el plazo de cinco días.
Transcurrido dicho plazo, si no se hubiere depositado la cantidad establecida, el perito quedará eximido de emitir el dictamen, sin que pueda procederse a una nueva designación.
Cuando el perito designado lo hubiese sido de común acuerdo, y uno de los litigantes no realizare la parte de la consignación que le correspondiere, ofrecerá al otro litigante la posibilidad de completar la cantidad que faltare, indicando en tal caso los puntos sobre los que deba pronunciarse el dictamen, o de recuperar la cantidad depositada, en cuyo caso se aplicará lo dispuesto en el párrafo anterior.
Terminada la práctica de la prueba pericial el perito presentará su factura o minuta de honorarios, a la que se dará la tramitación prevista en cuanto a las impugnaciones de tasaciones de costas por honorarios excesivos que proceda, y firme que sea la resolución que recaiga se procederá a su pago.»
El anticipo de gasto exige presentación de presupuesto de futura factura. Se incluye la expresión letrado o letrada de la Administración de Justicia, antes aparecía Letrado solamente.
Se elimina al penúltimo párrafo la referencia al Letrado de la Administración de Justicia, pero con ello no se pierde el sentido de la atribución dada. Por tanto no hay modificación en este aspecto.
Y finalmente se exige al finalizar la prueba la presentación de factura o minuta de honorarios, se abre trámite de impugnaciones en el modo previsto para la tasación de costas si se consideran excesivos. Una vez firme la resolución final se procederá al pago, entendiendo aplicable la vía ejecutiva.

segundo lugar, responderá por su omisión, cuando los daños y perjuicios causados deriven de la falta de realización o del retraso en la elaboración del dictamen pericial encomendado.

En todo caso, el perito no responderá por no llegar a conclusiones ciertas en su dictamen ya que, a diferencia de lo que sucede con el juez, él no tiene la prohibición del *non liquet*, por lo que el perito puede sostener en su dictamen la imposibilidad de llegar a conclusiones por falta de datos o elementos suficientes.

Ante la ausencia de una regulación en la LEC de la responsabilidad civil del perito, se omite tambien toda norma que determine el concreto proceso a traves del cual puede exigirse esta responsabilidad. Como consecuencia de este vacío legal, se ha de acudir a las reglas del juicio ordinario que corresponda a la cuantía reclamada en la demanda dirigida contra el perito. Sin embargo, la presentación de esta demanda se encuentra condicionada al hecho de que adquiera firmeza la sentencia dictada en el proceso en que se elaboró el dictamen pericial, como consecuencia de que el perjuicio deviene de la resolución judicial que haya tenido en cuenta el dictamen inexacto. No obstante, en ningún caso, el resultado del proceso a traves del cual se exige la responsabilidad civil del perito modificará el contenido de la sentencia, la cual deviene invariable.

6.3.3. La responsabilidad disciplinaria

Finalmente, el perito puede incurrir en responsabilidad disciplinaria, la cual, si bien generalmente será complementaria de la penal o civil, en determinadas ocasiones puede originarse de forma independiente. La responsabilidad disciplinaria del perito puede ser exigida por una doble vía: por un lado, por el propio tribunal que conozca del proceso en que emita su dictamen; y, por otro lado, por el litigante perjudicado por la impericia de la persona encargada de emitir el dictamen.

La potestad que ostentan los tribunales de exigir responsabilidad disciplinaria a los peritos les viene concedida por la LOPJ y por la LEC. Respecto a la LOPJ, tal actuación sancionadora se encuentra regulada en su artículo 193, según el cual: «serán sancionados con multa los peritos que faltaran en la vista y actos judiciales de palabra, obra o por escrito a la consideración, respeto y obediencia debidos a los tribunales, cuando sus actos no constituyan delito», estableciéndose en el artículo 192 LOPJ el límite de la cuantía de la multa impuesta al perito al indicarse que: «el máximo de la multa será la cuantía de la multa más elevada prevista en el Código Penal como pena correspondiente a las faltas».

En cuanto a la Ley de Enjuiciamiento Civil, su artículo 292.1 impone la obligación al perito de comparecer al juicio o vista al que haya sido convocado, regulándose asimismo en el mismo precepto, la sanción al incumplimiento de tal deber, a saber, una multa de ciento ochenta a seiscientos euros. A mayor abundamiento, el apartado segundo de esta norma sanciona la reiteración del perito en su conducta negligente al conceder al juez la posibilidad de proceder contra el perito por desobediencia a la autoridad, cuando siendo de nuevo citado, vuelva a hacer caso omiso al llamamiento judicial.

Asimismo, de pertenecer el perito a un determinado Colegio profesional, puede también incurrir en la responsabilidad disciplinaria regulada en el Reglamento o Estatuto propio del concreto Colegio profesional de que se trata. Ello es debido al hecho de que estas instituciones, a efectos de velar por el prestigio y la ética profesional de sus miembros, sancionan disciplinariamente determinadas actuaciones que suponen un desprestigio tanto para el Colegio como para la profesión. De esta forma, siempre que la intervención del perito en el proceso pueda ser englobada en una de tales actuaciones, podrá ser sancionado disciplinariamente, sanción que sólo tendrá efectos dentro de la institución colegial.

VII. INTERVENCIÓN DE PARTES EN OPERACIONES PERICIALES

El artículo 345 de la LEC dispone bajo la rúbrica «Operaciones periciales y posible intervención de las partes en ellas»:

> 1. Cuando la emisión del dictamen requiera algún reconocimiento de lugares, objetos o personas o la realización de operaciones análogas, las partes y sus defensores podrán presenciar uno y otras, si con ello no se impide o estorba la labor del perito y se puede garantizar el acierto e imparcialidad del dictamen.
> 2. Si alguna de las partes solicitare estar presente en las operaciones periciales del apartado anterior, el tribunal decidirá lo que proceda y, en caso de admitir esa presencia, ordenará al perito que dé aviso directamente a las partes, con antelación de al menos cuarenta y ocho horas, del día, hora y lugar en que aquellas operaciones se llevarán a cabo.

Antes de la reforma operada por la Ley 42/15 de 5 de octubre, que introdujo el apartado 5 en el artículo 336 de la LEC, era frecuente la invocación de este precepto por las partes para acceder a lugares, cosas o proceder al examen de personas. El obstáculo en esos casos era precisamente que esta intervención está pensada para el perito de designación judicial, así como la ratificación y emisión del informe que recoge el artículo 346 de la LEC.

Ello casa con la regulación legal y momento preclusivo de aportación de prueba que recogen los artículos 337 y 338 del mismo texto legal. Pasados estos plazos el perito de parte no podrá acceder al objeto salvo voluntad de la parte. Sin embargo, la intervención del tribunal se da en los casos de designación judicial, aunque tampoco puede obligarse a la parte como ya se vio. No obstante, las consecuencias de la negativa si podrán ser tenidas en cuenta en la resolución definitiva.

En el precepto que se analiza se prevé intervención salvo que el perito no la crea conveniente pues no puede estorbar a la elaboración del informe.

La compleja emisión del informe en muchos casos va acompañada de actos instrumentales y preparatorios que se realizan, bien extraprocesalmente y sin posibilidad alguna de que intervengan en su realización las demás partes del proceso; o en el caso de designación judicial del perito ya dentro del proceso donde todas las partes y no únicamente el peticionario puede interesar del órgano jurisdiccional que les autorice a tener en dicha fase de la prueba una excepcional y limitada participación.

Como decía GUASP DELGADO[101], «los sujetos activos, artífices verdaderos y genuinos de las llamadas "operaciones periciales" son los propios peritos. Nada impide, sin embargo, que para su desenvolvimiento puedan asistirse de auxiliares o colaboradores, siempre que actúen bajo la supervisión inmediata y directa del perito designado; o recurrir a la cooperación de terceros para la realización de cometidos subordinados o intermedios, pero sin que aquel pueda hacerse sustituir por ellos».

Los auxiliares o colaboradores lo son de los conocimientos a verter no referidos a las partes intervinientes den el proceso.

La presencia de la parte ha de ser solicitada, no interferir en la prueba y garantizar en todo caso la objetividad del dictamen. De otro modo tendría que ser denegada. No obstante, la intervención ha de tener un sentido e ir dirigida a un fin concreto, por tanto, la mera solicitud no puede ser admitida. Debe el interesado constatar la necesidad y utilidad de la intervención. Además, se contempla sólo una participación pasiva de las partes, estrictamente circunscrita a su mera presencia en el acto o actos en que las operaciones consistan.

No está prevista la presencia del juez o secretario judicial —ahora letrado de la Administración de Justicia— por lo que sería potestativa en el primer caso. Con excepción de la emisión y ratificación prevista ante el secretario judicial en el artículo 346 de la LEC.

---

101. GUASP DELGADO, Jaime, «Artículo 627», en *Comentarios a la Ley de Enjuiciamiento Civil*, ob. cit., pág. 656 y GARCIANDÍA GONZÁLEZ, Pedro, «Artículo 335», en *Comentarios a la Ley de Enjuiciamiento Civil*, ob. cit., págs. 1190 y ss.

La presencia en el acto sería obligatoria e inexcusable en el caso de práctica acumulada de reconocimiento judicial y pericial, *vid.* artículos 289.2 y 356 de la LEC. Esto por razón de la primera prueba que pasa desde luego por la presencia judicial siendo éste su sentido.

En cuanto a la forma de las operaciones periciales, como corresponde a su potencialmente heterogéneo contenido, no puede ser reducida a la unidad ni, *ex deffinitione*, ser objeto de una precisa descripción por la norma, atendida la plural variedad de situaciones que la realidad puede ofrecer y la proteica índole de actividades requeridas por cada caso concreto[102].

A propósito del lugar en que deban desarrollarse, también depende de la naturaleza y contenido de las operaciones, del objeto que haya de ser reconocido o de la índole de los datos que deba obtener el perito. Puede tratarse de documentos, bienes muebles, inmuebles, personas o pruebas relativas al estado civil-filiación, ADN, capacidad de las personas entre otros.

En cualquier caso, esta intervención no interferirá en los plazos de aportación del dictamen que se hayan establecido en el proceso a resultas de la envergadura del informe y teniendo en cuenta los preceptos reguladores que exigen que en audiencia previa o en todo caso cinco días antes de la vista o juicio esté la prueba ya a disposición de las partes.

Finalmente se hará mención de una modalidad singular de la pericia elaborada por expertos designados a través del tribunal: el «cotejo» de letras que recoge el artículo 349 de la LEC. Según el cual:

> 1. Se practicará por perito el cotejo de letras cuando la autenticidad de un documento privado se niegue o se ponga en duda por la parte a quien perjudique.
> 2. También podrá practicarse cotejo de letras cuando se niegue o discuta la autenticidad de cualquier documento público que carezca de matriz y de copias fehacientes según lo dispuesto en el artículo 1221 del Código Civil, siempre que dicho documento no pueda ser reconocido por el funcionario que lo hubiese expedido o por quien aparezca como fedatario interviniente.
> 3. El cotejo de letras se practicará por perito designado por el tribunal conforme a lo dispuesto en los artículos 341 y 342 de esta Ley.

---

102. GUASP DELGADO, Jaime, «Artículo 627», en *Comentarios a la Ley de Enjuiciamiento Civil*, ob. cit., pág. 657; GARCIANDÍA GONZÁLEZ, Pedro, «Artículo 335», en *Comentarios a la Ley de Enjuiciamiento Civil*, ob. cit., pág. 1187 y RIFÁ SOLER, José María, «Comentario al artículo 345 de la LEC», en *Comentarios a la nueva Ley de Enjuiciamiento Civil*, Atelier, Barcelona, 2000, tomo II, pág. 1619.

La controversia en este caso versaría sobre el cuerpo de escritura del documento o la firma manuscrita estampada en el documento, de tal manera que, a través de la comparación o cotejo con un cuerpo de escritura, o con una firma o rúbrica indubitada del autor, pueda deducirse la autenticidad o falsedad del documento o de la firma estampada en el mismo.

Prueba que viene siendo ya poco frecuente por cuanto la presentación de documentos electrónicos nos remite a otro tipo de periciales orientadas a verificar la autenticidad de los mismos, soportes informáticos, firma digital y cuestiones semejantes.

La prueba de cotejo será necesaria cuando se impugne la autenticidad de algún documento aportado de contrario en la fase prevista en el artículo 427.1 de la LEC. Esta impugnación obligará a la parte que aportó el documento cuestionado a proponer prueba en el modo dispuesto en los artículos 320 y 325. La consecuencia del resultado, en caso de ser el documento auténtico, sería afrontar los gastos de la prueba y posible imposición de multa. Por tanto, es un recurso que la parte debe utilizar con cautela y en caso de conocer con casi certeza que el documento no es auténtico.

Es bastante frecuente que se impugnen documentos sin esta técnica pues en realidad se discute la eficacia probatoria que se pretende desplegar con su aportación en autos. Cuestión por tanto valorativa que sería dable en fase de conclusiones, salvo que se hiciere uso del artículo 429.8, y se dictase sentencia solo con prueba documental y pericial en el supuesto allí previsto. Igual conclusión es aplicable al juicio verbal en caso de que no haya conclusiones finales.

VIII. DIFERENCIA ENTRE PERITO Y TESTIGO PERITO

El testigo perito es una figura profundamente doctrinal, que proviene de la doctrina alemana, siendo reseñables los comentarios de STEIN sobre la materia de finales del siglo XIX. El origen de la figura fue la posibilidad de hacer declarar al perito como testigo, tema superado hoy día. Pero a partir de ahí surgió la consciencia de un hecho: qué hacer cuando un testigo tenía conocimientos técnicos sobre los hechos que había presenciado como testigo, así lo recoge NIEVA FENOLL[103].

Las rígidas normas reguladoras que afectan la prueba pericial en los artículos 335 y siguientes de la LEC, en cuanto a sus requisitos internos y

103. NIEVA FENOLL, Jordi, *Procesal II Proceso Civil*, ob. cit., pág. 231.

momento de aportación, informan en muchas ocasiones la propuesta de prueba testifical cuando en realidad se pretende introducir una prueba pericial.

Deben ser objeto de análisis el artículo 380 en relación con el 370.4 y conexión con el artículo 336 y 337 todos de la LEC.

El testigo puede definirse en principio como un conocedor ocasional y simultáneo de los hechos sobre los que se pretende declare, por tanto, no dirigido ni posterior a los acontecimientos. A veces declara sobre un documento por sus conocimientos técnicos y la elaboración del mismo. Es aquí donde podrían burlarse las rigurosas reglas de aportación de la prueba pericial.

Ha de recordarse que el informe pericial como regla general, ha de acompañar a la demanda o contestación a la demanda; en caso de no disponer del mismo ha de anunciarse su aportación que se habrá de efectuar en todo caso 5 días antes de la vista o juicio. —*vid.* artículos 336 y 337 de la LEC —. Solo cuando la prueba se haga necesaria a la vista de alegaciones o pretensiones complementarias que supongan una novedad en el litigio se abre una nueva posibilidad de aportación, cual es la establecida en el artículo 338. Por tanto, después de estos dos momentos juega el momento preclusivo de aportación.

El testigo perito aparece con frecuencia cuando tras aportación documental con la demanda o contestación, en audiencia previa o juicio verbal en la propia vista. Y la proposición de prueba testifical pericial en la persona de su autor; por tener conocimientos científicos o técnicos sobre el asunto. O simplemente la proposición sin apoyo documental.

8.1. Distinción entre perito y testigo perito

Testigo es un tercero, es decir, una persona ajena al proceso, que aporta al mismo, declarando sobre ello, unos hechos que ha presenciado (visto u oído), o que le han contado. El perito es un profesional designado por la parte o en el procedimiento, el judicial, que elabora un informe sometido a una serie de requisitos y que puede acudir a la vista o juicio a instancia de parte, si el tribunal lo admite para realizar aclaraciones, ampliaciones y demás actuaciones previstas en el artículo 347 de la LEC.

Se deduce pues que el testigo es una persona física a la que se le exigen ciertos requisitos de capacidad. Si se trata de informes escritos serán interrogados como testigos sus autores, con las reglas del artículo 380.1 de la LEC. Es improcedente en estos casos su tacha, han de ratificar los informes y el interrogatorio se limita a los hechos del informe.

El artículo 381 de la LEC establece una norma específica para que informen las personas jurídicas y entidades públicas en cuanto tales, por referirse esos hechos a su actividad, sin que quepa o sea necesario individualizar en personas físicas determinadas. Este precepto se refiere tanto a las personas jurídico-privadas como a las entidades públicas

Ahora bien, esta prueba de informes, o documental, es subsidiaria de la prueba documental con relación a las entidades públicas; como dispone el apartado 3 del artículo 381, ya que, si es posible obtener el conocimiento de los hechos mediante certificaciones o testimonios, no tiene lugar.

El testigo además ha de tener la condición de tercero, que ha llegado a conocer generalmente los hechos en el momento en que ocurrieron, aporta al proceso su percepción individual de los mismos, explicando su razón de ciencia. Ha de transmitir, pues, no sólo su conocimiento personal, sino también su fuente de conocimiento («la razón de ciencia de lo que diga», como dispone el artículo 370.3 de la LEC).

Es muy interesante la clarificación y distinción entre las figuras del perito, de un lado, y del testigo-perito de otro que realiza la SAP de Asturias de 30 de noviembre de 2012. También resulta ser muy clara la SAP de Madrid de 2 de noviembre de 2012. Recordando que el artículo 370.4 de la LEC dice: «cuando el testigo posea conocimientos científicos, técnicos, artísticos o prácticos sobre la materia a que se refieran los hechos del interrogatorio, el tribunal admitirá las manifestaciones que en virtud de dichos conocimientos agregue el testigo a sus respuestas sobre los hechos».

Se afirma que, la prueba testifical de estas personas aporta al proceso un valor añadido, ya que a su percepción de los hechos de los que posee un conocimiento directo anterior a la existencia del proceso, debe sumarse la valoración técnico-científica que le permite su cualificación técnica. Se trata de una prueba testifical en la que el conocimiento de los hechos que aporta el testigo es trasladado al tribunal sobre la base de una percepción basada en un conjunto de conocimientos técnicos que posee dicho testigo.

El testigo perito es el sujeto, que, no siendo parte, conoce los hechos procesales antes de que el proceso se incoe, y los conoce de ciencia propia, y no por referencia y cuyo saber es particular; el del hecho que presencia, aunque matizado por el saber universal propio de su profesión. Estaba en el momento preciso y en el lugar preciso, y cuando se le pregunta por ellos su versión no es la común de cualquier mortal; es la del profesional que da la versión de los hechos anteriores al proceso y los valora según sus conocimientos lo que lo hace infungible, pero no por razón de ser perito, si no por ser testigo.

El ejemplo acabado es el del médico que presencia un accidente de circulación, y presta los primeros auxilios: cuando se le pregunte por las lesiones es obvio que contestará como médico y no como ciudadano. De ahí que la Ley, artículo 370.4 ya citado, le considere como testigo, y acto seguido ordene que se consignen como razón de ciencia de sus declaraciones las explicaciones técnicas que agregue. Lo esencial de la figura es el conocimiento de los hechos de ciencia propia, y lo accidental los conocimientos especializados

Es cierto que entre el perito y el testigo-perito existen bastantes diferencias:

a) El perito es llamado al proceso por sus conocimientos técnicos o especializados. El testigo-perito es traído al juicio por haber presenciado los hechos, esto es, al margen de sus conocimientos técnicos o especializados.

b) El perito no tiene antes de realizar el dictamen pericial conocimiento de los hechos discutidos en el juicio; mientras que el testigo-perito posee un conocimiento directo de los mismos, por haberlos presenciado.

c) Al perito se le llama al proceso por su cualificación técnica, que le permite valorar hechos o circunstancias relevantes en el asunto que requieren de una serie de conocimientos científicos, artísticos o técnicos. Sin embargo, al testigo-perito se le llama por la posibilidad de haber percibido a través de sus sentidos determinados hechos relativos al proceso al que es llamado.

d) El perito es sustituible; y el testigo-perito es insustituible en tanto se le llama por poseer unos conocimientos directos de los hechos relevantes.

e) La emisión del dictamen del perito es escrita; por el contrario, el testigo-perito efectúa sus manifestaciones oralmente.

f) La realización del dictamen pericial puede tener lugar con carácter previo al juicio (cuando se acompaña a los escritos de alegaciones). Sin embargo, la intervención del testigo-perito se realiza en el acto del juicio.

g) Los conocimientos aportados por los peritos tienen el valor de una prueba pericial. Sin embargo, los conocimientos técnicos aportados por el testigo-perito tienen el valor probatorio que se concede a la prueba testifical (art. 376).

h) El perito puede ser objeto de tacha o de recusación, según sea de parte o de designación judicial; mientras que el testigo-perito sólo puede ser tachado, al haber sido llamado al pleito como testigo.

Otras diferencias destacadas por Montero Aroca[104] son:

a) El testigo declara sobre unos hechos; mientras que el perito analiza los hechos y aporta máximas de la experiencia para que los valore el juzgador.

b) El testigo no se elige, sino que viene determinado por su relación histórica con los hechos sobre los que declara; el perito es elegido por las partes entre las personas que tienen los conocimientos técnicos adecuados. Suele decirse en este sentido que el perito es fungible y el testigo no.

c) El perito ha de poseer necesariamente conocimientos científicos, artísticos o prácticos; el testigo no.

d) El perito puede ser una persona jurídica o corporación; el testigo no.

e) El perito puede ser recusado; el testigo no.

f) La persona que ha tenido conocimiento de los hechos está obligada a actuar como testigo, pudiendo exigirse coactivamente el cumplimiento de la obligación; el perito puede aceptar o no el cargo.

g) El perito cobra por su trabajo unos honorarios; el testigo no percibe retribución alguna, sino sólo la indemnización por los gastos y perjuicios que el prestar declaración le ocasionen.

8.2. El testigo perito

A partir de estas definiciones y puntos de distinción en la práctica forense se produce la deformación de la figura del testigo perito que se presenta con múltiples variantes, de las que comentaremos las dos más frecuentes.

1) La primera, como testigo perito puro y simple, que no emite informe previo por escrito, y que vienen a juicio citado como testigo, pero al que se le hacen preguntas técnicas como si fuese un perito. Amén de los defectos señalados más arriba, esta deformación produce otros efectos negativos de mayor envergadura que la hacen inviable.

Los peritos no judiciales pueden ser tachados, y en cambio los testigos solo se les interrogan por los generales de la ley; se evita la tacha y el juramento del artículo 335 Ley de Enjuiciamiento Civil sustituyéndolo por

104. Montero Aroca, Juan, *El proceso civil los procesos ordinarios de declaración y de ejecución*, ob. cit., pág. 704.

las generales de la Ley. Además, y es lo más importante, con esa forma de actuar se evita la aportación inicial del informe y su documentación accesoria tal y como ordenan los artículos 265 y 336, y lo que es más grave, esa falta de aportación inicial evita la crítica del informe desde el primer momento, hurtando a la parte contraria las posibilidades del artículo 427 aplicable por analogía a los juicios verbales, eliminando sus ampliaciones y la posibilidad de nuevas pruebas periciales contradictorias, e incluso la exposición amplia del dictamen *ex* artículo 347, incluido el hipotético careo con el perito contrario. Siendo que respecto a la aportación la STS 7351/2010, de 27 de diciembre (FJ 3.º) «el plazo es preclusivo. No se estima la existencia de indefensión para la parte que pretendió aportar el dictamen en el acto de audiencia previa, cuando ya no procedía, porque tal denegación tenía una base legal y además no existió indefensión material. La parte fue expresamente advertida de que debía presentar el informe pericial antes de la audiencia previa. No es aplicable la subsanación a los actos no realizados».

De esa forma, el intercambio de la figura permite que el propio informe pericial quede oculto hasta momentos en los que no es posible reaccionar en su contra, reduciendo las posibilidades de defensa del contrario, hasta el punto de dificultar las preguntas que pueden hacerse al perito al amparo de los artículos 347 de la LEC. lo que podría suponer un abuso dentro proceso del artículo 11.2 LOPJ con la consecuencia de no tener en cuenta al testigo perito del demandado.

2) La segunda fórmula es la aportación documental e interrogatorio acerca de los hechos que consten en informes escritos.

La SAP de Pontevedra de 19 de julio de 2013 (FJ 3.º) en la línea anterior califica de fraude procesal el intento de introducir en el proceso un dictamen pericial que debía haberse aportado con la contestación a la demanda (art. 265.1.4.º de la LEC), en otra fase del proceso no habilitada para ello, ni por lo tanto tal prueba puede ser suplida, indebidamente, mediante el testigo perito pues en realidad no se reúne tal condición, pues no se trata de un perito sino de un testigo, es decir de alguien que tiene conocimiento del objeto del proceso en un momento anterior al mismo, que tenían noticia de hechos controvertidos (arts. 360 y 370.4 de la LEC), y además posee determinados conocimientos científicos o técnicos. Pero no sirve para suplir la extemporaneidad de un dictamen pericial ya que se estarían alterando los conceptos sobre los medios de prueba, y las reglas que disciplinan unos y otros, con clara vulneración de tales normas.

En parecido sentido se pronuncia la SAP de Zaragoza de 14 de mayo de 2013 (FJ 2.º), insiste en que la diferencia entre el testigo y el perito está en que mientras el primero declara sobre hechos de los que hubiera tenido conocimiento en un momento previo a que estos fueran incorporados al proceso, dado que tiene esta cualidad la persona que sin ser parte en el proceso emite en el mismo, una declaración sobre hechos de los que ha tenido conocimiento, bien directo o por referencia, con anterioridad a su incorporación al mismo, el segundo se pone en relación con tales hechos por la circunstancia de ser requerido para valorarlos por sus conocimientos técnicos. No debió por ello ser admitida esa prueba testifical, dado que la figura del testigo perito del artículo 370.4, la contempla el legislador como referida a una persona que declara sobre hechos que ha percibido con anterioridad al proceso pero sobre los que además posee conocimientos especializados esto es como un propio testigo cualificado y no como un perito cuya característica esencial es aportar a un proceso conocimientos técnicos para valorar un determinado hecho del que no ha tenido conocimiento previo, sobre todo cuando en este caso su proposición como tal vino motivada por el hecho de que había precluido el momento en que según la ley (arts. 336 y 337) debió ser propuesta la prueba pericial que era la procedente.

El apoyo documental trae causa en el artículo 380.2 de la LEC pues el apartado primero se refiere al hecho sobre el que declararía el perito —supuesto bastante confuso pues se integraría en el artículo 347— y el apartado 2 al informe con remisión al testigo perito.

Figuras semejantes al testigo perito muy habituales podrían ser: el investigador privado y el médico forense, que seguidamente examinamos.

8.3. El investigador privado

Figura cercana es la del investigador privado quien según Nieva Fenoll[105] es una especie de perito de la vida cotidiana de otras personas, sobre la que, además, presta testimonio. Y cuando a su condición de investigador privado une además conocimientos científicos, artísticos, técnicos o prácticos para los que también tiene formación, su condición de testigo perito se refuerza aún más, y así lo reconoce la propia ley en el artículo 380.2 de la LEC. Aunque su labor profesional siempre será controvertida desde el punto de vista del derecho a la intimidad, sus informes se han revelado útiles en múltiples ocasiones en los procesos civiles.

Los investigadores privados prácticamente siempre han sido contratados por una de las partes antes del inicio del proceso, con la intención de llevar su informe al mismo. Ello sucede porque la labor del investigador debe llevarse a cabo con sigilo muchas veces —aunque no todas—, para que no redunde en ineficacia.

---

105. Nieva Fenoll, Jordi, *Prueba pericial, Procesal II Proceso Civil*, ob. cit., pág. 232

Es por ello por lo que no pueden ser tachados por razón del interés en el asunto (*vid.* art. 380.1. 1.ª de la LEC), y por mucho que sean testigos de unos hechos, al reunir esa condición pericial, deben acreditar su habilitación profesional, reconocer su propio informe y ratificarse en su contenido (art. 380.1.2.ª), además de que solamente pueden ser cuestionados por los hechos que contengan sus informes (art. 380.1.3.ª).

Cuestión diferente es que pudieran ser recusados si fueran designados judicialmente. La ley no se plantea este tema, pero deben tenerse en cuenta dos factores para valorarlo. En primer lugar, el investigador privado es un profesional, y por tanto un perito en la materia en la que está formado. En segundo lugar, como ya se dijo, su función no siempre requiere sigilo, sino que en ocasiones de lo que se trata es de recopilar información difícil de reunir si no se contrata a un profesional, acostumbrado a buscarla, que trabaje en esa investigación monográficamente y a lo largo de un cierto tiempo.

En esos casos sería viable la designación judicial como perito de un investigador privado, si las partes lo solicitan del modo que ya vimos. Y, por tanto, sería aplicable al mismo el régimen general de cualquier perito.

No obstante, esta opinión se confronta al artículo 265.1.5.º de la LEC que otorga valor de documental a estos informes y a sus autores los califica de testigos. Por tanto, salvo que fueren nombrados por la lista, en sorteo correlativo por razón de la materia de que se trate. Siempre serían testigos y declararían solo para el caso de que se negaren los hechos contenidos en su informe, de ahí se entiende la remisión del artículo 380 en relación con el artículo 370.4.º ambos de la LEC.

Sobre el detective privado cabe cita de la SAP de Barcelona 665/2019, 13 de diciembre (FJ 2.º):

> (...) pues bien, respecto de la prueba de detectives, ha entenderse que no puede identificarse plenamente la labor del detective privado, y su informes dentro del proceso, ni con la prueba pericial, ni tampoco con la prueba testifical, debiendo considerarse que se trata de una prueba sui generis o de naturaleza especial, que goza y tiene características propias, como resulta, por ejemplo, del hecho de que la Ley de Enjuiciamiento Civil al regular los documentos que deben aportarse con la demanda en el artículo 265, sí que diferencia entre unos y otros, ya que en su párrafo 4.º se cita a los dictámenes periciales y en su párrafo 5.º; y, por otro lado, también la propia ley da un tratamiento distinto a tales informes en el proceso, así la intervención del perito en el acto del juicio solo será necesaria si lo solicita alguna de las partes, mientras que cuando los hechos a que se refieran los informes de los detectives no sean reconocidos, sobre ellos deberá practicarse prueba testifical.

Y la SAP de Cádiz 586/2019, de 25 de julio (FJ 1.º), que incide en que:

> (...) el apartado quinto del apartado 1 del artículo 265 de la LEC admite la presentación de informes elaborados por profesionales de la investigación privada legalmente habilitados, sobre hechos relevantes en que las partes apoyen sus pretensiones. El informe será pues una prueba documental, no obstante, si los hechos sobre los que versa no son reconocidos como ciertos, el detective que lo haya elaborado deberá ser llamado a la vista con el fin de someter a contradicción las afirmaciones recogidas en dicho informe, teniendo valor de prueba testifical...

Finalmente la SAP de Zaragoza 818/2017 de 19 de diciembre (FJ 2.º), que dijo que:

> (...) la prueba de detectives es esencialmente una prueba testifical, y así por tal se tiene por la STS de 6 de noviembre de 1990 cuando decía que el testimonio emitido por los detectives privados tiene, a favor de su veracidad, no sólo la garantía de profesionalidad exigible y en principio también presumible, en una profesión reglamentada legalmente, sino también de la que, de modo innegable, proporciona la precisa y continuada dedicación al objeto del ulterior testimonio a emitir y las complementarias acreditaciones gráficas o sonoras de que puede ir acompañada. Ahora también participa como expone la misma resolución del alto tribunal mencionada, de los caracteres de una prueba documental privada si a su informe se acompañan acreditaciones gráficas o sonoras, cual ocurre en el presente caso. Caso de que su testimonio recogido en el informe escrito fuere impugnado, se precisa su ratificación en el acto del juicio, de la misma manera que a efectos probatorios la impugnación de los soportes gráficos o sonoros.

En definitiva, deben ser llamados como testigos, y la fórmula es la del art. 380 de la LEC, siguiendo las reglas de la testifical con ciertas especialidades, por ejemplo, no les son aplicables las tachas del artículo 377.3.º (lo que supone reconocer que informan o deponen a instancia de parte, pero deben actuar conforme a las normas deontológicas de la profesión), y solo declaran sobre el contenido del informe del que son autores, debiendo ratificarlo.

8.4. Médico forense

También aquí es habitual que en la práctica forense se proponga como tal al médico forense. Funcionarios de carrera al servicio de la Administración de Justicia, su función es de auxilio a la autoridad judicial. Actividad incompatible con actividad pericial privada. Sus informes generalmente provienen de procedimientos penales que son traídos al proceso civil pretendiendo ser aportados con carácter de prueba pericial.

Para interesar de forma eficaz su intervención como tal debe acudirse a la designación judicial con los trámites vistos en el artículo 339 de la LEC.

Sobre esta figura cabe cita de la SAP de Valencia 470/2019 de 8 de octubre (FJ 2.º) que refiere la SAP de Almería 73/2009 de 25 de marzo, donde repasa el porqué de la intervención de los médicos forenses y dice:

> (...) los médicos forenses son funcionarios de carrera al servicio de la Administración de Justicia (artículo 479 L.O.PJ.), siendo sus funciones incompatibles con actividades periciales privadas, o mediante la intervención como particulares en los casos que pudieran tener relación con sus funciones, según se establece en el artículo 50 aptdos. e) y d) de R.D. 296/1996, de 23 de febrero; incompatibilidades que vienen establecidas con carácter general para los funcionarios al servicio de la Administración d Justicia en el artículo 498 de la Ley Orgánica del Poder Judicial aptdos. 3.a). 1.º —cualquier actividad pericial privada—, y 3.b) 5.º —el ejercicio de funciones periciales privadas ante los tribunales y juzgados—.

En similares términos la SAP de Cantabria 432/2016 de 21 de julio (FJ 2.º) señala que:

> (...) es cierto que en el ámbito estricto de nuestro proceso civil existe una clara limitación del médico forense para su actuación como perito privado o por designación de los particulares (art. 479.2 LOPJ y 50 del Reglamento Orgánico del Cuerpo de Médicos Forenses, aprobado por Real Decreto 296/1996, de 23 de febrero, aplicable temporáneamente al caso, no sin advertir de la nueva competencia que asumen en los hechos derivados de la circulación de vehículos a motor para la emisión de informes y dictámenes a solicitud de los particulares en el ámbito del artículo 7 TRLRCSCVM), más allá de los supuestos excepcionales legales, representados por los procedimientos afectados por el orden público y el principio de autoridad (artículo 748 de la LEC), o cuando la prueba se practique a instancias del litigante con justicia gratuita reconocida (artículo 6 LAJG). Sin embargo, no por ello su opinión debe obviarse por poder ser considerados documentos o informes de carácter técnico o científico (art. 265 de la LEC) en los que las partes fundan sus pretensiones que, más allá de meramente testimoniar un hecho de interés para el proceso, incorpora la opinión de un experto...

Por lo tanto si la demandada estaba interesada en el nombramiento de un perito judicial, debió solicitar su designación de entre los peritos que constan en las listas que obran a disposición de los juzgados en los respectivos Decanatos y que remiten todos los años los colegios profesionales conforme al artículo 341 de la LEC, pero en ningún caso solicitar la designación de un perito por una entidad pública como lo es el Instituto de Medicina Legal, en contra de lo previsto para la práctica de la prueba pericial en la Ley de Enjuiciamiento Civil...».

Y con mayor claridad aún se expresa la SAP de Alicante 156/2018, de 11 de abril (FJ 3.º), que dijo:

> Por otra parte, estos informes tienen valor, aunque no fueran ratificados en juicio, pues como señala la SAP. Murcia (sección 5.ª) de 12 de noviembre de 2013, los informes de los médicos forenses son documentos y como tales han de ser valorados, no precisando de ratificación alguna en el proceso civil, resultando improcedente la citación del médico forense a juicio en un proceso civil en calidad de perito o en calidad de testigo-perito a los efectos de que ratifique su informe, pues los peritos han de ser propuestos y designados en la forma señalada en los artículos 335 y siguientes de la LEC y la figura del testigo-perito contemplada en el artículo 370.4 del texto procesal civil es fundamentalmente un testigo y el médico forense no lo es, sino que en la labor de éste lo fundamental son los conocimientos científicos que posee, siendo claro que no se pretende la llamada al proceso del médico forense para que declare sobre hechos controvertidos de los que hubiese tenido conocimiento, sino fundamentalmente para que emita opiniones basadas en sus conocimientos científicos, lo que es más propio de la prueba pericial, por lo que se estaría admitiendo, en realidad, la práctica de una prueba pericial encubierta al margen de los cauces previstos en la Ley de Enjuiciamiento Civil.

8.5. Las periciales internas

No se trata de pruebas periciales si no se aportan con tal condición esto es con demanda o contestación o excepciones que justifican la presentación fuera de estos momentos procesales como se ha venido repitiendo. Por tanto, el marco normativo será el mismo, artículos 336 a 338 de la LEC.

La situación sería pues la de una persona que emite un informe antes de la presentación de la demanda o contestación —extraprocesalmente— y que no fue testigo directo del hecho. Normalmente examina las consecuencias del evento dañoso y le atribuye conclusiones basadas en sus conocimientos técnicos. De esta forma, la opinión está dirigida y no es coetánea al suceso. Esto desvirtúa la condición de testigo del autor. Quien debe serlo con carácter sustantivo y además reunir esos conocimientos añadidos que realzan su testimonio y lo cualifican como testifical pericial.

Es práctica habitual la presentación de informes que ilustran sobre la tramitación interna del expediente, lo que es posible siempre como prueba documental. Traer a su autor en realidad introduce una prueba pericial sin los formalismos propios y la objetividad e imparcialidad que ha de informar la función desempeñada.

8.6. Reglas de valoración de la prueba

A modo de conclusión respecto al testigo perito. Ante el silencio legal, han de establecerse criterios de admisión de la citada prueba testifical pericial en evitación de ese fraude, entendiéndose que la condición de testigo supone un contacto simultáneo a los hechos litigiosos en el momento de producirse, casual y nunca dirigido por quien lo presenta con vistas al proceso, porque en caso contrario no habría ninguna diferencia con el perito de aportación de parte, salvo en el concreto momento de emisión del dictamen. Por consiguiente, el presupuesto de admisión de dicha prueba es que se trate realmente de un testigo y no de una persona, dotada de conocimientos técnicos, a la que se hace entrar en contacto con los hechos litigiosos para su posterior aportación al proceso. Por tanto, para declarar su autor sobre el informe según el artículo 380 debe reunirse el requisito principal de ser testigo y además tener los conocimientos científicos, artísticos, o prácticos; entonces será de aplicación el artículo 370.4 de la LEC.

CAPÍTULO IV

LA INTERVENCIÓN DEL PERITO EN EL ACTO O VISTA

I. INTRODUCCIÓN

En el presente capítulo se tratará de determinar la finalidad probatoria pretendida por el proponente del dictamen pericial y la correlativa valoración del tribunal a efectos de dictar resolución sobre admisibilidad de la prueba. Se propone delimitar los criterios aplicables para que prospere la proposición de dictamen y, en consecuencia, la prueba sea admisible.

Particularmente, se analizará el modo de practicar la referida prueba pericial con las posibles especialidades que pudiera concurrir, por ejemplo, según el tipo de procedimiento aplicable o la determinación del momento procesal oportuno en que se interesa su proposición.

En definitiva, la intervención del perito en el acto de la vista se configura como una mera posibilidad o alternativa, cuya practicidad se deja, en principio, a elección de los propios litigantes.

La actuación de dichos peritos será, todo lo más, una actividad procesal complementaria o adicional a la básica y esencial de evacuar y presentar su dictamen pericial, pero nunca podrá ser determinante para que el juez pueda valorar la pericial como medio de prueba.

II. LA ADMISIBILIDAD Y PROCEDENCIA DE LA INTERVENCIÓN DEL PERITO COMO PRESUPUESTO

En el caso de dictámenes periciales presentados directamente por los litigantes junto con sus alegaciones, aquí se ha mostrado la opinión partidaria de entender que el órgano jurisdiccional debe pronunciarse acerca de su admisibilidad y procedencia una vez fijado el hecho controvertido y llegado el momento de proposición de prueba, con la salvedad de hechos nuevos o de nueva noticia.

Como refiere CORTÉS DOMÍNGUEZ[106], «el dictamen de parte siempre es posible, pues no cabe que el órgano judicial rechace la presentación del mismo, pues esta se lleva a cabo con los escritos alegatorios; el dictamen judicial sólo es posible si se producen los supuestos contemplados en el artículo 339; es decir, cuando es "anunciado" por la parte que tiene derecho a la asistencia jurídica gratuita (art. 339.1) (no pudiendo, por tanto, soportar los gastos de su emisión, siendo necesario que se lleve a cabo por mandato judicial en el proceso), cuando se refiere a alegaciones o pretensiones no contenidas en la demanda (art. 339.2), cuando se refiere a alegaciones o pretensiones complementarias permitidas en la audiencia previa (art. 339.3) o cuando es solicitado en los escritos alegatorios, siempre y cuando el órgano judicial estime en los tres últimos casos que el dictamen es pertinente y útil (art. 339.4)».

En efecto, la introducción del correspondiente dictamen en apoyo de las alegaciones de parte planteadas en los escritos iniciadores del proceso civil debe resultar siempre posible, admitidos que sean los anteriores. Cuestión diferente será su posterior valoración jurisdiccional a efectos de admisibilidad tanto respecto de la determinación de tales alegaciones como de los informes periciales que sostienen o fundamentan aquellas[107].

No obstante, el propio autor[108] critica la falta de capacidad del propio órgano jurisdiccional para negar la práctica de la prueba pericial cuando las partes hayan decidido servirse de ella aportando el dictamen pericial o cuando se anuncien los dictámenes de acuerdo con lo que se establece en los artículos 337.1 y 339.1 de la LEC; incluso el órgano judicial no

106. CORTÉS DOMÍNGUEZ, Valentín, «Dictamen de peritos o prueba pericial», en *Derecho procesal civil*, ob. cit. pág. 274.

107. El régimen impugnatorio de las resoluciones en las que el órgano jurisdiccional se pronuncie a propósito del hecho mismo y ámbito de la intervención de los peritos emisores de aquellos dictámenes en los actos del juicio o de la vista, ora a solicitud de alguna o ambas partes, ora de oficio (arts. 337 y 338 de la LEC), será el recurso de reposición en el acto con los requisitos previstos en los artículos 451 y ss. en concordancia con los artículos 210, 283 y 285 de la LEC. Cabe pues recurso tanto contra la admisión o inadmisión de pruebas, los argumentos han de ser procesales o de fondo según el caso. En este caso podría aducirse desde la aportación extemporánea a lo innecesario de la prueba en función del hecho controvertido. Las valoraciones de fondo sobre el contenido de los informes han de reservarse para conclusiones, en caso de no haberse hecho valer la posibilidad del artículo 427.2 de la LEC. En cambio, en el caso de designación judicial del perito ya hubo pronunciamiento previo de admisión al examinar su procedencia conforme exige el artículo 339 de la LEC.

108. CORTÉS DOMÍNGUEZ, Valentín, «Dictamen de peritos o prueba pericial», en *Derecho procesal civil*, ob. cit. pág. 275.

tiene capacidad alguna de evitar la prueba, aun en los supuestos en que fuese una prueba innecesaria por tener él los conocimientos científicos, artísticos, técnicos o prácticos exigidos en el proceso. Piénsese que la Ley (art. 265.1.4.º de la LEC) da a estos dictámenes el mismo tratamiento que a los documentos, lo que quiere decir que una vez presentados con la demanda o contestación, al órgano judicial no le queda más posibilidad que admitirlo y trasladar la copia a la parte contraria directa o indirectamente a través del procurador (arts. 273 y 276 de la LEC) y decidir (en los términos del art. 337.2 de la LEC), sin posibilidad de rechazar el dictamen por inútil o impertinente.

Cuestión diferente serán las facultades reconocidas al propio órgano jurisdiccional para valorar los motivos que fundamenten dicha aportación posterior, pues el hecho de que los dictámenes relativos a las alegaciones iniciales se presenten después, con amparo en justa causa que haya imposibilitado su presentación simultánea con la demanda o contestación (art. 337 de la LEC), permite que el tribunal controle la concurrencia efectiva del motivo, es decir, si es o no justificado para posteriormente realizar el oportuno pronunciamiento al respecto.

Cuestión que también en el foro se viene a interpretar de otro modo, considerando que el control no es de admisibilidad como en el caso del artículo 336 de la LEC, sino que una vez aportada el dictamen pericial ya la prueba está en el proceso conformada.

Respecto de los dictámenes concernientes a las alegaciones posteriores que se aporten dentro del plazo que otorga el artículo 338 de la LEC —con al menos cinco días de antelación a la celebración del juicio o de la vista...—es posible aplicar la misma conclusión que en el supuesto de aportación en momentos anteriores, es decir, la aportación no supone, en todo caso, admisión de prueba.

De este modo, carecería de interés a los efectos de determinar la legitimación para proponer la prueba del modo que se analiza, que el perito cuya intervención procesal se solicita sea autor o no del dictamen pericial presentado por quien interesa dicha intervención.

Respecto a la finalidad de su presencia y procedencia de intervención. Como señala FLORES PRADA[109] «la conveniencia o utilidad de la comparecencia de los peritos no guarda relación con el procedimiento de designación, sino con la mayor claridad y comprensión del dictamen, de tal suerte que las dudas, las oscuridades o la utilidad de una explicación más detallada pueden surgir de cualquier tipo de dictamen, con independencia de cómo haya sido designado el perito».

109. FLORES PRADA, Ignacio, «La prueba pericial», en *La prueba*, ob. cit., pág. 352 y ss.

2.1. Criterios de admisibilidad de la prueba

Requisito previo a la intervención del perito sería la propia admisibilidad de la prueba. Informada por la utilidad y pertinencia de la misma, el artículo 283 de la LEC proporciona la noción legal de las expresiones «utilidad» y «pertinencia».

Como refiere GONZALEZ GRANDA[110], «las partes son dueñas de las fuentes de prueba —en cuanto que es a ellas a quienes les corresponde introducirlas en el proceso—, y al juez le corresponde resolver sobre su admisión, a través de un juicio —comúnmente denominado de los medios de juicio sobre la admisión prueba— que ha de realizarse con sujeción a los criterios o parámetros legales de pertinencia, utilidad y legalidad, referidos en el artículo 283 de la LEC».

Así, a tenor del artículo 283.1 de la LEC, pertinente es la prueba que «guarda relación con lo que sea objeto del proceso». Del mismo modo, el artículo 283.2 de la LEC, califica de inútiles «aquellas pruebas que, según reglas y criterios razonables y seguros, en ningún caso puedan contribuir a esclarecer los hechos controvertidos».

La utilidad y la pertinencia de cualquier actividad probatoria y la apreciación de estos extremos por el órgano jurisdiccional ha de hacerse con escrupuloso respeto a la ley en cada caso en relación con el hecho litigioso[111].

---

110. GONZALEZ GRANDA, Piedad, «La valoración de la prueba», en *La prueba en el proceso civil*, ob. cit., pág. 2, quien, asimismo, realiza un breve pero ilustrativo recorrido respecto de la conformación de los conceptos de fuente y medio de prueba (CARNELUTTI), su posterior interpretación y valoración jurisdiccional (CALAMANDREI) en el marco del proceso civil y los criterios jurisprudenciales aplicables a la determinación de la pertinencia y utilidad de la prueba.

111. Sobre la articulación de tales principios, y su innegable interrelación con el principio de legalidad véase DE MIRANDA VÁZQUEZ, Carlos «Problemas que plantea la intervención del perito en el acto del juicio o vista», en *Peritaje y prueba pericial* (PICÓ I JUNOY y Miranda Vázquez, Dirs.), J. M. Bosch Editor, Barcelona, 2017, pág. 165, quien además sostienen que «la exigencia de que la intervención se antoje «pertinente», no se acaba de comprender bien su sentido, pues será la pericial en sí la que se repute pertinente, o impertinente, en función de la relación que guarde con los hechos controvertidos (art. 283 de la LEC). También podría entenderse que tal impertinencia se refiere a la falta de impugnación del dictamen de contrario cuando se trate de una «pericial de parte» y que el hecho que pretendía probarse por este medio haya sido fijado como pacífico [ex 428 de la LEC). Por lo que respecta a la «utilidad», resulta difícil sujetar tal requisito a patrones objetivos. Se ha apuntado la idea de que la intervención del perito resultará «inútil» cuando la claridad expositiva del informe hace ociosa su presencia en la sala de vistas», con cita de SANJURJO RÍOS, Eva Isabel, *La prueba pericial civil: procedimiento y valoración*, ob. cit., pág. 140 y GARCIANDÍA GONZÁLEZ, Pedro, «La oralidad en la prueba pericial: el régimen de intervención del perito en juicio a la luz de la doctrina de las audiencias», en *Oralidad y escritura en un proceso civil eficiente*, Universitat de Valencia, Valencia, 2008, pág. 203, respectivamente.

Así, entre otras, la STC 51/1985, de 10 de abril (FJ 9.º), se cuidaba de precisar que: «la pertinencia de las pruebas es la relación que las mismas guardan con lo que es objeto del juicio y con lo que constituye *thema decidendi* para el tribunal y expresa la capacidad de los medios utilizados para formar la definitiva convicción del tribunal».

En análogo sentido, se han reputado pertinentes las pruebas «influyentes para la resolución del litigio (STC 50/1982, de 15 de julio) a la «relevancia de la prueba en cuestión respecto de la decisión concreta de que se trate» (SSTC 246/1994, de 19 de septiembre, y 110/1995, de 4 de julio; la «relación con lo que es objeto del litigio» (STC 51/1984, de 25 de abril); o por «su relación efectiva con el verdadero tema que en el pleito se discute» (STC 167/1988, de 27 de septiembre); por su «valor procesal apreciable» (STC 55/1984, de 7 de mayo); o por hallarse «... ordenadas a la demostración de conductas fácticas relevantes, y no ser superfluas, mínimas o intrascendentes, por hallarse en relación directa de conexión con lo que es materia u objeto del proceso y servir para esclarecer los hechos enjuiciados» (ATC 21/1985, de 16 de enero); o ser «decisiva o tener influencia notoria para la resolución del pleito o de un punto controvertido en el mismo» (STC 170/1987, de 30 de octubre); tanto como su «adecuación e idoneidad» (ATC 305/1994, de 14 de noviembre).

Como señala Illescas Rus[112], los elementos caracterizadores del juicio sobre la pertinencia son, pues, dos:

- Que la prueba propuesta recaiga sobre hechos —o asimilados a estos (como sabemos, la costumbre y el Derecho extranjero)— que hayan sido previamente alegados y aportados al proceso por las partes sin intervención del órgano jurisdiccional, a menos de introducir una apreciación preventiva o anticipar en mayor o menor medida el juicio de fondo.
- Que no se trate de hechos exonerados de prueba (*v. gr.*, por notoriedad o en virtud de admisión).

Según De la Oliva Santos[113], la utilidad, por el contrario, no es sino aquella especie del género «pertinencia» que alude a la idoneidad objetiva y en abstracto de la prueba propuesta para acreditar los hechos de que se trate —adecuación de medio a fin—, sin que deba tomarse en con-

112. Illescas Rus, Ángel, «Práctica y valoración del dictamen pericial», en *Cuadernos de Derecho Judicial*, ob. cit., pág. 67.

113. De la Oliva Santos, Andrés «La prueba y la determinación de los hechos», en *Derecho Procesal Civil* (con Fernández López), Centro de Estudios Ramón Areces, Madrid, 1996, tomo II, págs. 267 y ss.; Picó i Junoy, Joan, *El derecho a la prueba en el proceso civil*, J. M. Bosch, Barcelona, 1996, pág. 58. Asimismo, Muñoz Sabaté, Luis, *Técnica probatoria*, Wolter Kluwers, Madrid, 2017, pág. 85.

sideración, a menos de arriesgar un prejuicio de la decisión definitiva y provocar indefensión a las partes, la eventual eficacia —entendida como resultado favorable— de la misma.

Por su parte, las SSTC 131/1995, de 11 de septiembre y 218/1997, de 4 de diciembre diferencian en algún caso de la pertinencia la circunstancia de que la prueba de que se trate resulte «influyente para la decisión». En este sentido se ha señalado que «no sólo era pertinente porque afectaba al objeto del proceso, sino que también era relevante para la decisión sobre la pretensión objeto del litigio». Debe significarse a este respecto que el concepto de «utilidad» se ha identificado en alguna ocasión por el Tribunal Constitucional con la noción de «pertinencia material», por oposición a la de «pertinencia formal» (STC 166/2001, de 16 de julio).

La prolongada y unánime doctrina emanada del Tribunal Constitucional que ha vinculado el derecho a la prueba al derecho mismo a la defensa no comprende, sin embargo, un hipotético derecho a llevar a cabo una actividad probatoria ilimitada en virtud de la cual las partes estén facultadas para exigir cualesquiera pruebas que tengan a bien proponer, sino que atribuye sólo el derecho a la recepción y práctica de las que sean «necesarias para acreditar los hechos que sirven de base a sus pretensiones» (SSTC 101/1989, de 5 de junio y 164/1996, de 28 de octubre, entre otras).

En efecto, el derecho fundamental a utilizar la prueba pertinente presenta un desarrollo jurisprudencial[114] constante conforme las siguientes premisas[115]:

a) Se trata de un derecho fundamental de configuración legal. Su contenido viene regulado por las normas de prueba pensadas para los diferentes órdenes jurisdiccionales.

b) No resulta ser un derecho de carácter absoluto. Se circunscribe a la práctica de aquellas pruebas declaradas pertinentes a juicio del órgano judicial competente, destacándose la necesaria motivación de la decisión judicial que deniega la práctica de las pruebas propuestas por las partes STC 87/1992, de 8 junio (FJ 2.º) o STS de 18 octubre de 2011 (FJ 5.º). Las pruebas han de ser autorizadas por el ordenamiento, pertinentes (en relación con el objeto de litigio o hecho controvertido), y han de ser solicitadas en tiempo y forma[116].

114. Véanse las SSTC 14/2011, de 28 febrero (FJ 2.º), 80/2011, de 6 de junio (FJ 3.º), 86/2008, de 21 julio (FJ 3.º), entre otras.

115. Sánchez Gómez, Raúl, *El derecho de defensa en la investigación de los delitos de terrorismo*, Thomson Reuters Aranzadi, Pamplona, 2017, págs. 106 y 107.

116. Así se pronunciaron las SSTC 101/1989, de 5 de junio; 233/1992, de 14 de diciembre; 96/2000, de 10 de abril y 26/2000, de 31 de enero, entre otras muchas.

c) Por tanto, la inadmisión de pruebas relevantes para el asunto litigioso sin motivación alguna, o mediante una interpretación de la legalidad manifiestamente arbitraria o irrazonable, puede conllevar la afectación del citado derecho. El alto tribunal ha significado, así, que el referido derecho fundamental se vulnera cuando no se admiten pruebas relevantes para la decisión final sin motivación alguna o mediante una interpretación y aplicación de la legalidad arbitraria o irrazonable, y, en consecuencia, si el peticionario argumenta de modo convincente que la resolución final del proceso podría haberle sido favorable de haberse aceptado y practicado la prueba objeto de controversia, ya que sólo en tal caso, comprobado que el fallo pudo, acaso, haber sido otro si la prueba se hubiera admitido, podrá apreciarse también el menoscabo efectivo del derecho a la defensa de aquel (SSTC 51/1985, de 10 de abril y 69/2001, de 17 de marzo, entre otras).

d) Lo que nos conduciría a considerar la posible afectación del derecho de defensa de la parte que ve denegada sus expectativas probatorias (STC 86/2008, de 21 julio —FJ 3.º—).

No obstante, en materia de admisión de pruebas, la máxima pro probatione aconseja incurrir en un posible exceso en la admisión antes que en su denegación. Y así, la jurisprudencia constitucional pone de relieve que la constitucionalización del derecho a la prueba implica « una nueva perspectiva y una sensibilidad mayor en relación con las normas procesales, atinentes a ello, de suerte que deban los tribunales proveer a su satisfacción, sin desconocerlo ni obstaculizarlo, siendo preferible un posible exceso en la admisión de pruebas que en su denegación» (STC 236/2002, de 9 de diciembre, FJ 4.º).

Consecuencia de esta doctrina es que el carácter fundamental del derecho a la prueba conlleva la necesidad de realizar una interpretación restrictiva de los preceptos que limiten la eficacia del mismo (STC 140/2000, de 29 de mayo, FJ 4.º)[117].

Por tanto, es posible afirmar que la finalidad de los criterios de admisión previstos en el antes mencionado artículo 283 de la LEC resultaría en delimitar el ámbito de la actividad probatoria que podrá producirse durante el juicio y, en modo alguno, pretender discutir el resultado de la prueba pericial[118]. Así, la impertinencia de la solicitud de la que se hace

117. González Granda, Piedad, «La valoración de la prueba», en *La prueba en el proceso civil*, ob. cit., pág. 2.

118. Por ello, en la audiencia previa es necesario, al igual que para el resto de la prueba (art. 429.1 de la LEC), proponer la presencia del perito al acto del juicio al objeto de que pueda intervenir en el de acuerdo con lo previsto en el artículo 347, como señala Picó i Junoy, Joan, *La prueba pericial en el proceso civil español: Ley 1/2000, de Enjuiciamiento Civil*, ob. cit., pág. 154.

mención en el artículo 347 de la LEC tendrá lugar cuando la petición no guarde relación con lo que fuera objeto o materia del dictamen aportado; y, por lo que afecta a la inutilidad de dicha petición, la prueba sería rechazada por el tribunal, porque la actuación que se inste no ayude a comprender y valorar mejor el dictamen emitido.

2.2. Actuación del perito

El artículo 347.1 de la LEC bajo la rúbrica «Posible actuación de los peritos en el juicio o en la vista» dispone[119]:

> Los peritos tendrán en el juicio o en la vista la intervención solicitada por las partes, que el tribunal admita.
>
> El tribunal sólo denegará las solicitudes de intervención que, por su finalidad y contenido, hayan de estimarse impertinentes o inútiles, o cuando existiera un deber de confidencialidad derivado de la intervención del perito en un procedimiento de mediación anterior entre las partes.

Se contempla entonces la libre apreciación del juez sobre su oportunidad a la vista de lo expuesto por las partes. La interpretación de este precepto es muy importante pues conecta con la posible subsanación de la falta de juramento o promesa —*vid.* artículo 335 de la LEC— y la carga que sobre la necesidad del informe se impone en los artículos 336, 337 y 339 de la LEC referido a las reglas de aportación.

En efecto, cada una de las partes litigantes podrá pedir la intervención del perito autor de su dictamen y también la del perito de la parte contraria[120].

No se trata de una mera ratificación del dictamen, sino de una declaración del perito a instancia de las partes o del tribunal, si bien, excepcionalmente, la ley permite que el dictamen se presente en el mismo acto del juicio (art. 300.1.3.º de la LEC), en este caso tras la presentación del dictamen el perito se someterá a las preguntas de las partes o del juez.

119. Sostiene GARCIANDÍA GONZÁLEZ, Pedro, «La oralidad en la prueba pericial: el régimen de intervención del perito en juicio a la luz de la doctrina de las audiencias», en *Revista del Colegio de Abogados de La Plata*, 1973, núm. 14, pág. 187, como el artículo 347.1 de la LEC debe completado en el primer caso por lo dispuesto en los artículos 337.2 y 338.2, y en el segundo por lo señalado en el artículo 346, resulta de aplicación tanto a la modalidad de dictámenes aportados por las partes litigantes, como a los supuestos de dictamen emitido por perito designado por el tribunal.

120. GARCIANDÍA GONZÁLEZ, Pedro, «La oralidad en la prueba pericial: el régimen de intervención del perito en juicio a la luz de la doctrina de las audiencias», en *Revista del Colegio de Abogados de La Plata*, ob. cit., pág. 188.

La declaración del perito puede versar sobre cualquier aspecto de la pericia, sin que la relación de la ley sobre las cuestiones que pueden ser planteadas por las partes sea *numerus clausus*[121] y atendiendo a criterios de flexibilidad, como señala Guzman Fluja[122], pues dicha «intervención ha debido ser solicitada y concretada cuando interesaron la comparecencia, cabe preguntarse si las partes pueden pedir la ampliación del contenido de la comparecencia en el acto del juicio o han de quedar sujetas a lo que en su momento pidieron. Aunque la LEC no parece haber contemplado la posibilidad de modificar el contenido de la comparecencia solicitada por las partes en el mismo acto del juicio, parece razonable que las partes puedan hacerlo y el juez, si es pertinente y útil, deba acordarla, sobre todo si se tiene presente que la solicitud inicial de comparecencia habrá de formularse sin conocer el contenido del dictamen anunciado, pero no aportado hasta un momento posterior. Entendemos que, no sólo para este caso sino para cualquier otro, la flexibilidad de un procedimiento oral aconseja que las partes puedan interesar del juez, incluso durante el interrogatorio y a la vista de lo que en él se deponga por el perito, las explicaciones, aclaraciones, rectificaciones y ampliaciones que consideren oportunas, y sean estimadas útiles y pertinentes, sin que hayan de quedar vinculadas por una petición inicial cuya naturaleza debe ser meramente indicativa, y sin que quepa encorsetar el interrogatorio más allá de lo que deseable para garantizar adecuadamente el derecho de defensa».

Tras las preguntas formuladas por la parte proponente y la contraria, formulará sus preguntas el juzgador, en el caso de perito designado judicialmente a solicitud de ambas partes, comenzará el turno de preguntas el demandante.

En la comparecencia del perito las partes pueden contradecir el dictamen del litigante contrario, pero limitándose a mostrar su desacuerdo con el citado dictamen, ya que este no es el momento oportuno para discutir el resultado de la prueba, que deberá tener lugar posteriormente en el acto del juicio.

De cualquier manera, peticionada la intervención por aquellas, el tribunal podrá igualmente formular preguntas al perito y requerirle explicaciones sobre el dictamen arrojado.

---

121. En tal sentido, véase De la Oliva Santos, Andrés, *Comentarios a la Ley de Enjuiciamiento Civil*, Madrid 2001, pág. 604.

122. Guzmán Fluja, Vicente, «Actuación de los peritos en el juicio o vista», en *El proceso civil*, ob. cit., págs. 4 a 16.

2.3. La indicación de las partes respecto de la comparecencia del perito en los supuestos de aportación posterior del dictamen pericial

La aportación junto a la demanda o contestación prevista en el artículo 336 de la LEC no requiere de ninguna reserva para esta solicitud al formular la proposición de prueba en audiencia previa o juicio verbal.

Sin embargo, en caso de aportación posterior a este momento procesal debe estarse al apartado 2 del artículo 337 de la LEC según el cual:

> Aportados los dictámenes conforme a lo dispuesto en el apartado anterior, las partes habrán de manifestar si desean que los peritos autores de los dictámenes comparezcan en el juicio regulado en los artículos 431 y siguientes de esta Ley o, en su caso, en la vista del juicio verbal, expresando si deberán exponer o explicar el dictamen o responder a preguntas, objeciones o propuestas de rectificación o intervenir de cualquier otra forma útil para entender y valorar el dictamen en relación con lo que sea objeto del pleito.

Por tanto, es posible afirmar que la posible contradicción del informe es la razón de ser de la previsión legal, junto a aclaraciones o ampliaciones al mismo.

Así pues, no basta la presentación de escrito de aportación del dictamen de peritos previamente anunciado, además ha de plasmarse el deseo de que los peritos autores comparezcan al juicio —ordinario o verbal—.

Sin esta reserva ya no habrá opción a la solicitud. Y téngase en cuenta que esta exigencia lo es en un momento procesal en el que ni siquiera el tribunal se ha pronunciado sobre la admisión de prueba, pues la aportación, como dispone el artículo 337.1 de la LEC, se planteará en cuanto se disponga del dictamen y en todo caso con cinco días de antelación al juicio o vista.

Sobre el posible llamamiento por el juez como se verá la llamada de oficio es permitida en el caso de pericial de designación judicial, *vid.* artículo 346 de la LEC, pero no está prevista en el caso de designación de parte. Salvedad hecha del apartado 2 del artículo 347 de la LEC, pero siempre previa proposición de parte.

No parece que, de la redacción del artículo 338.2 de la LEC, se pueda deducir la posibilidad de que el tribunal pueda acordar de oficio la comparecencia de los peritos en el juicio, en los demás casos de aportación de dictámenes de parte.

Asimismo, debemos añadir la posible aplicación de las posibilidades previstas en el artículo 300.1. 3.º de la LEC.

No obstante, este marco normativo no se aviene ni es coherente con las excepciones de aportación previstas en la regulación de la prueba pericial. Se trata de una anomalía pues salvo en materia de orden público, donde no hay limitación por razón del fin pretendido, no cabe aportación de dictamen fuera de los supuestos previstos.

Además, la excepcionalidad de aportación y admisión en el juicio o vista sin traslado a la parte contraria ni conocimiento del contenido del informe produciría claramente una situación de indefensión al otro litigante, que tendría que asumir el informe y en su caso formular preguntas sin conocer su contenido ni haber sido asesorado sobre el mismo por otro perito o persona con conocimientos suficientes sobre la materia.

2.4. En caso de impugnación del dictamen

Las partes pueden expresar lo que convenga a su derecho acerca de los dictámenes periciales presentados hasta el momento de la audiencia previa en el sentido de admitirlos, contradecirlos o proponiendo su ampliación en los extremos que determinen (art. 427.2 de la LEC).

La proposición de prueba tendrá por finalidad una de estas posibilidades. No bastará pues una impugnación genérica, deberá ser concreta con identificación de los elementos de contradicción o admisión. Y justificar en su caso la ampliación, todo ello teniendo en cuenta el principio de preclusión, pues no cabe modificación del objeto litigioso ni ampliación de hechos, con las salvedades legales previstas en el artículo 286 de la LEC, puesto que las aclaraciones o ampliaciones previstas en el artículo 426 de la LEC ya se habrían dado en su caso.

Así la impugnación del valor probatorio del dictamen, las conclusiones no admitidas o cualquier tipo de valoración se derivaría al momento de las conclusiones si se dieren para el caso de acordarse la celebración de juicio en el caso del juicio ordinario.

Por tanto, cabe preguntarse si es admisible la citación a juicio de los peritos autores de esos dictámenes o informes cuando no hubieran resultado impugnados durante la audiencia previa.

Si la petición es genérica o simple puede ocurrir que la única pregunta se ciña a jurar o prometer el cargo, que como se ha sostenido, no sería viable al no tratarse de un acto procesal (*vid.* artículo 231 de la LEC). La prueba es extrajudicial y nace fuera del proceso. No sería tampoco útil desde el punto de vista práctico que esta comparecencia se realizara con éste único propósito. Esto no afecta al perito de designación judicial quien acepta y jura el cargo antes de emitir el informe (art. 339 de la LEC).

En cuanto a la carga del proponente sobre la finalidad de la presencia del perito en el acto o vista cabe cita de las SSTS 847/2011, de 17 de noviembre y 400/2012, de 12 de junio, en las que declara que constituye carga de la parte que alega la infracción de su derecho a utilizar los medios de prueba pertinentes para la defensa de sus intereses —reconocido en artículo 24.2. CE—, demostrar que la inadmitida podía ser razonablemente concluyente en la defensa de sus intereses en el proceso, en el sentido de que su denegación había influido decisivamente en la resolución del litigio.

III. PRESENCIA DEL PERITO EN EL ACTO O VISTA

Como refiere GUZMAN FLUJA[123], «la instauración de un proceso civil eminentemente oral, abre la posibilidad de que, para lograr una mejor aprehensión y valoración de los conocimientos especializados por el tribunal, puedan los peritos autores de los dictámenes comparecer en el acto del juicio, explicando el contenido del dictamen, aclarando o completando alguno de sus extremos, o respondiendo a las preguntas u objeciones que les sean formuladas por las partes o por el tribunal, garantizando al propio tiempo la debida contradicción entre las partes».

De esta forma, la comparecencia de los peritos en el juicio es eventual[124], pudiendo acordarla el tribunal cuando, interesada por las partes, sea considerada útil y pertinente (arts. 337.2, 338.2 segundo párrafo y 347.1 segundo párrafo de la LEC).

A tal efecto, las partes deberán consignar, en el momento en que aporten el dictamen, si consideran conveniente que los peritos comparezcan al acto del juicio, precisando concretamente el objeto y la finalidad de tal intervención. En efecto, la solicitud de las partes respecto de la inter-

---

123. GUZMÁN FLUJÁ, Vicente, «Actuación de los peritos en el juicio o vista», en *El proceso civil*, ob. cit., pág. 1.

124. SERRA DOMÍNGUEZ, Manuel, «La prueba pericial», en *Instituciones del nuevo proceso civil. Comentarios sistemáticos a la Ley 1/2000*, ob. cit., pág. 308-310. En similares términos, puede consultarse ABEL LLUCH, Xavier, «El estatuto jurídico del perito», en *Tratado de Prueba Judicial*, (Abel Lluc, coord.), La Ley, Wolter Kluwers, Madrid, 2014, pág. 70; ARAGÓ HONRUBIA Ivana, «La intervención judicial del perito en la vista», en *Aspectos prácticos de la prueba civil*, J. M. Bosch, Barcelona, 2006, pág. 433; DE MIRANDA VÁZQUEZ, Carlos, «Problemas que plantea la intervención del perito en el acto del juicio o vista», en *Peritaje y prueba pericial*, ob. cit., pág. 161; FLORES PRADA, Ignacio, *La prueba pericial de parte en el proceso civil*, Tirant lo Blanch, Valencia, 2005, págs. 292 y ss.; GUZMÁN FLUJA, «Actuación de los peritos en el juicio o vista», en *El proceso civil*, ob. cit., pág. 4; PICÓ I JUNOY, «La dinámica de la prueba pericial», en *Tratado de Prueba Judicial*, (Abel Lluc, coord.), La Ley, Wolter Kluwers, Madrid, 2014, págs. 124 y 125 y RICHARD GONZALEZ, M., «Limitaciones a la oralidad en la práctica de la prueba pericial en el proceso civil español», en *Oralidad y escritura en un proceso civil eficiente*, Universitat de Valencia, Valencia, 2008, pág. 245.

vención del perito en los términos expuestos deberá producirse tanto en los supuestos de aportación del dictamen con los escritos iniciadores del proceso, como en los supuestos de posterior aportación del dictamen pericial por las causas expuestas. En otras palabras, las previsiones del apartado segundo del artículo 337 de la LEC resultarán aplicables a los supuestos descritos tanto en el artículo 336.1 de la LEC como en el artículo 337.1 de la LEC[125].

Téngase en cuenta, no obstante, que cuando el dictamen pericial ha sido elaborado por peritos designados a través del tribunal, la comparecencia de los peritos en el acto del juicio o vista puede ser acordada de oficio por el tribunal como recoge el artículo 346 de la LEC:

> Si alguna de las partes lo solicita o el tribunal lo considera necesario para comprender y valorar mejor el dictamen realizado, deberá acordarse, mediante providencia, la presencia del perito en el juicio o la vista.

Para el caso de designación de parte no cabe este llamamiento de oficio[126], *vid.* artículo 347.2 que dice:

> El tribunal podrá también formular preguntas a los peritos y requerir de ellos explicaciones sobre lo que sea objeto del dictamen aportado, pero sin poder acordar, de oficio, que se amplíe, salvo que se trate de peritos designados de oficio conforme a lo dispuesto en el apartado 5 del artículo 339.

No obstante, en ambos supuestos la intervención del perito en el acto oral del juicio viene condicionada a que el juez la considere necesaria para la mejor comprensión y valoración del dictamen presentado y dicte, por tanto, la correspondiente providencia ordenando la presencia del perito para realizar todas las aclaraciones y rectificaciones oportunas[127].

---

125. En tal sentido, GONZÁLEZ PILLADO, Esther e IGLESIAS CANLE, Inés, «La prueba pericial en la nueva Ley de Enjuiciamiento Civil», en *Revista xurídica galega*, Asociación Revista xurídica galega 2002, núm. 27, págs. 340 y 341 y FONT SERRA, Eduardo, *El dictamen de peritos y el reconocimiento judicial en el proceso civil*, ob. cit., 2000, pág. 125.

126. En similares términos, GUZMÁN FLUJA, «Actuación de los peritos en el juicio o vista», en *El proceso civil*, ob. cit., pág. 1 y 2, cuando afirma que «también se prevé la posibilidad en relación a los peritos designados por las partes en el artículo 338.2 párrafo segundo de la LEC, precepto que habría incorporado una enmienda transaccional expresamente destinada a suplir la omisión del Pde la LEC en este sentido, y que ciñe la posibilidad al caso de que se trate de dictámenes cuya necesidad o utilidad ha surgido por la contestación de la demanda o por las alegaciones y pretensiones complementarias efectuadas en la audiencia previa, dictámenes que se deben aportar hasta cinco días antes de que se celebre el juicio, o la vista del verbal. No parece que, de la redacción del artículo 338.2 de la LEC, se pueda deducir la posibilidad de que el tribunal pueda acordar de oficio la comparecencia de los peritos en el juicio, en los demás casos de aportación de dictámenes de parte

127. GONZÁLEZ PILLADO, Esther e IGLESIAS CANLE, Inés, «La prueba pericial en la nueva Ley de Enjuiciamiento Civil», en *Revista xurídica galega*, ob. cit., pág. 341.

Esta diferente regulación no se entiende ya que, si tanto en uno como en otro caso la prueba es de parte, la intervención del tribunal sería contraria al principio dispositivo. Y carece de sentido dar distinto tratamiento según procedencia de la designación del perito pues todos son de parte, en definitiva. La única explicación plausible podría darse en materia de orden público, aunque aquí el tribunal actúa de oficio en todo el proceso[128].

La convivencia de ambas pruebas en el proceso, como ya se dijo, no impide que sean valoradas conforme a la sana crítica. Y con este criterio prevalecerá un dictamen sobre otro.

Sobre este punto destaca por su interés se hace cita de la SAP de Oviedo 110/2015, de 27 de abril (FJ 3.º), cuando afirma que:

> (...) debe significarse que el artículo 346 de la LEC prevé que el dictamen pericial se emita por escrito que se hace llegar al tribunal, de modo que la intervención de los peritos en juicio solo debe tener lugar a instancia de parte y a los fines previstos en el artículo 347, esto es cuando el informe pericial adolezca de oscuridad, ambigüedad o aparente contradicción que precise explicación adicional a lo expuesto por escrito, mientras que por el contrario la intervención de su autor en la vista resultara innecesaria cuando el informe presentado sea suficientemente claro y detallado sobre todos los puntos que constituyan su objeto; así pues, cuando las partes soliciten la comparecencia del perito habrán de especificar las razones por las que reputan insuficiente el dictamen emitido por escrito porque solo a partir de la concreta queja que se exponga podrá el juez comprobar si efectivamente la petición de intervención del perito es pertinente y útil en función de las particulares contingencias del caso; así, por ejemplo, la exposición completa del dictamen no puede ser confundida con la simple reproducción verbal del mismo, como muchas veces acontece en la práctica, pues el precepto antes mentado se encarga de recordar que aquella procederá cuando dicha exposición exija la realización de operaciones, complementarias del escrito aportado, con empleo de los documentos, materiales e instrumentos a que se refiere el artículo 336.2; del mismo modo el precepto glosado prevé que podrá recabarse la explicación del dictamen o de alguno o alguno de sus puntos cuando se repute que la respuesta dada por el perito no sea suficientemente expresivo a los efectos de la prueba, pero reiteramos que

128. A tal fin, proponen GONZÁLEZ PILLADO, Esther e IGLESIAS CANLE, Inés, «La prueba pericial en la nueva Ley de Enjuiciamiento Civil», en *Revista xurídica galega*, ob. cit., pág. 341 que «el juez podrá ordenar la intervención de los peritos en el juicio del procedimiento ordinario o en la vista del juicio oral, cuando así lo estime conveniente en aras de una mejor comprensión del informe (arts. 338.2 y 346 de la LEC), tanto si el perito ha sido designado por él mismo como si lo ha sido por las partes». En similares términos, ASENCIO MELLADO, José María, *Proceso civil práctico*, La Ley, Wolter Kluwers, Madrid, 2002, vol. IV, pág. 746, DE MIRANDA VÁZQUEZ, Carlos, «Problemas que plantea la intervención del perito en el acto del juicio o vista», en *Peritaje y prueba pericial*, ob. cit., pág. 163 y SANJURJO RÍOS, Eva Isabel, «La iniciativa exclusiva del juez para la intervención del perito en el juicio o la vista», en *Peritaje y prueba pericial*, ob. cit., pág. 623 a 630.

para ello la parte deberá exponer el juez los extremos del dictamen que a su entender resulten confusos o poco concluyentes y las razones que le asisten para ello pues solo así podrá el juez valorar si efectivamente concurre oscuridad o incertidumbre que precise ser esclarecida por el perito; es así que la estereotipada fórmula de solicitar la presencia del perito para responder a cuantas aclaraciones o precisiones se formularán en el acto del juicio no satisface las exigencias del artículo 347 de la LEC y menos aún puede satisfacerlas en esta fase de recurso, de modo que se rechaza la pretensión de que se reciba el pleito a prueba en la segunda instancia, sin perjuicio de que el informe del Sr. Remigio sea valorado en sentencia junto con el resto de la prueba obrante en autos.

Antes de exponer el alcance de la posible intervención del perito en el juicio o vista es necesario precisar que por «perito» debe entenderse tanto al de parte como al designado judicialmente. El problema surge por la contradictoria regulación de los artículos 346 y 347 de la LEC: el primero establece que la parte podrá solicitar que concurra el perito judicialmente designado al acto del juicio o a la vista sólo «a los efectos de que aporte las aclaraciones o explicaciones que sean oportunas»; mientras que el segundo, haciendo referencia sólo al «perito», permite una intervención mucho más amplia, hasta el extremo de poder solicitarle una ampliación de su dictamen e incluso criticarlo a través del perito de parte. Según Picó i Junoy[129], «esta confusa, y en cierto modo contradictoria, regulación normativa debe resolverse teniendo en cuenta el carácter fundamental del derecho a la prueba y la necesidad de efectuar siempre una lectura amplia de las normas dirigida a potenciar al máximo la eficacia del citado derecho, por lo que debe concluirse que el artículo 347 de la LEC es aplicable a cualquier «perito», esto es, tanto al de parte como al designado judicialmente».

La prueba pericial a tenor de su regulación se practica ya mediante la presentación del dictamen escrito y, en su caso, su ratificación ante el letrado de la Administración de Justicia (*vid.* arts. 289.3, 335 a 338 y 346 de la LEC), y la presencia en la vista del perito depende de la solicitud de alguna de las partes y de la decisión del Juzgado (art. 347, en relación con el 337. 2, 338. 2, y 346, de la propia Ley). Sólo en este caso será aplicable a la pericial el citado artículo 289.1 de la LEC.

Importa destacar la consecuencia de otorgar al informe pericial el valor de «al menos» una prueba documental[130] y para la eficacia probatoria de esos documentos no se precisa la ratificación de sus autores, ni siquiera

129. Picó i Junoy, Joan, *La prueba pericial en el proceso civil español: Ley 1/2000, de Enjuiciamiento Civil*, ob. cit., pág. 154.

130. Véase Garciandía González, Pedro, «Artículo 347», en *Comentarios a la Ley de Enjuiciamiento Civil*, Thomson Reuters Aranzadi, Pamplona, 2011, vol. I, págs. 1516 y ss.

en el caso de concebirse como una prueba pericial, pues recuérdese que de conformidad con lo dispuesto por el artículo 347 de la LEC los peritos tendrán en el juicio la intervención solicitada por las partes, mientras el artículo 348 del mismo texto legal dispone que el tribunal valorará los dictámenes periciales según las reglas de la sana crítica, sin exigir la ratificación como condición para su validez[131].

La intervención en la vista no se da siempre ni es requerida o admitida.

En este sentido cabe citar las siguientes resoluciones judiciales, SAP de Cantabria 152/2013 de 12 marzo (FJ 2.º) en un supuesto de paternidad dijo tras afirmar que se aportó prueba directa y clara sobre la real paternidad de la menor mediante un informe pericial que tiene plena eficacia probatoria pese a que no fuera ratificado en juicio pues no fue impugnada su autenticidad y sin necesidad de la comparecencia del perito en juicio que es contingente (art. 347 de la LEC), no necesaria para que el informe pericial despliegue toda su eficacia probatoria. SAP de Madrid 261/2013 de 31 mayo sobre la falta de ratificación en juicio del informe pericial no le priva de valor probatorio. El dictamen pericial se emite por escrito (*vid.* art. 346 de la LEC), y desde ese momento tiene valor probatorio, mientras que la intervención del perito en el juicio o vista no es algo imperativo, sino solo «posible», según lo que hayan solicitado las partes y el juzgador admita (*vid.* art. 347 de la LEC).

Por su parte, la SAP de Murcia 810/2012 de 13 diciembre (FJ 2.º) con reseña de pronunciamientos del Tribunal Supremo, entre otras, STS de 30 de abril de 2009, cuando afirma que «no se exige la ratificación del dictamen pericial adjunto a la demanda como condición necesaria para su validez y eficacia como tal prueba pericial. Al contrario, el artículo 347 de la ley procesal civil establece que «los peritos tendrán en el juicio o en la vista la intervención solicitada por las partes, que el tribunal admita»; y el artículo 429.8 de la misma Ley señala que «cuando la única prueba que resulte admitida sea la de documentos, y estos ya se hubieran aportado al proceso sin resultar impugnados, o cuando se hayan presentado informes periciales, y ni las partes ni el tribunal solicitaran la presencia

---

131. En tal sentido, MONTERO AROCA, Juan y FLORS MATÍES, José, *Tratado del juicio verbal*, Thomson Reuters Aranzadi, Pamplona, 2004, págs. 1232 y ss. y GARCIANDÍA GONZÁLEZ, Pedro, «La oralidad en la prueba pericial: el régimen de intervención del perito en juicio a la luz de la doctrina de las audiencias», en *Oralidad y escritura en un proceso civil eficiente*, ob. cit., pág. 205 y SANJURJO RÍO, Eva Isabel, *La prueba pericial civil. Procedimiento y valoración*, ob. cit., pág. 151. Por su parte, sobre la ratificación del informe por parte del perito se pronuncia DE MIRANDA VÁZQUEZ, Carlos, «Problemas que plantea la intervención del perito en el acto del juicio o vista», en *Peritaje y prueba pericial*, ob. cit., pág. 163, para quien «carece de eficacia practica relevante el trámite concernido, razón por la cual debería erradicarse definitivamente».

de los peritos para la ratificación de su informe, el tribunal procederá a dictar sentencia, sin previa celebración del juicio, dentro de los veinte días siguientes a aquel en que termine la audiencia»[132].

Por su parte, la SAP de Zaragoza 546/2011 de 28 septiembre (FJ 2.º), ha mantenido que el dictamen pericial existe aunque no haya sido ratificado en el acto del juicio por el perito y dijo: «la vigente Ley de Enjuiciamiento ha venido a proclamar el carácter autónomo de la prueba pericial presentada por las partes en sus respectivos escritos de demanda y contestación, principalmente con base en los artículos 346 y 347, diciéndose en el primero que «De dicho dictamen se dará traslado a las partes por si consideran necesario que el perito concurra al juicio o a la vista a los efectos de que aporte las aclaraciones o explicaciones que sean oportunas», añadiéndose en el segundo que «1. Los peritos tendrán en el juicio o en la vista la intervención solicitada por las partes que el tribunal admita», que por tanto no requiere su ratificación para que pueda ser apreciada conforme a las reglas de la sana crítica, como se afirma en el artículo 348 siguiente.

Esta doctrina ha sido recogida por la Jurisprudencia, y así ha de merecer extensa cita lo que al respecto se razona en la STS de 30 de abril de 2009 (FJ 6.º), al decir lo siguiente:

> (...) no se exige la ratificación del dictamen pericial adjunto a la demanda como condición necesaria para su validez y eficacia como tal prueba pericial. Al contrario, el artículo 347 de la Ley Procesal Civil establece que «los peritos tendrán en el juicio o en la vista la intervención solicitada por las partes, que el tribunal admita»; y el artículo 429.8 de la misma Ley señala que «cuando la única prueba que resulte admitida sea la de documentos, y estos ya se hubieran aportado al proceso sin resultar impugnados, o cuando se hayan presentado informes periciales, y ni las partes ni el tribunal solicitarán la presencia de los peritos en el juicio para la ratificación de su informe, el tribunal procederá a dictar sentencia, sin previa celebración del juicio, dentro de los veinte días siguientes a aquel en que termine la audiencia». De ambos preceptos se desprende con claridad que, si ninguna de las partes o el tribunal solicitan la ratificación o aclaraciones al dictamen pericial, el mismo constituye un medio de prueba plenamente útil y eficaz como tal pericial sin necesidad de ratificación alguna (sin perjuicio, por supuesto, de la valoración que merezca al órgano jurisdiccional a la hora de resolver el litigio). Por eso, no cabe rechazar sin más consideraciones un dictamen pericial oportunamente aportado al pleito contencioso-administrativo con la demanda, so pretexto de que no se interesó su ratificación, al no ser esa ratificación preceptiva sino dispositiva por las partes y el tribunal

---

132. En este mismo sentido se ha pronunciado SAP de Murcia de 14 de diciembre de 2004 y 15 de marzo de 2005, SAP de Málaga de 24 de marzo de 2009, SAP de Vizcaya de 19 de febrero de 2009 o SAP de Madrid de 13 de mayo de 2011. Y es que se trataría, en definitiva, de una traslación de la conocida doctrina mantenida por el Tribunal Supremo, STS de 4 de diciembre de 1993), respecto de la prueba documental.

En definitiva, como sostiene GUZMAN FLUJA[133], «la ratificación entendida como exposición, interrogatorio, etc. debe serlo a presencia judicial, del juez o tribunal que conoce del asunto, salvo que por razones de distancia u otras graves contempladas en el artículo 169.4, segundo párrafo, de la LEC se tenga que acudir al auxilio judicial».

En efecto, el hecho de que un perito comparezca al juicio no es criterio objetivo para preferir su dictamen frente al perito que no acude a este acto, siendo lo decisivo examinar de manera crítica los peritajes enfrentados con la ventaja, eso sí, de que el perito que acude al juicio tendrá ocasión de explicar con mayor detalle alguno de los puntos de su dictamen, el método seguido, las premisas de las que ha partido, etc., todo ello encaminado a lograr el convencimiento del tribunal (SAP de Málaga de 28 de noviembre de 2013).

Ante la existencia de varios informes el tribunal puede fundar su resolución en cualquiera de ellos, con la correspondiente motivación, al respecto la STS 28 mayo 2012 afirma que «la emisión de varios dictámenes o el contraste de algunos de ellos con las demás pruebas, posibilita que la autoridad de un juicio pericial se vea puesta en duda por la del juicio opuesto o por otras pruebas, y que, con toda lógica, los jueces y tribunales, siendo la prueba pericial de apreciación libre y no tasada acepten el criterio más próximo a su convicción, motivándolo de forma suficiente y adecuada»[134].

En definitiva, la mera aportación es suficiente si el documento contiene el juramento o promesa informador de objetividad en la emisión, su contenido versa sobre conocimientos científicos o técnicos necesarios para resolución del litigio; esto ya califica al documento de prueba pericial, la presencia del perito en el acto o vista es contingente y sujeta a necesidad concreta y justificada que ha de expresarse en la proposición[135].

Así pues, la presencia del perito en el acto o vista es contingente o eventual y se estará al caso concreto para determinar su admisibilidad bajo los criterios de pertinencia y utilidad. La decisión del tribunal sobre la presencia del perito aparece contemplada en el artículo 347.2 de la LEC según el cual podrá formular preguntas y requerir explicaciones, nunca ampliación

---

133. GUZMÁN FLUJA, Vicente, «Actuación de los peritos en el juicio o vista», en *El proceso civil*, ob. cit., pág. 3.

134. En el mismo sentido véase la STS de 27 de abril del 2012.

135. Sobre el alcance de la «ratificación» del informe pericial e intervención del perito en el juicio y valor del dictamen destacan las siguientes sentencias, SAP de Madrid 179/2016 de 17 mayo con cita de la SAP de Madrid de 17 de febrero de 2016 y de 13 de junio de 2014 que recuerda que es facultad del Tribunal decidir sobre la presencia del perito en el juicio para ratificar el informe pericial y realizar aclaraciones.

del informe[136], con la salvedad vista del artículo 339.5 de la LEC (procesos de filiación, capacidad de las personas o procesos matrimoniales).

Por tanto, cabría plantearse si esta opción de preguntar lo es una vez que la parte ha solicitado la prueba o también puede el tribunal acordar la propia presencia. Atendiendo a la naturaleza privada de la prueba y su concepción no parece que el tribunal pueda interferir en la proposición de prueba.

Se ha visto que el artículo 429.1 de la LEC, también de aplicación al juicio verbal permite llamar la atención a las partes sobre la falta de probanza de hechos. La proposición de prueba es enteramente de cargo de parte. Resulta difícil concebir que el tribunal pueda perder su imparcialidad de este modo. Al acordar la práctica de una prueba, esta o cualquier otra, estaría adoptando la posición procesal de parte. La decisión lo sería a favor de un litigante en contra de los intereses del otro u otros.

Por tanto, cabe concluir que solo cuando la parte haya propuesto la presencia del perito en el acto o vista de forma fundada como es exigible, el tribunal en la práctica y una vez finalizado el interrogatorio podrá pedir cualquier aclaración o explicación.

IV. LA PRÁCTICA DE LA PRUEBA PERICIAL

Como se ha dicho, la práctica de la prueba pericial responderá a la necesidad y utilidad no bastando una mera exposición o reiteración de lo ya expresado por escrito.

La práctica, en todo caso, exige la citación del perito que podrá realizarse judicialmente o facilitándose justificación al proponente a través de su representación procesal en autos. En cualquier caso, debe constar en autos.

El orden de la práctica está establecido en el artículo 300 de la LEC, no obstante, podría ser alterado por razones prácticas, conforme los[137] intereses de las partes o bien por el propio tribunal para lograr una mejor convicción, pues al clarificar conocimientos técnicos, artísticos, científicos o prácticos podría entenderse el resto de la prueba con mayor facilidad.

---

136. En similares términos se pronuncia GARCIANDÍA GONZÁLEZ, Pedro, «La oralidad en la prueba pericial: el régimen de intervención del perito en juicio a la luz de la doctrina de las audiencias», en *Revista del Colegio de Abogados de La Plata*, ob. cit., págs. 195 y FONT SERRA, Eduardo, *La prueba de peritos en el proceso civil español*, ob. cit., págs. 180 y ss.

137. Salvo que las propias partes, de acuerdo con al artículo 429.5 de la LEC se hayan comprometido a presentarlos en el juicio, como señalan GONZÁLEZ PILLADO, Esther e IGLESIAS CANLE, Inés, «La prueba pericial en la nueva Ley de Enjuiciamiento Civil», en *Revista xurídica galega*, ob. cit., pág. 341.

4.1. Citación y orden en la práctica de prueba

Acordada la práctica de prueba el perito debe ser citado y tiene obligación de comparecer. Solo podrá excusar su asistencia por fuerza mayor o motivos de análoga entidad, debiendo comunicar la incidencia en cuanto la conozca para interesar nuevo señalamiento (art. 183.1 de la LEC)[138].

Sobre la presencia en la sede del juzgado o tribunal, el artículo 169.4 de la LEC en esta materia dispone:

> El interrogatorio de las partes, la declaración de los testigos y la ratificación de los peritos se realizará en la sede del juzgado o tribunal que esté conociendo del asunto de que se trate, aunque el domicilio de las personas mencionadas se encuentre fuera de la circunscripción judicial correspondiente.
>
> Sólo cuando por razón de la distancia, dificultad del desplazamiento, circunstancias personales de la parte, del testigo o del perito, o por cualquier otra causa de análogas características resulte imposible o muy gravosa la comparecencia de las personas citadas en la sede del juzgado o tribunal, se podrá solicitar el auxilio judicial para la práctica de los actos de prueba señalados en el párrafo anterior.

De acuerdo con el orden establecido en el artículo 300 de la LEC para la práctica de la prueba en el juicio, las declaraciones de los peritos tendrán lugar tras el interrogatorio de las partes y los testigos.

A tal efecto, el juez concederá la palabra a los letrados para que, comenzando por el que represente a la parte proponente, procedan al interrogatorio de los peritos conforme a lo dispuesto en el artículo 347 de la LEC, correspondiendo al tribunal dirigir el interrogatorio y ponderar la pertinencia de las preguntas formuladas a los peritos.

No obstante, se puede alterar el orden a petición de parte o de oficio, puesto que en ocasiones resulta más útil empezar el juicio con la declaración del perito para conocer los detalles técnicos y después seguir con el resto de las pruebas. Será la casuística la que vaya determinando el orden apropiado en cada caso.

---

138. Asimismo, deben tenerse presente los parámetros de la falta de comparecencia del perito en sede de juicio o vista conforme el artículo 292.3 de la LEC, de tal forma que el tribunal, oyendo a las partes que hubiesen comparecido, decidirá, mediante providencia, si la audiencia ha de suspenderse o debe continuar. Por su parte, el artículo 193.1.3.º de la LEC regula las opciones de interrupción una vez iniciada la celebración de una vista, incluyéndose los supuestos en que no comparezcan los testigos o peritos citados judicialmente y el Tribunal considere imprescindible la declaración o el informe de los mismos.

4.2. Posibilidad de careo entre peritos

El careo aparece regulado en el capítulo dedicado a la prueba testifical, en concreto el artículo 373 de la LEC bajo el epígrafe «Careo entre testigos y entre estos y las partes» dispone:

> 1. Cuando los testigos incurran en graves contradicciones, el tribunal, de oficio o a instancia de parte, podrá acordar que se sometan a un careo.
> 2. También podrá acordarse que, en razón de las respectivas declaraciones, se celebre careo entre las partes y alguno o algunos testigos.
> 3. Las actuaciones a que se refiere este artículo habrán de solicitarse al término del interrogatorio y, en este caso, se advertirá al testigo que no se ausente para que dichas actuaciones puedan practicarse a continuación.

Es bastante habitual que las partes lo interesen invocando la práctica de la especialidad contenida en el artículo 347.1.5. ° de la LEC, considerando resulta especialmente pertinente cuando se considere relevante que el perito pueda criticar el dictamen de la parte contraria.

Posibilidad de contradecir o criticar el dictamen aportado de contrario que, sin embargo, no debe aceptarse al no estar previsto por la ley desde mi punto de vista.

Además de admitirse, se somete a uno o más profesionales innecesariamente a responder preguntas técnicas sobre otros informes en una suerte de competencia que se aleja de la finalidad de la prueba[139].

No obstante, en algunos tribunales se viene practicando y parte de la doctrina considera su viabilidad al amparo de la posibilidad de crítica, *vid.* artículo 347.1. 5.º de la LEC.

Por otro lado, como afirma ABEL LLUCH[140], no hay duda de la utilidad de este proceder, que puede permitir poner de relieve la debilidad de los razonamientos técnicos de un perito; que éste llegue a rectificar en algún extremo su opinión y resulta ser un medio idóneo para las partes para poder impugnar el resultado de la prueba pericial, así como una importante contribución al principio de contradicción.

---

139. Respecto de la posibilidad de careo, se pronuncia DE MIRANDA VÁZQUEZ, Carlos, «Problemas que plantea la intervención del perito en el acto del juicio o vista», en *Peritaje y prueba pericial*, ob. cit., pág. 161 y 171, quien lo tilda de infrecuente y señala que no siempre arroja resultados aprovechables. Asimismo, véase QUERAL CARBONELL, Anna, «¿Es posible el careo entre peritos? (art. 347.1.5.º de la LEC)», en *La prueba pericial* (ABEL LLUCH y Picó i Junoy, dirs.), J. M. Bosch, Barcelona, 2009, págs. 422 a 432 o DÍAZ FUENTES, Antonio, La prueba en la Ley de Enjuiciamiento Civil, J. M. Bosch, Barcelona, 2012, págs. 309 y ss.

140. ABEL LLUCH, Xavier, «Prueba pericial», en *Estudios Prácticos sobre la Prueba*, Bosch, 2009, núm. 3, pág. 427.

En el mismo sentido otros autores como RIFÁ SOLER[141], PICÓ I JUNOY[142] o GARCÍANDIA GÓNZALEZ[143] justifican su parecer en la posibilidad de proponer crítica cruzada y simultánea de los autores de los informes, es decir, en la propia dinámica del careo, sosteniendo su practicidad bien por utilidad bien por aplicación analógica a estos supuestos de las previsiones existentes para el careo entre los testigos y entre estos y las partes litigantes. Ahora bien, el artículo 373 de la LEC, debido a su parquedad, no aporta solución alguna a estas cuestiones.

Una opinión contraria a la admisión de un careo entre peritos la mantiene RIBELLES ARELLANO[144]. En concreto sostiene que el artículo 373 de la LEC prevé exclusivamente el careo entre testigos y entre estos y las partes y que, si bien en la práctica, frecuentemente, concluidas las periciales se interesa el careo entre los peritos ante las divergencias o contradicciones entre los distintos informes, no cabe el careo entre estos, precisamente por no estar previsto en la Ley. No obstante, añade que hay que tener presente que el artículo 347.1, apartado 5.º, permite a las partes solicitar que el perito emita un juicio y critique el dictamen de la parte contraria.

Partiendo de que pudiera llevarse a cabo, ABEL LLUCH[145] propone una serie de cuestiones para su práctica:

1.- En el caso de careo entre testigos, el artículo 373 de la LEC exige existan graves contradicciones para el caso de testigos y partes y determina que se podrá celebrar «en razón de sus respectivas declaraciones». Propone que la discrepancia, aunque no se manifestara de modo grave, bastaría que sea evidente y que tenga relación con la resolución del pleito.

Si bien, en la medida que lo más habitual sea que siempre existan dichas divergencias entre los peritajes de cada parte, considera este autor que fuera conveniente postergar la posibilidad de un verdadero careo entre peritos hasta que se hayan escuchado las explicaciones y aclaraciones de cada uno sobre su propio informe y estos por separado hayan expuesto sus valoraciones críticas sobre el dictamen de la parte contraria, de modo que si después de estas intervenciones, previstas expresamente en el artículo 347.1 de la LEC, se pone de manifiesto aún alguna o algunas discre-

141. RIFÁ SOLER, José María, «Comentario al artículo 347 de la LEC», en *Comentarios a la nueva Ley de Enjuiciamiento Civil*, Atelier, Barcelona, 2000, tomo II, pág. 1628.

142. PICÓ I JUNOY, Joan, *La prueba pericial en el proceso civil español: Ley 1/2000, de Enjuiciamiento Civil*, ob. cit., pág. 158.

143. GARCIANDÍA GONZÁLEZ, Pedro, «Artículo 347 de la LEC», en *Comentarios a la nueva Ley de Enjuiciamiento Civil*, ob. cit., pág. 1196.

144. RIBELLES ARELLANO, José María, «La Ley de Enjuiciamiento Civil tras dos años de vigencia», en *Estudios de Derecho Judicial*, 2003, núm. 44, pág. 358.

145. ABEL LLUCH, Xavier, «Prueba pericial», en *Estudios Prácticos sobre la Prueba*, ob. cit., pág. 427.

pancias que hacen conveniente, para poder alcanzar una mayor convicción sobre el acierto o no de cada dictamen, una confrontación directa y simultánea entre los peritos sobre cada extremo concreto, podría entonces acordarse un careo entre estos.

Opción que exige que los peritos no puedan retirarse hasta finalizar la práctica de todas las periciales. Si ya se exigió, como se sostuvo, que la parte determinara la finalidad de la prueba y concretara los puntos del dictamen a explicar, aclarar o ampliar, ya debiera haberse podido determinar, igualmente, la necesidad del careo en caso de ser admisible. Como quiera que esta postura no es compartida, entiendo que se complica el desarrollo de la prueba si se espera a la contradicción que ya debió haberse puesto de manifiesto en todos sus puntos.

2.- Respecto al procedimiento o modo de llevar a cabo el careo. El autor propone se siga el trámite del artículo 452 de la LECRIM, es decir, se plasmarán las contradicciones que entre sus declaraciones existen (en este caso informes) y se les invitará a que se pongan de acuerdo, dándoles la palabra.

Acudir como norma supletoria a la LECRIM tampoco sería un recurso legal válido, siendo más bien que la norma supletoria es la LEC (*vid.* art. 4). Lo que, respetuosamente consideramos que consolida la idea del forzado argumento que sostiene la posibilidad de careo.

3. El objeto del careo será el extremo o extremos tratados por los dos peritos en sus respectivos dictámenes en los que exista contradicción a pesar de las aclaraciones en su caso llevadas a cabo.

4. El careo entre peritos se puede acordar tanto a instancia de parte, de acuerdo con los artículos 337.2, 338.2, 347.1 de la LEC, como de oficio por el tribunal, en aplicación del artículo 347.2, habida cuenta que la única limitación que se impone a éste es que no puede acordar de oficio la ampliación de un dictamen —salvo que se trate de los peritos designados de oficio conforme a lo dispuesto en el apartado 5 del artículo 339, esto es en materia de filiación, paternidad y maternidad, sobre la capacidad de las personas o en procesos matrimoniales— de modo que no estaría limitado en ningún caso para acordar la crítica de un dictamen por el perito de la parte contraria ni, por tanto, el careo entre peritos.

No obstante, la interpretación dada del artículo 347.2 de la LEC plantea algunas dudas al respecto, pues, conforme la opinión manifestada *ut supra*, debe ceñirse exclusivamente a solicitar del autor del dictamen aclaraciones o explicaciones, pero en modo alguno exigir su presencia en el juicio vista. Si bien es cierto que, una vez acordada su intervención, vistos los parámetros descritos, podrá proceder conforme a dicho precepto.

5. Finalmente como consecuencia lógica, el careo afectará tanto al perito de parte como al de designación judicial, en la medida que el artículo 347.1.5 de la LEC se refiere al «dictamen de que se trate».

Incluso es habitual plantear como posible la contradicción de periciales de la misma parte, en algún punto concreto, desde la perspectiva del juzgador para llegar a conocer y entender el dictamen.

A modo de conclusión, como se ha sostenido al inicio de este apartado, no previsto el careo entre los peritos, no debiera llevarse a cabo. En caso de proposición de parte, debiera ser denegado por las razones expresadas, pues su practicidad conllevaría una serie de problemas no resueltos de manera satisfactoria. Su acuerdo, aun puntual y ajustado a las específicas circunstancias del caso concreto, podría ocasionar graves e indeseables situaciones de inseguridad jurídica a las partes.

El careo entre peritos excedería de la mera crítica prevista en el apartado 5.º del artículo 347.

No obstante, sin desdeñar la finalidad pretendida con tales razonamientos, esta se podría alcanzar a través del interrogatorio individual del perito pues, en definitiva, la idea subyacente consistiría en interesar la oportuna aclaración de conceptos técnicos indispensables para la comprensión del dictamen y resolución del litigio.

En este sentido, cabe cita de la SAP de Granada 113/2006, de 3 de marzo (FJ 2.º), que dijo:

> (...) se denunció infracción del artículo 347 de la LEC, en razón a no haber admitido la juzgadora *a quo*, la intervención cruzada y simultanea de ambos peritos médicos, lo que entiende le ha generado indefensión y justifica, a su criterio, la declaración de nulidad de actuaciones interesada (...) Referido todo ello sobre el caso de autos, debemos resaltar que aquí ambos peritos intervinieron en el juicio, teniendo las partes la posibilidad y así lo hicieron, de interrogarles sobre las cuestiones de su interés, por lo que entendemos que quedó cumplido plenamente el derecho a defensa de las mismas sin limitación de ningún tipo y además, aplicadas correctamente las previsiones del artículo 347 de la LEC EDL, que en ningún caso prevé un «careo» de peritos, que es lo que realmente pretende la recurrente, que entendemos fue lógica y razonablemente denegado por el Juzgado, sin que ello comporte vulneración procedimental ni desde luego, en las circunstancias de autos, pueda originar indefensión.

Asimismo, la SAP de Barcelona 60/2015 de 18 de febrero (FJ 2.º), que dijo:

> (...) que, a diferencia de lo que ocurre con la prueba de testigos, el careo de peritos ni siquiera está previsto legalmente. Pero es que aquí, ni siquiera se pretendió aquél, porque lo que solicitó el demandante fue que a la vista de lo que el perito de la demandada declaró diligencia final, se acordara como nueva diligencia final una segunda declaración de su perito, lo que no tiene ningún encaje legal». La SAP de Madrid 53/2015 de 12 de febrero (FJ 1.º), que habla de «la mal llamada diligencia de careo de peritos». Y finalmente la SAP de Cádiz 141/2019, de 8 de octubre (FJ 2.º), que sostuvo que «en cuanto a la irregularidad en la prueba

de "careo de peritos", inexistente como tal en nuestra ley procesal civil, hay que tener en cuenta que, respecto a la prueba, que la fase probatoria está presidida por la máxima libertad de las partes y de los jueces —siempre que se respeten el derecho de defensa y el principio de igualdad— y por la máxima flexibilidad. En este supuesto se han respetados los principios de igualdad, audiencia, contradicción y defensa, pues se han cumplido las normas del procedimiento y sin que la actora haya formulado alegación expresa alguna con respecto a la contravención de los citados principios, por lo que el motivo no puede prosperar, ya que el careo estuvo presidido por el juzgador, haciendo uso de sus facultades en las vistas y juicios, sin que esta sala en ningún momento, aprecie más que explicaciones que los peritos daban a las preguntas que se les hacía, no siendo cierto que uno de los peritos apabullara o intimidara al otro, sino solo que mostró más seguridad en su conclusiones y en su informe, mostrando el perito de la actora dudas, que ha valorado la juzgadora, que no inseguridad al verse intimidado.

Ello debemos conectarlo con la valoración de la prueba pericial, que la apelante impugna, obviando la jurisprudencia del Tribunal Supremo que, en sentencia de 19 de marzo de 2014, indica que:

> Hay que tener en cuenta, por otro lado, que la prueba pericial no es en nuestro sistema objeto de una valoración tasada, sino ajustada a las reglas de la sana crítica —art. 348 de la LEC y sentencias 940/2011, de 15 de diciembre, 160/2012, de 16 de marzo, 292/2012, de 27 de abril, entre otras muchas— esto es, a criterios fundados en la lógica y en la experiencia». El alto tribunal, en sentencia de 20 de mayo de 2016, remitiéndose a sentencias de 30 de julio de 2.008 y de 22 de julio de 2009, entre otras, reitera e incide en que la prueba pericial debe ser apreciada por el juzgador según las reglas de la sana crítica, que como módulo valorativo establece el artículo 348 de la LEC, pero sin estar obligado a sujetarse al dictamen pericial, y sin que se permita la impugnación en el recurso extraordinario a menos que la misma sea contraria, en sus conclusiones, a la racionalidad y se conculquen las más elementales directrices de la lógica (en este sentido, Sentencias 320/2012, de 18 de mayo, y 635/2012, de 2 noviembre).

4.3. Contenido de la intervención del perito

El artículo 347 de la LEC como se verá ofrece un listado de intervenciones del perito que no puede considerarse cerrado o *numerus clausus*[146]. La parte podrá pedir lo que sea útil a su presencia como se deduce de la expresión «especial» que precede al referido listado.

146. En el mismo sentido, GONZÁLEZ PILLADO, Esther e IGLESIAS CANLE, Inés, «La prueba pericial en la nueva Ley de Enjuiciamiento Civil», en *Revista xurídica galega*, ob. cit., pág. 342, quienes además ponen de relieve que el legislador pretende esta regulación que el resultado de la prueba pericial quede lo más claro y delimitado posible, con plena contradicción.

Las preguntas a los peritos pueden versar sobre la exposición del dictamen en su conjunto, alguno de sus puntos o sus conclusiones, la aportación y empleo de materiales, elementos y procedimientos empleados en su realización y también podrá solicitarse la crítica del dictamen de la parte contraria, a la que ya se ha hecho referencia. Las preguntas formuladas a los peritos permiten conocer el proceso de elaboración de su dictamen y el sentido de los términos o fórmulas utilizadas, lo cual en algunos casos puede resultar relevante.

Respecto de la solicitud para que el dictamen sea ampliado a otros puntos conexos, se exige la resolución del tribunal sobre la procedencia de ampliar el dictamen emitido.

Así, las partes podrán solicitar al tribunal que el perito amplíe el dictamen a otros puntos conexos, ya que el juez no puede acordar de oficio tal ampliación, salvo en el supuesto que excepciona el artículo 347 párrafo 2 de la LEC.

Seguidamente, el juzgador, si lo considera pertinente y útil, preguntará al perito, según dispone la ley, para conocer su opinión sobre la posibilidad y utilidad de la ampliación, y sobre el plazo necesario para llevarla a cabo. El juez tras realizar esta pregunta decidirá en consecuencia, si el perito puede extender su informe según se le solicita en ese momento. Si no fuera posible deberá decidir si procede la suspensión del juicio a tal efecto, que debe ser excepcional, y dará lugar a la reanudación del juicio en el término de veinte días; en caso contrario procederá tanto la celebración de nueva vista (art. 193), como también la práctica de la ampliación como diligencia final si concurren los requisitos legalmente exigidos (art. 435.2).

La ley no parece haber contemplado la posibilidad de modificar el contenido de la comparecencia solicitada por las partes en el mismo acto del juicio, si bien, parece razonable que las partes puedan hacerlo y el juez, si es pertinente y útil, deba acordarla.

A tal fin, GUZMAN FLUJA[147], entiende también que, «la flexibilidad de un procedimiento oral aconseja que las partes puedan interesar del juez, incluso durante el interrogatorio y a la vista de lo que en él se deponga por el perito, las explicaciones, aclaraciones, rectificaciones y ampliaciones que consideren oportunas, y sean estimadas útiles y pertinentes, sin que hayan de quedar vinculadas por una petición inicial cuya naturaleza debe ser meramente indicativa, y sin que quepa encorsetar el interrogatorio más allá de lo deseable para garantizar adecuadamente el derecho de defensa. De hecho, el artículo 347.2 sólo prohíbe al tribunal que amplíe

147. GUZMÁN FLUJA, Vicente, «Actuación de los peritos en el juicio o vista», en *El proceso civil*, ob. cit., pág. 4.

el objeto de la comparecencia del perito cuando pretenda esa ampliación de oficio, lo que da a entender que si la proponen las partes podrá acordarla, en especial cuando consienten las dos. Por tanto, la intervención del perito en el acto del juicio o vista, será la que el juez determine en función de lo interesado por las partes, debiendo el juez rechazar las preguntas o solicitudes impertinentes o inútiles».

4.4. La intervención del perito en el ámbito del juicio ordinario y del juicio verbal

Aunque la regulación anterior a 2015 del juicio verbal permitía analizar algún tipo de diferencia entre uno y otro juicio, actualmente podemos afirmar que son inexistentes, a salvo la fase intermedia del juicio ordinario con celebración de audiencia previa.

Tanto en uno como en otro, la práctica de prueba es idéntica una vez admitida la comparecencia del perito en el acto o vista.

Por este motivo se prescindirá de exponer los problemas que esta prueba generaba cuando la contestación a la demanda se hacía de forma oral el mismo día señalado para el juicio.

El legislador se inspira en el principio de justicia rogada y establece que la actividad que haya de desplegar el perito venga determinada por las solicitudes de las partes, siempre que el juez las considere pertinentes y útiles por su finalidad y contenido[148]. Al respecto, dispone el artículo 347 de la LEC[149]:

> En especial, las partes y sus defensores podrán pedir:
> 1.º Exposición completa del dictamen, cuando esa exposición requiera la realización de otras operaciones, complementarias del escrito aportado, mediante el empleo de los documentos, materiales y otros elementos a que se refiere el apartado 2 del artículo 336.
> 2.º Explicación del dictamen o de alguno o algunos de sus puntos, cuyo significado no se considerase suficientemente expresivo a los efectos de la prueba.

148. GONZÁLEZ PILLADO, Esther e IGLESIAS CANLE, Inés, «La prueba pericial en la nueva Ley de Enjuiciamiento Civil», en *Revista Xurídica Galega*, ob. cit., pág. 342.

149. Sobre la confusión que genera el contenido de los citados preceptos, arts. 346 y 347 de la LEC, puede consultarse ASENCIO MELLADO, José María, «De los medios de prueba y las presunciones (arts. 299 a 386)», en *Proceso Civil Práctico: comentarios a la Ley 1/2000, de 7 de enero, de Enjuiciamiento Civil* (GIMENO SENDRA, dir.), 2018, vol. 2, tomo 1, págs. 945 a 1399; GARCIANDÍA GONZÁLEZ, Pedro, «La oralidad en la prueba pericial: el régimen de intervención del perito en juicio a la luz de la doctrina de las audiencias», en *Revista del Colegio de Abogados de La Plata*, ob. cit., págs. 187 y ss.; FLORES PRADA, Ignacio, *La prueba pericial de parte en el proceso civil*, ob. cit., págs. 301 y ss.; GUZMÁN FLUJA, Vicente, «Comentario al artículo 347», en *El proceso civil*, ob. cit., pág. 2525 y 2526 o TEJEDOR MUÑOZ, Luis Carlos, «Del dictamen de peritos», en *Comentarios a la Ley de Enjuiciamiento Civil* (Toribio Fuentes, dir.), Lex Nova, Valladolid, 2012, págs. 570 a 586.

3.º Respuestas a preguntas y objeciones, sobre método, premisas, conclusiones y otros aspectos del dictamen.

4.º Respuestas a solicitudes de ampliación del dictamen a otros puntos conexos, por si pudiera llevarse a cabo en el mismo acto y a efectos, en cualquier caso, de conocer la opinión del perito sobre la posibilidad y utilidad de la ampliación, así como del plazo necesario para llevarla a cabo.

5.º Crítica del dictamen de que se trate por el perito de la parte contraria.

6.º Formulación de las tachas que pudieren afectar al perito...

De esta forma, es posible sostener con GUZMAN FLUJA[150] que, «como crítica general, debe señalarse que la regulación de la comparecencia de los peritos en el juicio responde a un planteamiento excesivamente rígido, que recuerda en cierto modo la anticipación de los pliegos de preguntas al interrogatorio del perito. El contenido de la comparecencia es un problema fundamentalmente de límites, aunque la LEC parece recoger un elenco de posibilidades con ánimo exhaustivo. Ello no sólo limita la viveza y espontaneidad del interrogatorio, sino que parece sujetar a las partes a un interrogatorio previamente anunciado».

En el apartado primero se hace referencia a la exposición completa del dictamen, debiendo rechazarse que esto suponga su lectura completa[151]. Se trataría más bien de dar una explicación al sentido del mismo en los casos en que fuere necesario, por la envergadura del informe o carácter más técnico de la documental anexa, gráficos u otros elementos sustentadores de las conclusiones.

El apartado segundo se refiere a la propia explicación cuando requiera realización de operaciones complementarias o empleo de elementos del artículo 336.2 de la LEC. En definitiva, aclaraciones propiamente dichas.

El apartado tercero recoge preguntas u objeciones sobre aspectos del dictamen. Ilustrar sobre el procedimiento seguido. En este punto, el protagonismo lo tendrán las partes pues debe tratarse sobre cuestiones incluidas en el dictamen, no aclaraciones o ampliaciones propias del apartado anterior y siguiente.

---

150. GUZMÁN FLUJA, Vicente, «Actuación de los peritos en el juicio o vista», en *El proceso civil*, ob. cit., pág. 4.

151. En similares términos, DE MIRANDA VÁZQUEZ, Carlos, «Problemas que plantea la intervención del perito en el acto del juicio o vista», en *Peritaje y prueba pericial*, ob. cit., pág. 167, quien sostiene que carece de sentido dicha opción. Tampoco que se efectúe una explicación del contenido, puesto por escrito, pero empleando otras palabras. Asimismo, añade que «la doctrina ha entendido que su utilidad radica en que el experto explique documentos, datos y materiales acompañados al dictamen. En mi opinión, esas explicaciones deberían haberse dado en el propio dictamen y no en el momento de la intervención del perito en la sala de vistas, pudiendo aprovechar la oportunidad para introducir información inédita hasta el momento, generando evidente indefensión a la contraparte».

El apartado cuarto recaba solicitudes de ampliación del dictamen a otros puntos concretos, siempre que se pudiera llevar a cabo en el mismo acto. En cualquier caso, se pretende conocer la opinión del perito sobre la posible y útil ampliación en aras a determinar el plazo necesario para su realización.

Si fuere posible la ampliación en el acto se hará, pero si no fuera posible, deberá suspenderse el juicio en caso de ser necesario y otorgar plazo para llevarla a cabo.

Este precepto incluye una nueva oportunidad de ampliación que puede resultar distorsionadora de las fases que le preceden. Así resulta si al proponer prueba hubo esta oportunidad. Se parte de la necesidad de concretar y determinar la necesidad de intervención del perito por el proponente de la prueba como requisito de admisibilidad. Sin embargo, la propuesta genérica de presencia para someter a contradicción o explicación del dictamen, bastante frecuente, resulta insuficiente.

Por tanto, la posible ampliación ha de haber sido ya puesta de manifiesto por el interesado y el perito en consecuencia ya ha sido citado con esta información. En el momento del juicio ya tendrá las respuestas dadas o habrá podido informar al tribunal de los plazos necesarios para la emisión de esa ampliación. Todo ello, sin perjuicio de que en el juicio pueda aclararla o explicarla.

Si no obstante lo anterior y teniendo en cuenta los momentos preclusivos de esta prueba, se hiciere patente la necesidad de aclaraciones en el juicio o vista deberá vigilarse su objeto y finalidad concienzudamente con el fin de evitar la introducción de hechos que supongan modificaciones fácticas o de Derecho no permitidas. De otro modo se ocasionaría indefensión a la parte contraria.

En definitiva, no cabe ampliación sobre elementos que pudieron ser objeto del informe al momento del encargo o designación judicial o en su caso determinados al proponer la prueba a raíz de hechos nuevos o de nueva noticia[152].

El apartado quinto se refiere a la crítica del dictamen aportado por la parte contraria. Debe pensarse aquí en el perito de la actora pues la demandada ya tuvo a su vista el contrario y realizó con toda seguridad consideraciones sobre sus conclusiones (práctica bastante frecuente). Si se interpreta literalmente la norma, la intervención del perito en el acto o vista será siempre necesaria cuando se pretenda la aludida critica. Excluido el careo como se concluyó anteriormente.

152. Sobre la posibilidad de ampliación del dictamen acordada de oficio puede verse GUZMÁN FLUJA, Vicente, «Actuación de los peritos en el juicio o vista», en *El proceso civil*, ob. cit., pág. 5.

El apartado sexto se refiere a la formulación de tachas que pudieran afectar al perito, lo que conecta con el artículo 343 de la LEC sobre tiempo y forma de las tachas que impide su formulación después del juicio o de la vista, en los juicios verbales. Si se tratare de juicio ordinario, las tachas de los peritos autores de dictámenes aportados con demanda o contestación se propondrán en la audiencia previa al juicio[153].

La dinámica del juicio verbal pasa por la celebración de juicio y práctica de prueba sin solución de continuidad por ello este apartado quedaría reducido a esta posibilidad.

Una de las modificaciones introducidas en la LEC por la Ley 42/2015 ha consistido como es sabido en la reforma del juicio verbal, en el que se introduce contestación escrita y celebración de juicio cuando al menos una de las partes así lo interese, en todo caso, o el tribunal lo estime necesario (*vid.* art. 438.4 de la LEC). Por tanto, la estructura, con la salvedad de la audiencia previa, es similar a la del juicio ordinario.

En la demanda, que en los casos en los que el juicio verbal exija la intervención de Abogado y Procurador se seguirá la forma y estructura de la demanda ordinaria, y la contestación de la demanda, será escrita y se evacuará dentro de los diez días siguientes a la notificación de la demanda. La aportación documental se rige por los artículos 265 y ss. de la LEC, y la prueba pericial por las normas objeto de estudio, *vid.* artículos 335 y ss. de la LEC.

Por tanto, la proposición de elaboración de dictámenes por peritos designados a través del tribunal se realiza en la propia demanda y contestación, lo que a su vez posibilita que la evacuación de dichos dictámenes tenga lugar antes de la vista.

La doctrina no es unánime en cuanto a la posible ampliación del objeto a raíz de la comparecencia del perito. Cuestión planteada, así GARBERÍ LLOBREGAT[154] considera que «la intervención de los peritos en la vista únicamente podrá extenderse a lo que constituya el objeto de su dictamen, sin que, por tanto, las partes puedan (ni el tribunal las admita) formular preguntas que no tengan que ver directa e inmediatamente con su pericia sino con otros extremos del conflicto sometido a los tribunales».

153. Crítico que dicha posibilidad, se muestra GUZMÁN FLUJA, Vicente, «Actuación de los peritos en el juicio o vista», en *El proceso civil*, ob. cit., pág. 4 , para quien «si en el juicio ordinario las partes conocen los dictámenes con cinco días de antelación al inicio del juicio, no hay razón para que la formulación de la tacha se dilate hasta el interrogatorio del perito, sobre todo si para acreditar o contradecir la tacha se permite prueba, para cuya práctica será necesario interrumpir el juicio si la parte a quien perjudica quiere aportar documentos que la contradigan».

154. GARBERÍ LLOBREGAT José y BUITRÓN RAMÍREZ Guadalupe, *La prueba civil*, Tirant lo Blanch, Valencia, 2004, pág. 427.

Otros autores como ARAGÓ HONRUBIA[155] consideran por el contrario que

> (...) conforme al apartado 4.º del artículo 347.1 de la LEC se abriría la pericia a extremos que, sin estar directamente desarrollados en el dictamen, ni ser objeto directo de la pericia, sin embargo, indirectamente guardan relación con ella o bien son extremos íntimamente vinculados. Si bien por medio de este procedimiento no podrán las partes introducir en el proceso cuestiones que no sean objeto del mismo. Quizá pueda delimitar la cuestión la conexidad, el alcance del hecho conexo, a efectos de ponderar la utilidad y pertinencia necesarias en su caso. Habrá que atender al matiz de las preguntas formuladas, inadmitiéndose aquellas que se limiten a manifestaciones de opiniones. El perito ha de responder por tanto a las preguntas que se le formulen y sean declaradas pertinentes y útiles. Si no lo hiciere o respondiere de forma evasiva o con negativas la cuestión no está resuelta en el artículo 347 de la LEC, por lo que debe acudirse a las normas generales o la analogía. Esto es a los artículos 118 CE y 11 LOPJ y como norma general al artículo 247 de la LEC sobre las reglas de la buena fe y posible imposición de multas. La buena fe deviene, por consiguiente, una auténtica obligación procesal que tiene por finalidad asegurar el debido cumplimiento de los objetivos perseguidos por el proceso.

De esta forma, el apartado 3 del artículo 247 de la LEC reza:

> Si los tribunales estimaren que alguna de las partes ha actuado conculcando las reglas de la buena fe procesal, podrá imponerle, de forma motivada, y respetando el principio de proporcionalidad, una multa que podrá oscilar de 180 a 6.000 euros, sin que en ningún caso pueda superar la tercera parte de la cuantía del litigio.

Por su parte, el apartado 4 dispone:

> Si los tribunales entendieren que la actuación contraria a las reglas de la buena fe podría ser imputable a alguno de los profesionales intervinientes en el proceso, sin perjuicio de lo dispuesto en el apartado anterior, darán traslado de tal circunstancia a los Colegios profesionales respectivos por si pudiera proceder la imposición de algún tipo de sanción disciplinaria.

En conjunción con el apartado 1 del citado precepto que dice:

> Los intervinientes en todo tipo de procesos deberán ajustarse en sus actuaciones a las reglas de la buena fe.

Sobre la aplicabilidad de las anteriores reglas, deberá concurrir previo apercibimiento en Sala al respecto, haciéndole saber al perito que podría imponerse la sanción de multa en caso de no responder o hacerlo con evasivas o negativas. Esta previsión existe además en materia probatoria para el interrogatorio de parte en el artículo 307 de la LEC.

---

155. ARAGÓ HONRUBIA Ivana, «La intervención judicial del perito en la vista», en *Aspectos prácticos de la prueba civil*, ob. cit., pág.11.

No obstante, existe debate doctrinal sobre la aplicación del artículo 247 de la LEC por cuanto se considera que la obligación procesal estricta, generadora de la sanción de multa, sólo es predicable respecto de los litigantes, por así disponerlo literalmente el apartado tercero del citado precepto.

Como señala GIMENO SENDRA[156], «el principio de tipicidad, de cardinal importancia en la aplicación de las disposiciones sancionadoras, exige la descripción expresa de la conducta infractora y la misma sólo es identificada nominalmente en dicho apartado. Otra cosa es la consideración del sentido más amplio de deber ético que sí puede afectar a otros intervinientes, como sería el caso de los peritos. La consecuencia de esta perspectiva es que el incumplimiento de este último no generaría la responsabilidad disciplinaria sancionable».

En sentido contrario, sostiene BANACLOCHE PALAO[157] «una visión más amplia de la aplicación del precepto sí permitiría la inclusión en su ámbito de aplicación de la multa a la figura, entre otras, del perito. Consiguientemente, la regla de la buena fe debería ser observada por los distintos sujetos que participan en el desarrollo del proceso. Cualquier desviación como la vista podría informar la imposición de multas con los cauces procesales y garantías que le son propios».

En este sentido, la SAP de Castellón 66/2007, de 26 de marzo (FJ 2.º), se pronuncia expresamente por la posibilidad de imposición de sanción económica al particular o al profesional, sin perjuicio de que, respecto de este último, pueda además derivar tanto de culpa al colegio profesional.

4.5. Diligencias finales

Las diligencias finales se regulan sobre presupuestos distintos de las diligencias para mejor proveer, probablemente no tanto para preservar una ordenada estructura del proceso y salvaguardar los principios de concentración y oralidad, como anticipa la exposición de motivos de la LEC, cuanto para zanjar la «practica viciosa y un tanto extendida (STS 5/2001 de 16 enero —FJ 3.º—), derivada de usos incorrectos (abuso de la formula para mejor proveer en la admisión o denegación de la prueba), usos dilatorios (para alargar los plazos) o usos arbitrarios (no justificar su adopción).

Sin embargo, las diligencias finales aún conservan vestigios de aquellas, como por ejemplo el plazo para acordarlas, la necesidad de suspender el plazo para dictar sentencia, su indiscutible naturaleza probatoria,

156. GIMENO SENDRA, Vicente, «Arts. 281 a 386», en *Proceso Civil Práctico*, La Ley, Madrid, 2002, tomo IV, pág. 370.

157. BANACLOCHE PALAO, Julio, «Prueba pericial», en *La prueba civil* (con Garberí Llobregat), Tirant lo Blanch, Valencia, 2004, pág. 797.

la intervención preceptiva de las partes durante su práctica o la posibilidad de las partes de presentar un escrito resumen sobre su alcance.

El acuerdo de práctica no resulta obligatorio pues será el titular del órgano judicial quien decida una vez practicadas todas las pruebas y al estudio para dictado de sentencia si la prueba es necesaria y útil. En este caso es donde se plantea la intervención del perito.

No se practicarán desde luego si la prueba no se interpuso en tiempo y forma o cuando el tribunal hizo uso de la facultad que le atribuye el artículo 429.1 de la LEC, por preclusión o pérdida de oportunidad, debiendo estarse a lo dispuesto en el artículo 435.1 de la LEC a estos efectos, requisitos aplicables a cualquier otra prueba, es decir, la existencia de hechos nuevos o de nueva noticia o imposibilidad de práctica por causas ajenas de quien la propuso.

Excepcionalmente el apartado 2 del mismo precepto permite acordar, de oficio o a instancia de parte, prueba sobre hechos relevantes oportunamente alegados si los actos de prueba anteriores no hubieran resultado conducentes a causa de circunstancias ya desaparecidas o independientes de la voluntad o diligencia de las partes, siempre que existan motivos fundados para creer que las nuevas actuaciones permitirán adquirir certeza sobre aquellos hechos. En todo caso deben expresarse detalladamente aquellas circunstancias o motivos.

A nuestro juicio, esta posibilidad puede entenderse subsumida por el artículo 347.1. 4.º de la LEC comentado más arriba.

Por tanto, el escenario para acordar la prueba pericial como diligencia final no se daría con la fase procesal previa. No obstante, algunos tribunales han sostenido su viabilidad. Al respecto cabría cita de la SAP de Santa Cruz de Tenerife 423/2005, de 14 de noviembre (FJ 2.º) donde la prueba practicada en primera instancia tuvo otro objeto por error y se solicitó la adecuada mediante diligencia final. Denegada que fue, en segunda instancia se entendió útil, sin que se produzca indefensión por cuanto pudieron intervenir todas las partes.

Obviamente el espíritu y finalidad de la diligencia final no es éste, si bien, como indica GUZMAN FLUJA[158], «la LEC podría haber llegado a la solución contraria, permitiendo que el tribunal acuerde de oficio la comparecencia de los peritos cuyos dictámenes se aportaron inicialmente o que fueron designados por las partes en el acto del juicio, al introducirse hechos nuevos o de nueva noticia (art. 286 de la LEC). Y ello porque la conveniencia y utilidad de la comparecencia de los peritos no guarda relación con el procedimiento de

158. GUZMÁN FLUJÁ, Vicente, «Actuación de los peritos en el juicio o vista», en *El proceso civil*, ob. cit., pág. 2. Asimismo, FLORES PRADA, Ignacio, «La prueba pericial», en *La prueba*, ob. cit., pág. 352 a 440.

designación sino con la mayor claridad y comprensión del dictamen, de tal suerte que las dudas, las oscuridades, o la utilidad de una explicación más detallada pueden surgir de cualquier tipo de dictamen, con independencia de cómo haya sido designado el perito. Si se pretende que el tribunal comprenda del mejor modo posible el dictamen, no hay explicación razonable para que en un caso pueda acordar de oficio la comparecencia, mientras que en otro quede condicionado por la solicitud de las partes».

Otra opción por desdeñar será la ampliación de informes a través de esta vía. La posibilidad de intervención de oficio en esta clase de prueba es incompatible.

Según Lorca Navarrete[159], «la finalidad de estas diligencias finales no es la de atribuir al órgano jurisdiccional la facultad, más o menos extensa, de practicar prueba de oficio. Mediante las diligencias finales lo que se pretende es dar otra oportunidad a la parte que, a pesar de haber desarrollado una diligente actividad durante el periodo probatorio no ha podido finalmente practicar los medios probatorios que propuso».

V. LA PRÁCTICA DE LA PRUEBA PERICIAL EN SEGUNDA INSTANCIA

La práctica probatoria no se restringe únicamente a la primera instancia. Durante la segunda instancia, en sede de apelación, se permite tal oportunidad probatoria. Y es que el artículo 460.2 de la LEC señala que en el escrito de interposición del recurso de apelación se podrá solicitar la práctica de las pruebas siguientes: las que hubieren sido indebidamente denegadas en la primera instancia, siempre que se hubiere intentado la reposición de la resolución denegatoria o se hubiere formulado la oportuna protesta en la vista (apartado primero); las propuestas y admitidas en la primera instancia que, por cualquier causa no imputable al que las hubiere solicitado, no hubieren podido practicarse, ni siquiera como diligencias finales (apartado segundo); y las que se refieran a hechos de relevancia para la decisión del pleito ocurridos después del comienzo del plazo para dictar sentencia en la primera instancia o antes de dicho término siempre que, en este último caso se haya tenido conocimiento de ello con anterioridad (apartado tercero).

5.1. Recurso de apelación

Tal como se anticipa en la exposición de motivos de la LEC, se ha optado por el modelo de apelación limitada, de modo que el tribunal de apelación goza de la misma libertad para valorar la prueba practicada

159. Lorca Navarrete, Antonio María, «La regulación de las diligencias finales del juicio ordinario en la nueva de la LEC», en *La Ley*, Wolter Kluwers, Madrid, 2000, núm. 3, pág. 1804 a 1807.

en la instancia sin necesidad de su reiteración y puede incluso practicar nuevas pruebas en los supuestos del artículo 460 de la LEC (prueba indebidamente denegada en la instancia contra la que se formuló protesta; pruebas admitidas y no practicadas en primera instancia; prueba sobre hechos ocurridos durante la primera instancia; y las pruebas del rebelde), sin olvidar que en los procesos no dispositivos el tribunal podrá decretar de oficio cuantas pruebas estime necesarias, tanto en primera instancia como en segunda instancia (art. 752.3 de la LEC)[160].

A través del recurso de apelación y en el escrito de interposición del recurso se puede volver a solicitar la prueba pericial y la admitida o no practicada practicada, *vid.* artículo 460.2 de la LEC o en el de impugnación de la sentencia *vid.* artículo 461.3 de la LEC.

En todo caso ha de hacerse expresión de la causa que justifique el recurso y la pretensión que sobre la prueba se quiere hacer valer. Previamente ha de haberse interpuesto recurso de reposición ante la inadmisión de prueba en primera instancia alegando infracción de conformidad con lo dispuesto los artículos 451 y siguientes de la LEC, con expresión en el caso de inadmisión de protesta, *vid.* art. 460.2.1 de la LEC, o bien la prueba se haya admitido, pero, por cualquier causa no imputable al recurrente, no se haya podido practicar, ni como diligencia final (art. 460.2.2 de la LEC).

De admitirse la prueba, deberá seguirse el procedimiento de nombramiento de designación judicial o de parte. En el primer caso la designación seguirá el cauce procedimiento previsto en los artículos 341 y 342 de la LEC, y una vez nombrado el perito y previo cobro de la provisión de fondos, este efectuara el dictamen, quien deberá intervenir en la vista de la apelación —si así lo estima oportuno el tribunal, a instancia de parte (art. 346 de la LEC) o bien de oficio (art. 346 *in fine* de la LEC en relación con el artículo 464.2 del mismo texto legal)—, y tendrá que responder a las preguntas y observaciones que se le formulen en función de lo previsto en el artículo 347 de la LEC. Por tanto, la práctica es idéntica a la que se hubiera llevado a cabo en la primera instancia.

En consecuencia, señala Picó i Junoy[161], «de estimarse la petición del recurrente, deberá procederse a practicar la prueba pericial sin necesidad de decretarse nulidad de actuaciones de ningún tipo. Ello tiene sentido en la medida en que la apelación se configura, en nuestro sistema procesal, como una *revisio prioris instantiae* en la que el juzgador *ad quem* puede dictar sentencia apreciando el resultado alcanzado tanto con la prueba practicada en segunda instancia, como con los distintos medios probatorios realizados ante el juez *a quo*».

---

160. Abel Lluch, Xavier, *La prueba pericial*, ob. cit., pág. 180.

161. Picó i Junoy, Joan, *La prueba pericial en el proceso civil español: Ley 1/2000, de Enjuiciamiento Civil*, ob. cit., pág. 136.

Si la Audiencia Provincial deniega la prueba pericial, contra el auto denegatorio deberá interponerse entonces recurso de reposición (arts. 206.2, 451 y 464.1 de la LEC), instrumento válido no sólo para permitir que la Audiencia revise su decisión, sino también para subsanar el eventual defecto en que haya podido incurrir el peticionario de las pruebas. Además, la interposición de este recurso se configura como requisito imprescindible para que el recurrente pueda, posteriormente, denunciar la infracción del derecho a la prueba mediante el recurso extraordinario por infracción procesal (art. 469.1.4 de la LEC) y en amparo. En síntesis, el mecanismo es idéntico a aquel que permite la apelación

5.2. Recurso extraordinario por infracción procesal

La denegación o no practica de la prueba pericial puede denunciarse a través del recurso extraordinario por infracción procesal ante el Tribunal Supremo o el Tribunal Superior de Justicia que corresponda en su caso.

El recurso podrá fundamentarse en el motivo 3.º del artículo 469 de la LEC, es decir, en la concurrencia de una eventual infracción de las normas legales que rigen los actos y garantías del proceso cuando la infracción determinare la nulidad conforme a la ley o hubiere podido producir indefensión.

A tal fin, cabría también alegación de vulneración del derecho a la prueba reconocido en el artículo 24 CE, siempre que se haya denunciado oportunamente en la instancia y cuando, de haberse producido en la primera, la denuncia se haya reproducido en la segunda instancia como exige el artículo 469.2 de la LEC[162].

La jurisprudencia más reciente de la Sala Primera del Tribunal Supremo viene sosteniendo que la disconformidad con la valoración de la prueba pericial efectuada por el tribunal de apelación debe impugnarse, cuando sea posible su presentación, por la vía del recurso extraordinario por infracción procesal y no por la vía del recurso de casación, habiéndose dictado ya, bajo tal argumento, numerosos autos de inadmisión de recurso de casación[163].

Según la doctrina jurisprudencial, para que el recurso sea estimado, debe razonarse la pertinencia y necesidad del dictamen pericial, así como el pleno respeto de las normas procedimentales en la proposición de esta prueba.

Por esta razón para enjuiciar la vulneración del derecho a la prueba, resulta imprescindible que se indique el objeto del dictamen pericial y

162. Martín de la Leona Espinosa, *La nulidad de actuaciones en el proceso civil*, Colex, Madrid, 1991, pág. 163 y 164.

163. Abel Lluch, Xavier, *La prueba pericial*, ob. cit., pág. 182.

la finalidad que pretendía alcanzarse con el mismo. De cumplirse estos requisitos previos se podrá conocer la eventual vulneración del derecho a la prueba. Si bien en principio los juicios referentes a la pertinencia del medio probatorio corresponden al juez *a quo* —según la jurisprudencia emanada del Tribunal Supremo en materia de casación ha revisado la valoración y juicio de razonabilidad de la decisión del juez de instancia[164].

La estimación del recurso extraordinario por infracción procesal supone la anulación de la sentencia recurrida y la devolución de la causa al tribunal que proceda, para que reponga las actuaciones al estado y momento en que se hubiere incurrido en la vulneración del derecho a la prueba *vid.* artículo 476.2.4 de la LEC. Este sería el momento de admisión o práctica de la misma en desarrollo de la presencia del perito en el acto vista del artículo 427 de la LEC.

En este caso, autores como Picó i Junoy[165], sostienen que «sería causa de abstención para el juez que conoció del asunto. En la medida en que exige el reenvío de actuaciones al juez que ya ha dictado sentencia con anterioridad, lo que debería comportar su sustitución por el legalmente previsto, a fin de proteger su debida imparcialidad. Esta tesis es mantenida por la jurisprudencia del TS, si bien se limita incomprensiblemente a su Sala Segunda, y se fundamenta en una interpretación amplia de la doctrina configurada por el TEDH y el TC acerca de la necesaria imparcialidad objetiva del juzgador, en función de la cual se ordena que sea distinta la composición del órgano jurisdiccional sentenciador para que nuevos Magistrados, no intervinientes en la sentencia objeto de recurso, practiquen la prueba inadmitida o no practicada y seguidamente dicten sentencia».

La justificación de esta doctrina como detalla el citado autor, la encontramos en la STS 321/1991, de 30 de abril (FJ 3.º), en la que se establece que si bien *a priori* no debe desconfiarse de la objetividad, equilibrio, serenidad e independencia del Juzgador *a quo* «la psicología y las reglas de experiencia enseñan que, cuando una persona o un tribunal han tomado una decisión después de un proceso [...] en el que no se ha tomado en consideración, en uno y otro sentido, una prueba porque indebidamente no se practicó, es fácil que de manera inconsciente se prescinda de hechos de dicha prueba, una vez practicada, y se mantenga el criterio precedente, no por un prurito de no modificar lo ya resuelto, sino por una regla de experiencia humana, que a veces se impone al indiscutible deseo del tribunal de resolver con absoluta objetividad e imparcialidad del que

164. Picó i Junoy, Joan, *La prueba pericial en el proceso civil español: Ley 1/2000, de Enjuiciamiento Civil,* ob. cit., pág. 141.

165. Picó i Junoy, Joan, *La prueba pericial en el proceso civil español: Ley 1/2000, de Enjuiciamiento Civil,* ob. cit., pág. 139.

no se duda». En su opinión, esta doctrina jurisprudencial debería ser igualmente aplicable al orden civil, en la medida en que incide sobre un principio básico de actuación de cualquier órgano jurisdiccional, a saber, su debida imparcialidad, por lo que se compromete de forma directa el derecho fundamental a un proceso con todas las garantías.

La finalidad del artículo 219 LOPJ, causa décima, es garantizar la imparcialidad del juzgador.

Esto ha de conjugarse con el principio de conservación de actos que recoge el artículo 230 de la LEC. Por tanto, el juez o tribunal en su caso que practique la prueba ha de ser el de primera instancia al prosperar el recurso, existe imposibilidad técnica de que otro lo haga, según defiende Picó I Junoi. Ya que el juicio celebrado en su día con la prueba ya practicada se integra con la nueva pericial introducida debiendo ser objeto de valoración todo lo actuado. Por tanto, necesariamente ha de ser el mismo juez el que la practique. En apoyo de estas afirmaciones cabe cita del artículo 137 de la LEC, que recoge la presencia judicial en declaraciones, pruebas y vistas.

De seguirse esta de tesis, si se diere el caso de nulidad total de actuaciones entonces si pudiera plantearse de *lege ferenda* la abstención del juez que dictó la sentencia anulada con retroacción de actuaciones.

Puede plantearse de otro lado que la práctica de prueba se realice la segunda instancia por ser quien denegó su práctica en cuyo caso el tribunal debería tener distinta composición.

5.3. Recurso de amparo

Otra fórmula definitiva en caso de denegación o práctica de prueba sería la utilización del recurso de amparo al cual sólo puede acudirse una vez agotados todos los recursos utilizables dentro de la vía judicial tal como dispone el artículo 44 LOTC.

En torno al derecho de acceso a la prueba son numerosos los pronunciamientos del Tribunal Constitucional algunos reseñados en el apartado anterior. De forma reiterada, se ha dicho que el control acerca de los juicios valorativos referentes a la pertinencia y utilidad de la prueba sólo corresponde a los tribunales ordinarios. Así como que el derecho de acceso a la prueba no es ilimitado, sino que ha de ponderarse al caso concreto por el juzgador.

El TC en síntesis ha resuelto generalmente en sentido favorable el recurso de amparo cuando se ha producido una situación indefensión material no provocada ni aceptada por la parte, debiendo alegarla y fundamentarla adecuadamente en su demanda de amparo. Debe constar de forma concreta y detallada la indefensión material sufrida y las consecuencias en el proceso.

Esta doctrina constitucional según Picó i Junoy[166] es censurable básicamente por dos motivos, que en lógica suscribimos:

a) En primer lugar, por el grado de subjetivismo que comporta, puesto que exige juicios valorativos e hipotéticos en torno a si el juez de Instancia, de haber practicado la prueba denegada, hubiese modificado la sentencia en favor del recurrente. ¿Cómo se puede tener la certeza de que dicha eventualidad llegaría a producirse? Todos los jueces, si bien son conocedores del Derecho y poseen una formación jurídica común, no por ello deben coincidir en sus apreciaciones y valoraciones, y extraer de unos mismos datos fácticos idénticas consecuencias»).

b) Y, en segundo lugar, porque no da autonomía propia al derecho fundamental a la prueba, esto es, lo deja vacío de contenido, al centrar su atención en la sentencia y su posible variación, más que en el medio de prueba no practicado, y al cual podía haber tenido derecho el recurrente en virtud del artículo 24.2 CE.

Por tanto, continúa el autor, la autonomía del derecho a la prueba exigiría que el Tribunal Constitucional sólo debería analizar su infracción tomando en consideración sus verdaderos límites, examinando si el dictamen pericial solicitado infringe o no tales límites los intrínsecos o inherentes a la actividad probatoria (pertinencia, utilidad y licitud), y los extrínsecos o debidos a los requisitos legales de proposición», y la resolución que pone en al proceso es perjudicial para el recurrente, esto es, le ha provocado una verdadera indefensión.

166. Picó i Junoy, *La prueba pericial en el proceso civil español: Ley 1/2000, de Enjuiciamiento Civil*, ob. cit., pág. 145.

CAPÍTULO V

LA VALORACIÓN DE LAS PRUEBAS PERICIALES

I. SISTEMAS DE VALORACIÓN DE LA PRUEBA

La fase probatoria es la más importante del proceso por cuanto en ella se solventa la realidad de los hechos narrados por las partes en sostén de su acción. Los sistemas de valoración se podrían dividir en dos grandes grupos, la prueba tasada y prueba de valoración.

Como señala MONTERO AROCA[167], «la apreciación de la prueba es, en puridad, un concepto mucho más amplio que el de la valoración; o en sentido opuesto, la valoración es un término más restrictivo que el de la apreciación. La imposibilidad de identificar como lo mismo la «valoración» y la «apreciación» de la prueba surge del hecho de diferenciar dos tipos de actividades diferentes dentro de ese proceso lógico mental que el juzgador ha de efectuar en su sentencia en relación con los hechos que han sido objeto de prueba: la interpretación y la valoración de la prueba.

Es sabido que la sana crítica constituye una expresión matizada de la libre valoración de la prueba que expresamente obliga al tribunal a ponderar las pruebas practicadas conforme a los criterios de la lógica y la razón, y a explicar motivadamente en la sentencia el proceso seguido para alcanzar las conclusiones probatorias contenidas en la sentencia».

Asimismo, afirma CORTÉS DOMÍNGUEZ[168], que:

> (...) el juez al final del proceso se halla ante una serie de juicios sobre la existencia o la manera de ser los hechos o de los actos y, por eso que, ante tales juicios, el juez deba primeramente interpretarlos para luego, poder valorarlos.

---

167. MONTERO AROCA, Juan, *El proceso civil los procesos ordinarios de declaración y de ejecución*, ob. cit., pág. 601

168. CORTÉS DOMÍNGUEZ, Valentín, «Dictamen de peritos o prueba pericial», en *Derecho procesal civil*, ob. cit., pág. 198.

El juez al momento de dictado de sentencia ha de proceder a valorar las pruebas practicadas para determinar las consecuencias que deben extraerse de ellas y analizarlas para verificar el relato de hechos de la demanda o contestación. Razonamiento que ha de ser plasmado en la resolución para conocer el grado de convicción alcanzado.

Sostiene CALAMANDREI[169] que la valoración de las pruebas constituye así un complejo proceso lógico o intelectual en el que acostumbran a diferenciarse conceptualmente, simplificando en extremo, principalmente dos operaciones diferentes: una primera, denominada de apreciación o interpretación; y una segunda, de valoración en sentido estricto.

Según ESPARZA LEIBAR[170] el problema de valoración debe necesariamente atender a criterios estrictamente técnicos-jurídicos, se trataría de ver cuál de los sistemas de valoración existentes se ajusta mejor a la naturaleza de la actividad jurisdiccional y, simultáneamente, garantiza de forma más perfecta la tutela judicial efectiva. Cabe distinguir la valoración legal de la prueba de la libre valoración.

Por su parte, ILLESCAS RUS[171], la valoración de las pruebas constituye así un complejo proceso lógico o intelectual en el que acostumbran a diferenciarse conceptualmente, simplificando en extremo, principalmente dos operaciones diferentes. Siguiendo la división propuesta, en este primer estadio pueden diferenciarse, a su vez, dos momentos:

a) En el primero, el juzgador ha de analizar separadamente todas y cada una de las pruebas aportadas o desenvueltas para establecer con la mayor fidelidad y exactitud cuáles sean los precisos elementos que proporcionan separadamente cada fuente de prueba, y desvelar cuáles sean las afirmaciones que cabe extraer como consecuencia de ese examen en función de su índole: lo declarado por las partes o por los testigos en los correspondientes interrogatorios; el contenido de los documentos u otros soportes aportados al proceso; lo percibido en el reconocimiento; y la información proporcionada por los peritos.

Respecto de estos últimos la interpretación consiste en el examen de los dictámenes aportados, de los documentos, materiales o instrumentos

169. CALAMANDREI, Piero, «La génesis lógica de la sentencia civil», en *Estudios sobre el proceso civil* (trad. de Sentís Melendo), Buenos Aires, 1972, pág. 380; FONT SERRA, Eduardo, *La prueba de peritos en el proceso civil español*, ob. cit., págs. 214 y ss. y MONTERO AROCA, Juan, «Nociones generales sobre la prueba (entre el mito y la realidad)», en *La prueba, Cuadernos de Derecho Judicial*, Escuela Judicial, Consejo General del Poder Judicial, Madrid, 2000, núm. VII, págs. 49 y ss.

170. ESPARZA LEIBAR, Iñaki, *El dictamen de peritos en la Ley 1/2000, de Enjuiciamiento Civil*, ob. cit., pág. 76.

171. ILLESCAS RUS, Ángel, «Práctica y valoración del dictamen pericial», en *Cuadernos de Derecho Judicial*, ob. cit., pág. 105.

complementarios (*vid.* artículo 336, apartado 2 de la LEC) y, en su caso, de las observaciones, aclaraciones o explicaciones complementarias ofrecidas en los actos del juicio o de la vista (*vid.* artículos 337, apartado 2, y 347 de la LEC). Se agota en una mera labor de constatación y análisis del significado real de los datos, conclusiones y juicios de valor consignados en aquel y en el acto de documentación de la intervención oral de los peritos, en orden a precisar el exacto contenido y alcance de las palabras y expresiones empleadas.

Este cometido ha de realizarse siempre con cualesquiera medios de prueba, pero es particularmente necesario en el caso de la pericial, donde el experto puede emplear en su exposición voces o locuciones propias de un lenguaje característico (jerga) de su especialidad que dificulten su entendimiento por un profano.

Se trata de una labor ardua que excede del simple examen semántico, en cuanto requiere constatar los extremos sobre los cuales se ha pronunciado el perito y su correspondencia con las afirmaciones de hechos oportuna y tempestivamente introducidas por las partes y de la necesidad, para su correcta elucidación, de conocimientos especializados ajenos a la ciencia jurídica. Además, en el caso de los dictámenes emitidos por peritos de designación judicial, ha de comprobarse que el informe se contrae al objeto delimitado de consuno por los litigantes, por el órgano jurisdiccional en atención a lo interesado por estos o, en su defecto, a lo determinado por el único litigante que haya ingresado oportunamente la provisión de fondos.

b) En un segundo momento, debe calificar, asimismo de modo individualizado y en atención a las características particulares de cada medio y a las eventuales incidencias acaecidas durante su práctica —tachaduras, raspaduras o enmiendas en los documentos; existencia o no de firmas, sellos u otros medios de autenticación; contundencia, vacilaciones o contradicciones en las partes y los testigos al deponer o introducción de hipótesis o conjeturas; recusación de peritos; tacha de peritos o de testigos; aclaraciones o rectificaciones del dictamen, etc.—, la idoneidad objetiva y en abstracto de los resultados que arrojen para asentar sobre aquellos su convicción».

Por tanto, valoraciones de fondo y forma.

La Ley no dispensa a todos los medios de prueba de idéntico vigor y eficiencia. A la prueba documental otorga valor reglado o tasado en caso de documentos públicos, como dispone el artículo 319.1 de la LEC:

> Con los requisitos y en los casos de los artículos siguientes, los documentos públicos comprendidos en los números 1.° a 6.° del artículo 317 harán prueba plena del hecho, acto o estado de cosas que documenten, de la fecha en que se produce esa documentación y de la identidad de los fedatarios y demás personas que, en su caso, intervengan en ella.

A propósito de los documentos administrativos, el artículo 319.2 de la LEC indica que:

> La fuerza probatoria de los documentos administrativos no comprendidos en los números 5.° y 6.° del artículo 317 a los que las leyes otorguen el carácter de públicos, será la que establezcan las leyes que les reconozca tal carácter. En defecto de disposición expresa en tales leyes, los hechos, actos o estados de cosas que consten en los referidos documentos se tendrán por ciertos, a los efectos de la sentencia que se dicte, salvo que otros medios de prueba desvirtúen la certeza de lo documentado.

En materia de usura se estará al apartado tercero del citado precepto según el cual «los tribunales resolverán en cada caso formando libremente su convicción sin vinculación a lo establecido en el apartado primero de este artículo».

En prueba de interrogatorio, respecto a lo respondido por las partes el artículo 316.1 de la LEC, que dispone:

> Si no lo contradice el resultado de las demás pruebas, en la sentencia se considerarán ciertos los hechos que una parte haya reconocido como tales si en ellos intervino personalmente y su fijación como ciertos le es enteramente perjudicial.

Para soportes distintos de los típicamente documentales se estará al ya analizado artículo 382.3 de la LEC:

> El tribunal valorará las reproducciones a que se refiere el apartado 1 de este artículo según las reglas de la sana crítica» y artículo 384, apdo. 3 según el cual «El tribunal valorará los instrumentos a que se refiere el apartado primero de este artículo conforme a las reglas de sana crítica aplicables a aquellos según su naturaleza.

Y las declaraciones de testigos en el mismo sentido, por cuanto el artículo 376 de la LEC dispone:

> Los tribunales valorarán la fuerza probatoria de las declaraciones de los testigos conforme a las reglas de la sana crítica, tomando en consideración la razón de ciencia que hubieren dado, las circunstancias que en ellos concurran y, en su caso, las tahas formuladas y los resultados de la prueba que sobre estas se hubiere practicado.

Finalmente, para los dictámenes de peritos el artículo 348 de la LEC según el cual el tribunal valorará los dictámenes periciales según las reglas de la sana crítica confía al órgano jurisdiccional la formación discrecional —que no arbitraria— de su convencimiento.

No obstante, en la práctica se conjuga la proposición de varias pruebas que obligan a una valoración conjunta que ha de plasmarse y motivarse en la resolución final. No solo varias pruebas sino de varios litigantes con posiciones contrapuestas sobre uno o varios hechos.

En este sentido parece conveniente reparar en que no siempre los distintos medios de prueba practicados arrojan un resultado coincidente o complementario, sino que es habitual que existan contradicciones sobre hechos controvertidos.

Así, el deber de motivar las resoluciones judiciales enunciado con carácter general en los artículos 120.3 CE y 248.3 LOPJ que se complementa en la LEC con el mandato de detallar en los antecedentes de hecho de la sentencia «las pruebas que se hubiesen propuesto y practicado y los hechos probados, en su caso», *vid.* artículo 209.2 de la LEC, y con la exigencia de exhaustividad que impone el artículo 218.2 de la LEC, al prevenir que:

> Las sentencias se motivarán expresando los razonamientos fácticos y jurídicos que conducen a la apreciación y valoración de las pruebas, así como a la aplicación e interpretación del Derecho. La motivación deberá incidir en los distintos elementos fácticos y jurídicos del pleito, considerados individualmente y en conjunto, ajustándose siempre a las reglas de la lógica y de la razón.

El sistema de libre valoración de la prueba pericial es acogido tradicionalmente en nuestro derecho, en este sentido la LEC no ha modificado nada. Esto puede ponerse en relación con lo que mantiene MAGRO SERVET[172], al afirmar que «lo que realmente debe nacer el juez es interpretar que es lo que quiere decir el perito cuando emite su dictamen y si le convence un informe más que otro analizando el conjunto de la prueba practicada».

La eficacia probatoria de la prueba pericial quedó ya expresada en la doctrina que sentaba la STS 214/1982, de 11 de mayo (FJ 1.º), recogida posteriormente en numerosas sentencias por cuanto:

> (...) la fuerza probatoria de los dictámenes periciales reside esencialmente, no en sus afirmaciones, ni en la condición, categoría o número de sus autores, sino en su mayor o menor fundamentación y razón de ciencia, debiendo tener por tanto como prevalentes en principio aquellas afirmaciones o conclusiones que vengan dotadas de una superior explicación racional, sin olvidar otros criterios auxiliares como el de la mayoría coincidente o el del alejamiento al interés de las partes.

Según PICÓ I JUNOY y ABEL LLUCH[173] la sana crítica es un sistema de libre valoración motivada, pues el «principio de la libre convicción ha liberado el juez de las reglas de la prueba legal, pero no la ha desvinculado de las

---

172. MAGRO SERVET, Vicente, «¿Prueba pericial versus pericial de parte?», en Diario La Ley, Wolter Kluwers, Madrid, 2007, núm. 6637, págs. 1 y ss.

173. PICÓ I JUNOY, Joan y ABEL LLUCH, Xavier, «Reformas necesarias de la prueba pericial civil», en *La prueba pericial a examen. Propuestas de lege ferenda* (PICÓ I JUNOY, dir.), J. M., Bosch Editor, Barcelona, 2020, pág.311.

reglas de la razón»[174]. Una valoración libre es una valoración motivada y el juez debe explicar si sigue, en todo o en parte, las conclusiones del perito, con las razones por las que se aparta del dictamen pericial.

En cuanto a los criterios para la valoración del dictamen pericial, «el juez debe valorar los dictámenes tomando en cuenta sus propias máximas de experiencia, como son la lógica interna del informe del experto, su ajuste a la realidad del pleito, la titulación del perito con relación a lo que constituye el objeto de la pericia, la relación entre el resultado de la pericial y los demás medios probatorios obrantes en autos, el detalle y exhaustividad del informe, la metodología o las operaciones practicadas para la obtención de conclusiones, como son la inspección, la extracción de muestras o la realización de análisis».

Como señala FLORES PRADA[175], el juez valora las «máximas de experiencia especializadas» que aporta el perito aplicando «máximas de experiencia comunes» (sana crítica), para lo que no son necesarios conocimientos especializados sino únicamente «capacidad crítica de entendimiento y apreciación».

Por último, el Tribunal Supremo ha declarado reiteradamente que la valoración de la prueba es una competencia del juez de instancia, y que en el caso de la prueba pericial que debe apreciarse según la sana crítica, no hay una norma legal que reglamente como debe procederse en la misma, por lo que tal valoración no es atacable en casación, salvo que esa valoración conduzca a una situación absurda, ilógica o contradictoria al raciocinio humano, arbitraria o irracional.

Aun cuando algunos autores como CALAMANDREI[176] han pretendido distinguir el sistema de valoración conforme a las reglas de la sana crítica como un *tertium genus*, a medio camino entre la prueba tasada y la libre valoración, la doctrina jurisprudencial mayoritaria subraya la íntima vinculación entre apreciación libre —o discrecional— y valoración realizada según las reglas de la sana crítica, y aun su equiparación, en contraste con el sistema de «prueba tasada».

Ciertamente, no han faltado autorizadas opiniones para las cuales el juzgador ha de encontrarse vinculado por los dictámenes periciales

174. TARUFFO, Michele, «Conocimiento científico y estándares de prueba judicial», en *Jueces para la democracia*, 2005, núm. 52, pág. 67.

175. FLORES PRADA, Ignacio, «La prueba pericial», en *La prueba*, ob. cit., pág. 361.

176. CALAMANDREI, Piero, «La génesis lógica de la sentencia civil», en *Estudios sobre el proceso civil* ob. cit., pág. 380; MONTERO AROCA, Juan, «Nociones generales sobre la prueba (entre el mito y la realidad)», en *La prueba, Cuadernos de Derecho Judicial*, ob. cit., págs. 49 y ss.; FONT SERRA, Eduardo, *La prueba de peritos en el proceso civil español*, ob. cit., págs. 214 y ss.

según CARNELUTTI[177], con base principalmente en la paradoja que comporta atribuir el juicio definitivo acerca de la corrección intrínseca de la prueba pericial precisamente a aquel que carece de los conocimientos especializados precisos para percibir o apreciar por sí los hechos de que se trate.

La realidad que subyace al modelo, norma, patrón o referencia de conducta valorativa denominado «reglas de la sana crítica», la jurisprudencia ha ofrecido una plural variedad de nociones, aunque en definitiva las vinculan ora a principios lógicos, ora a reglas nacidas de la experiencia.

Así, se han identificado con las «más elementales directrices de la lógica humana»; con «normas racionales»; con el «sentido común»; con las normas de la lógica elemental o a las reglas comunes de la experiencia humana; con el «logos de lo razonable»; con el «criterio humano»; el «razonamiento lógico»; con la «lógica plena»; con el «criterio lógico»; o con el «raciocinio humano»[178].

Resulta conforme con estos criterios que a la hora de valorar los dictámenes periciales se preste una atenta consideración a elementos tales como la cualificación profesional o técnica de los peritos; la magnitud cuantitativa, clase e importancia o dimensión cualitativa de los datos recabados y observados por el perito; operaciones realizadas y medios técnicos empleados; y, en particular, el detalle, exactitud, conexión y resolución de los argumentos que soporten la exposición, así como la solidez de las deducciones; sin que, en cambio, parezca conveniente fundar el fallo exclusivamente en la atención aislada o exclusiva de sólo alguno de estos datos.

II. VINCULACIÓN DEL JUEZ AL CONTENIDO DEL DICTAMEN PERICIAL

La máxima que consideraba al juez como *peritus peritorum* implica que no está, por tanto, vinculado al dictamen.

Afirma NIEVA FENOLL[179] que «el dictamen pericial no puede sustituir a la motivación de la sentencia, sino que, al contrario, contribuye a que esta se forme debidamente. Por ello es fundamental que el juez explicite las razones que le lleven a acoger o rechazar, en todo o en parte, el dictamen.

177. CARNELUTTI, Francesco, «Pruebas civiles y penales», en *Estudios de Derecho Procesal* (Trad. por SENTÍS MELENDO), Ed. EJEA, Buenos Aires, 1952, tomo II págs. 122 y ss.

178. ILLESCAS RUS, Vicente, «Práctica y valoración del dictamen pericial», en *Cuadernos de derecho judicial,* ob. cit., pág. 109.

179. NIEVA FENOLL, Jordi, *Derecho Procesal II. Proceso Civil,* ob. cit., pág. 233.

Con todo, la corrección de la conclusión científica del dictamen es muy difícil de evaluar hasta las últimas consecuencias, y por ello se ofrecen algunos criterios para que el juez pueda concluir, con una cierta seguridad, si se halla o no ante un buen dictamen.

A saber: profesionalidad del perito, coherencia y razonabilidad del dictamen pericial, parámetros de calidad científica».

Sin embargo, ha de repararse en que, como afirma MIGUEL Y ALONSO[180], no es lo mismo no saber hacer lo que hace el perito, que apreciar luego sus argumentos, puesto que el que no sabe hacer una cosa puede, sin embargo, criticarla.

Para SERRA DOMÍNGUEZ[181] este análisis crítico tanto puede alcanzar a los aspectos «no técnicos del dictamen pericial» cuanto, pese a su mayor dificultad, a «las máximas de experiencia técnica proporcionadas por el perito».

Respecto de los primeros, mediante la comprobación de si el perito ha observado estrictamente los límites del encargo, o si, diversamente, ha incurrido en eventual exceso o defecto, sin perjuicio de lo cual señala que el juez puede recurrir a cualesquiera máximas de experiencia que facilite el perito «aunque excedan los límites del encargo siempre y cuando sean útiles a los efectos del proceso», con base en que «el juez podía utilizar personalmente dichas máximas de experiencia sin intervención del perito».

En segundo lugar, contrastando «si los hechos sobre los que el perito aplica sus conocimientos técnicos coinciden o no con los hechos probados en el proceso, de modo que, «si el perito introduce hechos nuevos en el proceso, o parte de hechos que, pese a haber sido alegados por las partes no han resultado acreditados a través de la prueba, el juez podrá rechazar el dictamen pericial fundado en tales hechos.

En tercer lugar, mediante la revisión de los razonamientos lógicos y jurídicos eventualmente vertidos por el perito, que exceden de su específico cometido; y en cuarto lugar, a través del examen de «la propia coherencia interna del dictamen en lo que respecta a sus aspectos técnicos», ya que «tanto en el dictamen como a través de las aclaraciones solicitadas al dictamen, puede detectar el juez contradicciones entre los varios pronunciamientos técnicos del dictamen pericial que hagan sospechosa la corrección del dictamen».

---

180. DE MIGUEL Y ALONSO, Carlos, «La cientificidad de la prueba pericial y la libertad de apreciación del juzgador en el proceso civil español», en *Revista Iberoamericana de Derecho Procesal*, Madrid, 1972, págs. 67 y ss.

181. SERRA DOMÍNGUEZ, Manuel, «Artículo 1243», en *Comentarios al Código Civil y Compilaciones Forales*, ob. cit., págs. 474 y ss.

Acerca de los segundos, porque «si el juez posee privadamente los conocimientos técnicos proporcionados por el perito, se encontrará en inmejorables condiciones para realizar una labor crítica del dictamen pericial»; y si carece de tales conocimientos, puede procurárselos mediante la investigación privada en las fuentes adecuadas tales como «libros y publicaciones técnicas»; y en tercer lugar —sistema que no resulta de aplicación bajo el régimen de la LEC— «cuando el juez tenga fundadas sospechas en torno a la exactitud de las máximas de experiencia técnicas proporcionadas por el perito, y no pueda resolverlas privadamente, siempre podrá acudir a un nuevo dictamen pericial que le permita superar su limitación individual».

La regla de la sana crítica es el criterio rector de la valoración de la prueba pericial por los órganos jurisdiccionales según el artículo 348 de la LEC.

Si bien es frecuente observar que los tribunales no se sujetan al contenido de los dictámenes en su valoración pues no resulta obligatorio acoger sus conclusiones en todo o en parte. Máxime cuando conviven con otras pruebas e incluso con otros dictámenes.

Pueden abordarse la cuestión a los estándares de prueba jurídicos y los estándares de prueba de las áreas de conocimiento, siguiendo a Vázquez Rojas[182].

Deben abordarse dos cuestiones distintas el grado de confirmación que las proposiciones periciales en las que el juez ha deferido brindan a las hipótesis sobre los hechos del caso y, por supuesto la suficiencia de dicha confirmación para tener probados tales. Normalmente no será un solo elemento de juicio el que deba ser considerado para la toma de decisión, sino un conjunto de estos.

La necesidad de realizar una valoración crítica parte del propio conocimiento y de lo acontecido respecto a la prueba. Ello justifica que la pericial de parte sea valorada como manifiesta la SAP de Tarragona de 22 de octubre de 2013. Tras explicar el tribunal la libre valoración de la prueba pericial, parece indicar que la aportada a instancia de parte puede ser valorada «a la baja». A tal fin, señala lo siguiente:

> (...) debe recordarse que los juzgadores no están obligados a someterse a la prueba pericial y de concurrir varias pueden optar por la que se les presente como más objetiva y ajustada a la realidad del pleito e incluso atender en parte a las diversas periciales concurrentes en aquello que estimen de interés y en relación a las demás pruebas. En definitiva, es un medio de prueba más, sujeto

182. Vázquez Rojas, Carmen, «De la prueba científica a la prueba pericial» en *El perito de confianza de los jueces. Hacia un modelo diferencialista*, Marcial Pons, Barcelona, 2015, pág. 267.

al principio de libre valoración en relación con el criterio de la «valoración conjunta de la prueba»: puede el juez —sin perjuicio de examinarlo y analizarlo prescindir o apartarse totalmente del dictamen pericial (sobre todo si ha sido emitido previamente al proceso) razonando el porqué de esa decisión (por ej. en base a otras pruebas cuyo resultado es incompatible con el dictamen pericial); puede —entre varios aceptar uno y desechar otros; atender más a los razonamientos que a las conclusiones, a la cualificación técnica del informante, al informe emitido en el proceso bajo los principios de inmediación y contradicción,... (STS 10.2.1994). Reconociendo que es una prueba «más», ha de (1) indagar sobre la idoneidad o cualificación del perito para confeccionar el dictamen requerido, (2) indagar sobre su imparcialidad (en función de los motivos de abstención o recusación). El TS viene incluso a establecer una prioridad, en caso de dictámenes periciales discrepantes: (1) Se acogen las conclusiones coincidentes de la mayoría de los peritos. (2) O se sigue el criterio de la mayor categoría profesional o grado de titulación del perito. (3) Y, con frecuencia, se atiende con preferencia a la fuerza convincente de los informes (complitud, congruencia y fundamentación).

III. CRITERIOS DE VALORACIÓN DE LA PRUEBA PERICIAL

La valoración del dictamen pericial con soporte documental debe conjugarse con principios tales como oralidad, inmediación, concentración y publicidad[183].

Dentro de la valoración, como concepto tan amplio, pueden configurarse una serie de pautas tales como contenido del dictamen, formación de su autor, exposición y explicación, procedimiento seguido en la emisión, conocimiento personal del asunto, visita o reconocimiento del lugar.

El proceso racional de valoración pasa por el control del método utilizado por el perito, análisis de la pericia conforme a criterios lógico-deductivos y plasmación clara en la resolución judicial de los elementos anteriores.

La valoración de la prueba pericial se hará según los postulados de la sana crítica, y establece el artículo 348 de la LEC. La jurisprudencia nos indica qué debe entenderse por dichas reglas, y así se señala que no se encuentran codificadas, considerándose por tales a las más elementales directrices de la lógica humana (SSTS de 13 de febrero de 1990, 29 de enero, 20 de febrero y 25 de noviembre de 1991, 16 de marzo de 1999, 15 abril 2003 y 30 de enero de 2013 entre otras muchas). Son las reglas del raciocinio lógico (SSTS de 13 mayo de 2008, 15 de noviembre de 2012 y 24 de enero de 2013).

183. Al respecto, véase PLANCHADELL GARGALLO, Andrea, «Valoración de la prueba pericial en la Ley 1/2000, de Enjuiciamiento Civil», en *Tribunales de justicia: Revista española de derecho procesal*, Wolter Kluwers, Madrid, 2001, núm. 64, págs. 357 a 362.

La posibilidad de desvinculación del juez en relación con el dictamen pericial no significa que su valoración sea discrecional para los órganos jurisdiccionales, sino que la misma ha de estar basada en la sana crítica, es decir en los postulados de la lógica y la razón, en las máximas de experiencia.

Especial problemática presenta la valoración de las pruebas periciales contradictorias, como se verá. Cuando son varias las periciales practicadas y contradictorias entre sí, las dificultades valorativas se alzapriman y el esfuerzo del juzgador se incrementa notoriamente. No ofrece duda que en tales casos el tribunal puede atribuir mayor valor a unas sobre otras (STS de 14 de octubre de 2010), dado que la prueba pericial es de apreciación libre y no tasada por los órganos jurisdiccionales, que podrán aceptar el criterio más próximo a su convicción (SSTS 7 de mayo de 2012 y de 28 de noviembre de 2011), eso sí con el aval de la correspondiente e indisculpable motivación (SSTS 28 de mayo de 2012 y de 11 de mayo de 2012).

La fuerza probatoria de los dictámenes periciales reside esencialmente, no en sus afirmaciones, ni en la condición, categoría o número de sus autores, sino en su mayor o menor fundamentación y razón de ciencia, debiendo tener por tanto como prevalentes en principio aquellas afirmaciones o conclusiones que vengan dotadas de una superior explicación racional, sin olvidar otros criterios auxiliares como el de la mayoría coincidente o el del alejamiento al interés de las partes.

Siguiendo a JURADO BELTRÁN[184], la pericial se configura como una prueba más, y por tanto el juez la deberá valorar con el resto del acervo probatorio que obra en autos (principio básico de valoración conjunta de la prueba), y todo ello desde la perspectiva de su libre y sana crítica (directorios de la lógica, normas racionales, sentido común y criterios de experiencia)

Los jueces profesionales son el campo jurídico procesal y, como tales, van o deberían ir adquiriendo un fondo de conocimiento lo suficientemente rico para someter la prueba pericial a desafíos que, en el marco del contradictorio, le permitan adquirir una mejor comprensión acerca de los hechos en los casos concretos que deciden en la etapa de valoración de criterios adecuados para conocer la fiabilidad de esta[185].

---

184. JURADO BELTRÁN, David, *La prueba pericial civil. Análisis práctico del procedimiento probatorio pericial*, ob. cit., págs. 77 y ss.

185. VÁZQUEZ ROJAS, Carmen, «De la prueba científica a la prueba pericial» en *El perito de confianza de los jueces. Hacia un modelo diferencialista*, ob. cit., pág. 285.

Por tanto, se han de tener en cuenta como parámetros de valoración:

Las operaciones periciales (SAP de Baleares de 20 de diciembre de 2005). El método observado, la cualificación del perito, acreditación de la especialización (hay que tener en cuenta que no es precisa titulación sino que la persona «posea los conocimientos correspondientes» conforme al artículo 335 de la LEC, a diferencia del judicial que sí se exige titulación, conforme al artículo 340 de la LEC, ya que es designado del listado de estos conforme al artículo 341 de la LEC y, por tanto, la valoración depende de su especialización, bien porque carezca de ella y afecte a su valoración (SAP de Barcelona de 27 de noviembre de 2006) u otorgar mayor credibilidad (SAP de Barcelona de 7 de abril de 2000).

El resultado de la exploración, llevada a cabo por el perito al lesionado y los datos obtenidos a través de ella, objetivables en el reconocimiento llevado a cabo, en caso de accidentes de tráfico, por ejemplo.

La necesaria correlación entre los datos empleados por el perito para llegar a su conclusión y resto de material probatorio, en concreto, caso de informes médicos, resultado de las pruebas diagnósticas realizadas y, en su caso, el historial médico.

La coincidencia de criterios en las periciales aportadas y la explicación ofrecida respecto de la discrepancia sobre el criterio empleado. En este sentido, la SAP de Vizcaya de 24 de noviembre de 2005, estableció como criterios, entre otros:

1.º Los razonamientos que contengan los dictámenes, y los que se hayan vertido en el acto del juicio o vista en el interrogatorio de los peritos, pudiendo no aceptar el resultado de un dictamen o aceptarlo, o incluso aceptar el resultado de un dictamen por estar mejor fundamentado que otro (STS de 10 de febrero de 1994).

2.º Deberá, también, tener en cuenta el tribunal las conclusiones conformes y mayoritarias que resulten tanto de los dictámenes emitidos por peritos designados por las partes como de los dictámenes emitidos por peritos designados por el tribunal, motivando su decisión cuando no esté de acuerdo con las conclusiones mayoritarias de los dictámenes (STS de 4 de diciembre de 1989).

3.º Otro factor a ponderar por el tribunal deberá ser el examen de las operaciones periciales que se hayan llevado a cabo por los peritos que hayan intervenido en el proceso, los medios o instrumentos empleados y los datos en los que se sustenten sus dictámenes (STS de 28 de enero de 1995).

4.º También deberá ponderar el tribunal, al valorar los dictámenes, la competencia profesional de los peritos que los hayan emitido, así como todas las circunstancias que hagan presumir su objetividad, lo que le puede llevar, en el sistema de la nueva de la LEC, a que se dé más crédito a los dictámenes de los peritos designados por el tribunal que a los aportados por las partes (STS 31 de marzo de 1997).

La Jurisprudencia entiende que, en la valoración de la prueba por medio de dictamen de peritos, se vulneran las reglas de la sana crítica:

1.º Cuando no consta en la sentencia valoración alguna en torno al resultado del dictamen pericial (STS de 17 de junio de 1996).

2.º Cuando se prescinde del contenido del dictamen, omitiendo datos, alterándolo, deduciendo del mismo conclusiones distintas, valorándolo incoherentemente, etc. (STS de 20 de mayo de 1996).

3.º Cuando, sin haberse producido en el proceso dictámenes contradictorios, el tribunal con base en los mismos llega a conclusiones distintas de las de los dictámenes (STS de 7 de enero de 1991).

4.º Cuando los razonamientos del tribunal en torno a los dictámenes atenten contra la lógica y la racionalidad; o sean arbitrarios, incoherentes y contradictorios; o lleven al absurdo.

4.º 1 a. Cuando los razonamientos del tribunal en torno a los dictámenes atenten contra la lógica y la racionalidad (STS de 11 de abril de 1998).

4.º 1 b. Cuando los razonamientos del tribunal en torno a los dictámenes sean arbitrarios, incoherentes y contradictorios (STS de 13 de julio de 1995).

4.º 1 c. Cuando los razonamientos del tribunal en torno a los dictámenes lleven al absurdo (STS de 15 de julio de 1988).

En definitiva, pautar las reglas de la sana crítica es difícil, si bien la orientación que ha de ofrecer la resolución puede auxiliar en este extremo.

3.1. Caso de impugnación del dictamen

En la audiencia previa, bajo la rúbrica «Posición de las partes ante los documentos y dictámenes presentados» artículo 427 de la LEC las partes pueden pronunciarse sobre la autenticidad de los documentos aportados de contrario y los dictámenes obrantes en autos.

Sin embargo, este posicionamiento no supone una valoración de la prueba con carácter anticipado a las conclusiones, de hecho, aún no se habrán propuesto en tiempo y forma.

El propio precepto mencionado en el apartado segundo dispone: «las partes, si fuere el caso, expresarán lo que convenga a su derecho acerca de los dictámenes periciales presentados hasta ese momento, admitiéndolos, contradiciéndolos o proponiendo que sean ampliados en los extremos que determinen».

Aún debe proponerse la prueba, admitirse o inadmitirse, en su caso formular recurso de reposición, resolverse —previo traslado a las partes— y en caso de desestimación consignar propuesta.

En el caso de admisión de prueba pericial incluso proveer lo necesario sobre su posible presencia en el acto o juicio, *vid.* artículo 347 de la LEC, o tal vez a la vista de hechos nuevos o de nueva noticia proponer prueba pericial sobre lo así determinado como se vio en el capítulo correspondiente.

Para finalmente que tal dictamen sea valorado en sentencia conforme a las reglas de la sana crítica, en una valoración conjunta de toda la prueba propuesta y admitida teniendo en cuenta todas las impugnaciones efectuadas al dictamen y los motivos esgrimidos[186].

3.2. Las periciales contradictorias

Esta circunstancia se produce con mucha frecuencia pues al menos dos litigantes aportan este tipo de prueba, el informe pericial que acompaña a la demanda y el de refutación a la contestación.

3.2.1. Pericial de parte y de designación judicial

Sobre la valoración del informe pericial de parte o de designación judicial se ha podido sostener que el segundo goza de mayor objetividad por razón de su procedencia y forma de nombramiento. Mientras que el primero es claramente parte interesada que actúa por encargo. Si además el contenido de ambos es contrario se plantea que reglas de valoración podrían o deberían seguirse.

Los informes periciales de parte tienden siempre a favorecer a aquella que los aporta, ya que en caso de serles desfavorables no sería de su interés traerlos al proceso. Circunstancia que no se da en los dictámenes periciales practicados en vía judicial, a los que se debe conceder un mayor valor. En este sentido la jurisprudencia es minoritaria.

Cabe cita la sentencia STS 702/2013 de 15 de diciembre (FJ 2.º), que sobre esta materia dijo:

> Aplicando la anterior doctrina al supuesto enjuiciado no se aprecia que la motivación del tribunal de instancia incurra en errores patentes, sea arbitraria o ilógica:
>
> No rechaza con carácter categórico y absoluto los informes periciales que sean aportación de parte con sus escritos de alegaciones, sino que, tomando

186. Al respecto, véase Abel Lluch, «La valoración del dictamen pericial», en *Estudios prácticos sobre medios de prueba*, VLex, Madrid, 2009, págs. 455 a 484.

como máxima de experiencia que tienden siempre a favorecer a la parte que los aporta, lo que no es absurdo porque de serles desfavorables no sería de su interés aportarlos, concluye que deben valorarse con cautela, y que al no existir en general esa prevención en los dictámenes periciales practicados en vía judicial es por lo que los tribunales suelen concederle mayor valor. Con ello no quiere decir el tribunal que los peritos de parte tengan tacha legal, sino que, partiendo de su honestidad en el dictamen, si este es desfavorable para la parte difícilmente lo va a aportar esta al litigio en contra de sus intereses.

(ii) Tal consideración no se convierte «per se» en la «ratio decidendi» del tribunal de instancia sino que, con este razonamiento lógico y no arbitrario, entiende que en el supuesto que se enjuicia el perito que realizó el dictamen en sede judicial no elaboró uno «ex novo», analizando reiterativamente toda la documentación, sino que, ante las periciales de parte absolutamente contradictorias, hizo una valoración de estas teniendo en cuenta la documentación en que se habían basado, alcanzando unas conclusiones que no son compartidas por las partes en su integridad, pues admite pretensiones de ambas.

Por otra parte, existe otra jurisprudencia en la que se habla de poder optar por entre el criterio numérico mayoritario; o bien optar por alguno en particular por entender que es el mejor fundado.

Existen sentencias a favor de uno y de otro criterio. Sin embargo, actualmente el criterio del Tribunal Supremo es valorar los informes judiciales conforme a las reglas de la sana crítica, atendiendo a los resultados objetivos de aquellos.

A favor cabe cita de la SAP de Sevilla de 21 mayo de 2007 (FJ 3.º) que dijo que «su valoración por parte del tribunal, de conformidad con lo establecido en el artículo 348 Ley de Enjuiciamiento Civil, se realizará según las reglas de la sana crítica, es decir, teniendo en cuenta los razonamientos que contengan. Si ha habido varios informes, se estará a las conclusiones mayoritarias. En el curso de esa valoración, se examinarán las operaciones realizadas por los peritos y los datos en que sustenten sus dictámenes, su competencia profesional, y las circunstancias que permitan presumir su objetividad».

En contra, la STS 615/2016, de 10 de octubre señala que en la valoración de la prueba por medio de dictamen de peritos se vulneran las reglas de la sana crítica:

1. Cuando no consta en la sentencia valoración alguna en torno al resultado del dictamen pericial: STS 17 de junio de 1996.
2. Cuando se prescinde del contenido del dictamen, omitiendo datos, alterándolo, deduciendo del mismo conclusiones distintas, valorándolo incoherentemente, etc: STS 20 de mayo de 1996.
3. Cuando, sin haberse producido en el proceso dictámenes contradictorios, el tribunal en base a los mismos, llega a conclusiones distintas de las de los dictámenes: STS 7 de enero de 1991.

4. Cuando los razonamientos del tribunal en torno a los dictámenes atenten contra la lógica y la racionalidad; o sean arbitrarios, incoherentes y contradictorios o lleven al absurdo.
5. Cuando los razonamientos del tribunal en torno a los dictámenes atenten contra la lógica y la racionalidad: STS 11 de abril de 1998.
6. Cuando los razonamientos del tribunal en torno a los dictámenes sean arbitrarios, incoherentes y contradictorios: STS 13 de julio de 1995. Cuando los razonamientos del tribunal en torno a los dictámenes lleven al absurdo: STS 15 de julio de 1.988.

También la STS 163/2016, de 16 de marzo (FJ 3.º), que dijo que «de ningún modo cabría tomar como elemento decisivo el simple hecho de que sean tres los peritos economistas que respaldan el dictamen producido a instancia de los actores, frente a solo uno actuante a solicitud de la contraparte». Y la STS 403/2016, 15 de junio, que en el mismo sentido establece:

> (...) porque el artículo 348 de la LEC no contiene reglas de valoración tasadas que se puedan violar, por lo que al no encontrarse normas valorativas de este tipo de prueba en precepto legal alguno, ello implica atenerse a las más elementales directrices de la lógica humana, ante lo que resulta evidenciado y puesto técnicamente bien claro, de manera que, no tratándose de un fallo deductivo, la función del órgano enjuiciador en cada caso para valorar estas pruebas será hacerlo en relación con los restantes hechos de influencia en el proceso que aparezcan convenientemente constatados, siendo admisible atacar solo cuando el resultado judicial cuando este aparezca ilógico o disparatado.

Otras sentencias se plantean si deben otorgar más valor a un informe de academia, laboratorio o instituto sobre otros. La respuesta varía según el tipo de afirmaciones que contengan. En este sentido se suele distinguir entre dictámenes de opinión, según se basen en deducciones o conclusiones personales del perito; o si los resultados obedecen a criterios técnico-objetivos de casi imposible contradicción (resultados o análisis de laboratorio, ADN, etc).

Por ejemplo, ATS de 15 de Julio 2003 (FJ 1.º), que dijo:

> (...) pero, además, el motivo carece manifiestamente de fundamento por cuanto debe señalarse que el régimen aplicable a los dictámenes periciales que por exigir operaciones o conocimientos científicos especiales sean encomendados, bien a instancia de las partes o como diligencia para mejor proveer, por los órganos de instancia a organismos públicos, de los que son prototipo, precisamente, los relativos a las pruebas biológicas de paternidad (SSTS 27-1-93 y 28-4-93), en los que las operaciones no están al alcance de peritos individuales, sino de tales servicios públicos, no es el de la prueba pericial en general sino el específico del artículo 631 de la LEC de 1.881, que prevalece sobre las normas generales de dicha Ley Procesal, no siendo aplicables a estos informes

oficiales las normas procesales de la pericia ordinaria, entre ellas, las relativas a la propuesta y nombramiento de peritos y ratificación judicial (STS 26-9-97), al tratarse no de una pericia privada sino oficial, practicada por un organismo público dotado de servicios especializados y de los medios humanos y materiales oportunos para la realización de pruebas de paternidad que ofrecen un muy elevado grado de fiabilidad y garantías de objetividad, habiendo declarado reiteradamente esta Sala tanto la pertinencia de encomendar a tales organismos estas pruebas como la fiabilidad de su resultado (SSTS 27-1-93, 28-4-93, 29-11-95 y 20-2-97.

Y es criterio de la doctrina autorizada y de la jurisprudencia mayoritaria que lo que debe prevalecer a la hora de valorar es la objetividad de las conclusiones del informe pericial y las capacidades profesionales del perito para ofrecer las explicaciones oportunas respecto de los hechos objeto de enjuiciamiento, que sirvan para convencer al juez sobre la solución del caso. En tal sentido, véase SAP de Barcelona 146/2018 de 2 de marzo (FJ 1.º), que puso de relieve que «los dictámenes, no vinculantes, deben ser objeto de una valoración racional y motivada (arts. 120 CE y 218.2 de la LEC), conforme a las reglas de la sana crítica, lo cual significa que el juez ha de estar convencido intelectualmente por las argumentaciones del perito, para asumir su dictamen; pero, en definitiva, es un medio de prueba más, sujeto al principio de libre valoración en relación con el criterio de la «valoración conjunta de la prueba» (SSTS. 11.5.1981, 10.3.1984, 9.12.1989, 3.1.1990, 28.11.1992, 11.10.1994, 10.20.1996, 31.3.1997, 5.10.1998, ...), y puede el juez —sin perjuicio de examinarlo y analizarlo— prescindir o apartarse totalmente de los informes de un perito razonando el porqué de esa decisión (por ej., en base a otras pruebas cuyo resultado es incompatible con el dictamen pericial), puede —entre varios — aceptar uno y desechar otros, atender más a los razonamientos que a las conclusiones, a la cualificación técnica del informante, al informe emitido en el proceso bajo los principios de inmediación y contradicción (STS. 10.2.1994); reconociendo que es una prueba «más», ha de:

1. Indagar sobre la idoneidad o cualificación del perito para confeccionar el dictamen requerido,
2. Indagar sobre su imparcialidad (en función de los motivos de abstención o recusación, o en su caso, de la tacha del perito-testigo),
3. El Tribunal Supremo viene incluso a establecer una prioridad, en caso de dictámenes discrepantes: (a) se acogen las conclusiones coincidentes de la mayoría de los peritos. (b) o se sigue el criterio de la mayor categoría profesional o grado de titulación del perito y (c) con frecuencia, se atiende con preferencia a la fuerza convincente de los informes (completud, congruencia y motiva-

ción, conocimientos metodológicos en la redacción del dictamen: enunciación del problema, metodología empleada o los datos de que se sirvieron y los medios empleados, análisis de las cuestiones suscitadas, conclusiones).

La realidad forense permite al juez, a la vista de los informes periciales presentados, elegir el que le parezca más convincente, por su objetividad o por el motivo razonado que sea, para fundar su sentencia. Si opta por varios informes coincidentes, explicará y justificará porqué se inclina por el criterio mayoritario. Si opta por el informe del perito judicial, razonará porqué, a su juicio, es el más objetivo frente a los de parte. Si opta por alguno de parte frente al judicial, se esforzará, igualmente, en motivarlo debidamente. Todo ello significa que el juez debe apoyarse firmemente en el principio de libre valoración de la prueba y en la objetividad de sus resultados. Con la carga de la motivación.

3.2.2. Reglas orientativas

La primera podría ser la del criterio numérico mayoritario, las conclusiones coincidentes han de ser acogidas.

Existen pronunciamientos judiciales que optan por el criterio: *pro quantitatem* o *pro qualitatem*, es decir, inclinarse por el criterio numérico mayoritario (cuando existen una mayoría de informes en un sentido); o bien optar por alguno en particular por entender que es el mejor fundado. Aparecen sentencias a favor de uno y de otro criterio. Sin embargo, actualmente el criterio del Tribunal Supremo es valorar los informes judiciales conforme a las reglas de la sana crítica, atendiendo a los resultados objetivos de aquellos. Como regla general para valorar varios informes coincidentes y apartarse de ellos deben aplicarse iguales reglas determinadas para la sana crítica. La jurisprudencia viene exigiendo un «razonar humano», ya la lejana STS de 29 de enero de 1991, que no puede ir «contra los hechos concluyentes» que se corresponden con la «lógica interpretativa y el común sentir de las gentes» (STS 8 de octubre de 1985, STS de 10 de febrero de 1988, 15 de julio de 1989, entre otras).

En estos casos, de periciales contradictorias son reglas lógicas a manejar por los operadores jurídicos las siguientes:

- La cualificación de quien lo prestó, y, por lo tanto, su especialización sobre el tema a informar (SAP de A Coruña de 19 de mayo de 2005).
- El método observado (STS 28 de enero de 1995). Un informe puede generar la convicción del juez sobre otro antagónico si

viene apoyado en analíticas o pruebas llevadas a cabo para refrendar sus conclusiones (radiografías, RMN, electromiografías, EEG etc.), frente al informe basado exclusivamente en la experiencia del perito.

- Las condiciones de observación o reconocimiento del perito. Este criterio es el seguido por la SAP de Badajoz de 14 de diciembre de 2005, que, optando por los dos informes periciales contradictorios, que se le ofrecían para valorar el daño corporal derivado de un accidente de tráfico, se inclina por el prestado por uno de los facultativos, en atención de que el mismo respondió a un seguimiento continuo de la evolución de las lesiones, que presentaba la víctima del accidente. Igualmente, este criterio es el utilizado por la SAP de A Coruña de 29 de septiembre de 2004, dando mayor valor a uno de los dictámenes médicos discrepantes con respecto al otro, en cuanto se fundaba en un análisis del historial clínico del lesionado, ponderación de las pruebas practicadas y sucesivos reconocimientos del lesionado, a diferencia del presentado por la aseguradora de simple seguimiento.

- La vinculación del perito con las partes (STS 31 de marzo de 1997). Si bien, no por ello cabe prescindir de los dictámenes aportados al proceso por los litigantes, que son igual prueba pericial que la elaborada por un perito judicialmente designado.

- El criterio de la mayoría coincidente (STS 4 de diciembre de 1989). Parece más lógico dar mayor fuerza a las pruebas periciales coincidentes sobre la aislada divergente.

- El examen del dictamen pericial. Se debe tener en cuenta la coherencia interna del informe, si incurre en contradicciones, si justifica sus conclusiones, si cuenta con omisiones manifiestas, si es congruente con las peticiones que le fueron formuladas. El dictamen puede ser válido, aunque sea lacónico (STS 21 de julio de 1999), pero debe contener la explicitación del método seguido o una motivación de sus conclusiones, es decir las razones de ciencia que le conducen a las mismas.

En este sentido, la SAP de A Coruña 136/2015, de 30 de abril (FJ 2.º) dijo:

> (...) para resolver la cuestión litigiosa aquí planteada, ha de tenerse en cuenta el contenido del artículo 348 de la LEC, el que determina que para que el órgano jurisdiccional valore la prueba pericial según las reglas de la sana crítica. Significa que es una prueba de libre valoración, en el sentido de que el

juzgador con prudencia y sentido crítico no tiene el deber de aceptar sin más, la opinión del perito en todos sus extremos, ni tiene el poder de despreciar, sin más, un dictamen bien fundado.

El juicio personal o la convicción formada por el informante con arreglo a los antecedentes suministrados no vincula a jueces y tribunales, que pueden apreciar esta según las reglas de la sana crítica, sin estar obligados a las conclusiones del perito, de las que pueden prescindir (STS de 30 de junio de 2011). El dictamen de peritos no acredita irrefutablemente un hecho, sino simplemente el juicio personal o la convicción formada por el informante con arreglo a los antecedentes suministrados, y no vincula al tribunal que no está obligado a sujetarse al dictamen de peritos (STS de 3 de octubre de 2011).

El apreciar en mayor medida el valor probatorio de un informe pericial frente a otros constituye una manifestación más del ejercicio de la jurisdicción y de la formulación del juicio necesario para dictar sentencia, pues frente a la disparidad de criterios periciales, es precisamente el juzgador, quien, bajo el presupuesto del empleo de la sana crítica, está llamado a decidir cuál de ellos merece mayor credibilidad (STS de 1 de junio de 2011).

La emisión de varios dictámenes o el contraste de algunos de ellos con las demás pruebas posibilita que la autoridad de un juicio pericial se vea puesta en duda por la del juicio opuesto o por otras pruebas, y que, con toda lógica, los jueces y tribunales, siendo la prueba pericial de apreciación libre y no tasada acepten el criterio más próximo a su convicción (STS de 7 de mayo de 2012 y de 28 de noviembre de 2011). Si, como ocurre en el caso, son varias las periciales practicadas, puede el tribunal en uso de la referida facultad atribuir mayor valor a unas sobre otras en orden a procurarle la convicción sobre los hechos a los que se refieran (STS de 14 de octubre de 2010). La emisión de varios dictámenes o el contraste de algunos de ellos con las demás pruebas, posibilita que la autoridad de un juicio pericial se vea puesta en duda por la del juicio opuesto o por otras pruebas, y que, con toda lógica, los jueces y tribunales, siendo la prueba pericial de apreciación libre y no tasada acepten el criterio más próximo a su convicción, motivándolo convenientemente (STS de 28 de mayo de 2012 y de 11 de mayo de 2012).

También la SAP de las Islas Baleares 69/2015, de 23 de marzo (FJ 2.º) cuando afirma lo siguiente:

(...) en la valoración de la prueba pericial el juez o tribunal deberá ponderar, entre otras, las siguientes cuestiones:

a) Los razonamientos que contengan los dictámenes, y los que se hayan vertido en el acto del juicio o vista en el interrogatorio de los peritos, pudiendo no aceptar el resultado de un dictamen o aceptarlo, o incluso aceptar el resultado de un dictamen por estar mejor fundamentado que otro (STS 10 de febrero de 1994);

b) Deberá, también, tener en cuenta el tribunal las conclusiones conformes y mayoritarias que resulten, tanto de los dictámenes emitidos por peritos designados por las partes, como de los dictámenes emitidos por peritos designados por el tribunal, motivando su decisión cuando no esté de acuerdo con las conclusiones mayoritarias de los dictámenes (STS 4 de diciembre de 1989);

c) Otro factor a ponderar por el tribunal deberá ser el examen de las operaciones periciales que se hayan llevado a cabo por los peritos que hayan intervenido en el proceso, los medios o instrumentos empleados y los datos en los que se sustenten sus dictámenes (STS 28 de enero de 1995);

d) También deberá ponderar el tribunal, al valorar los dictámenes, la competencia profesional de los peritos que los hayan emitido, así como todas las circunstancias que hagan presumir su objetividad, lo que le puede llevar, en el sistema de la nueva de la LEC, a que se dé más crédito a los dictámenes de los peritos designados por el tribunal que a los aportados por las partes (STS 31 de marzo de 1997).

Aún más la jurisprudencia viene entendiendo que, en la valoración de la prueba por medio de dictamen de perito, se vulneran las reglas de la «sana crítica», cuando no consta en la sentencia valoración alguna en torno al resultado del dictamen pericial (STS 17 de junio de 1996); cuando se prescinde del contenido del dictamen, omitiendo datos, alterándolo, deduciendo conclusiones distintas, valorándolo incoherentemente etc. (STS 20 de mayo de 1996); cuando, sin haberse producido en el proceso dictámenes contradictorios, el tribunal en base a los mismos, llega a conclusiones distintas de las de los dictámenes (STS 7 de enero de 1991); o cuando los razonamientos del tribunal en torno a los dictámenes atenten contra la lógica y la racionalidad; o sean arbitrarios, incoherentes y contradictorios; o lleven al absurdo (SSTS 11 de abril de 1998,13 julio 1995 y de 15 julio 1988).

Sobre esta materia también se pronunció la SAP de las Islas Baleares 69/2015 de 21 de abril (FJ 2.º) en los siguientes términos:

(...) conforme ha indicado este tribunal en sentencias, entre otras, de 26 de febrero, 23 de julio y 7 de octubre de 2013, entre otras, el sistema de valoración de la prueba pericial continúa siendo el de libre apreciación razonada o, en terminología tradicional de nuestro derecho, el de apreciación «según las reglas de la sana crítica» (art. 348 de la LEC de 2000). El juez deberá valorar los dictámenes tomando en cuenta sus propias máximas de experiencia, como son la lógica interna del informe del experto, su ajuste a la realidad del pleito, la titulación del perito con relación a lo que constituye el objeto de la pericia, la relación entre el resultado de la pericial y los demás medios probatorios obrantes en autos, el detalle y exhaustividad del informe, la metodología o las operaciones practicadas para la obtención de conclusiones, como son la inspección, la extracción de muestras o la realización de análisis, etc. En cuanto a la objetividad del dictamen, atendiendo al origen de parte o judicial del mismo, se ha dicho por este tribunal que a lo que debe atenderse en el momento de la valoración es a la objetividad del resultado que se deduce de los diversos criterios o máximas de experiencia a los que antes se ha aludido y que el artículo 343 de la LEC intenta garantizar instaurando la tacha de los peritos que no sean de designación judicial.

Por tanto, es reiterada la jurisprudencia que declara que la prueba pericial es apreciable discrecionalmente, pudiendo el Juzgador, en contemplación de una pluralidad de criterios periciales, optar por aquel o aquellos que a su juicio ofrezcan mayor aproximación o identificación a la realidad de los hechos, pudiendo acoger parte de alguno o algunos de los dictámenes, o rechazar la totalidad o parte de ellos, incluso prescindir de su resultado (SSTS de 30 de diciembre de 1992, 26 de enero de 1993, 4 de mayo de 1993, 2 de noviembre de 1993 y de 7 de noviembre de 1994, entre otras), pero del mismo modo es constante la jurisprudencia que declara que la valoración atribuida en la instancia se ha de respetar, salvo que fuese desproporcionada, absurda o se manifieste irracional (SSTS de 1 de diciembre de 1990, de 23 de abril de 1991, de 22 de mayo de 1991, de 10 de marzo, de 14 de octubre y de 7 de noviembre, entre otras).

En definitiva, el resultado de la prueba pericial será libremente valorado por el juez, tal y como se afirma en el artículo 348 de la LEC. El legislador permite al juez la libre valoración de la prueba pericial, Esparza Leibar[187]. Dos son los principales argumentos manejados a favor de esta regulación. De un lado, que sería imposible valorar en un mismo proceso dictámenes contradictorios en sus resultados si la regla establecida para hacerlo fuera la valoración legal o tasada. Y, de otro, la formación del juez, que le debe permitir examinar y seguir el devenir pericial y la metodología aplicada desde una perspectiva siquiera meramente lógica.

Otros autores, como Jurado Beltrán[188], inciden en el análisis de los criterios valorativos esbozados por la jurisprudencia, que van desde la preparación, autoridad e idoneidad del perito, metodología empleada en el dictamen, inmediación en el análisis del reconocimiento, fuentes empleadas para la emisión de las periciales, medios técnicos empleados, actividad, planteamiento, conclusiones y congruencia entre el contenido del dictamen y sus conclusiones. Se incluye también el análisis crítico de alternativas científicas y la distancia del perito con los litigantes, así como la fórmula de defensa contundente y convincente del dictamen en el caso de vista oral.

---

187. Esparza Leibar, Iñaki, *El dictamen de peritos en la Ley 1/200, de Enjuiciamiento Civil*, ob. cit., págs. 152 a 155. En el mismo sentido, Gutiérrez Muñoz, Sonia Monserrate, *La prueba pericial en el proceso civil*, ob. cit., págs. 56 a 57.

188. Jurado Beltrán, David, *La prueba pericial civil. Análisis práctico del procedimiento probatorio pericial*, ob. cit., págs. 77 a 81.

Entre las circunstancias a tener en cuenta para valorar un informe pericial, NIEVA FENOLL[189] propone básicamente el criterio de la profesionalidad del perito y la coherencia y razonabilidad del dictamen pericial.

El primero estará constituido por datos objetivables: el *curriculum vitae* de su trayectoria profesional, títulos académicos, actividad profesional, colaboraciones en los tribunales como perito, publicaciones indexadas de cierto prestigio en la comunidad científica, contacto con el asunto sobre el que dictamina desde el punto de vista profesional, actualización del conocimiento y estado de la ciencia que maneja, índice de calidad en su quehacer profesional.

La valoración interna del dictamen pasa por el análisis de su coherencia y razonabilidad. Que sea inteligible, que no tenga contradicciones internas; incluyendo la explicación de puntos principales de la ciencia aplicable al dictamen. Ensayos o fórmulas empleadas que puedan ser objeto de verificación por otro perito personal experto lo que sería muy práctico a la hora de contradecir su contenido y ofrecer otras soluciones o conclusiones.

También tiene su importancia la redacción, explicación clara y simple que se impone para atender a su contenido.

El legislador no tiene ninguna duda al permitir al juez la libre valoración de la prueba pericial. Sería imposible valorar en un mismo proceso dictámenes contradictorios en sus resultados si la regla establecida para hacerlo fuera la valoración legal o tasada y además la formación del juez le debe permitir examinar y seguir el devenir pericial y la metodología aplicada de una perpectiva siquiera meramente lógica.

El dictamen debe ser comprensible para el juez, aunque desconozca los cálculos y operaciones propios que, de cada especialidad, hayan sido aplicados al caso concreto. Todo ello le proporcionará al tribunal un criterio objetivo y sostenible en relación con el dictamen[190].

Seguidamente se hará referencia a la jurisprudencia Daubert como elemento valorativo en el que se pretende introducir la cientificidad en la prueba pericial.

Como señala ANDINO LÓPEZ[191], los criterios doctrinales y jurisprudenciales que ayudan al juez español para valorar con sana crítica la prueba

189. NIEVA FENOLL, Jordi, *Derecho Procesal II. Derecho Civil*, ob. cit., pág. 233 a 234.

190. ESPARZA LEIBAR, Iñaki, *El dictamen de peritos en la Ley 1/2000, de Enjuiciamiento Civil*, ob. cit., pág. 153 y 154.

191. ANDINO LÓPEZ, José Antonio, «Los criterios Daubert y su posible encaje de la valoración pericial en España», en *La prueba pericial a examen* (PICÓ I JUNOY, dir.), J. M. Bosch, Barcelona, 2017, pág. 473 a 485.

judicial (*vid.* artículo 348 de la LEC) son similares a los criterios de admisión de prueba en Estados Unidos bajo la regla 702 de la *Federal rules of Evidence*[192].

El Tribunal Supremo de los EE.UU. se confrontó exactamente con el mismo problema que tiene cualquier otro juez del mundo: cómo valorar la prueba pericial.

Afirmó que la fiabilidad probatoria era la cientificidad de la prueba. Aunque la enunciación judicial de ciertos parámetros para valorar las pruebas periciales tiene sus antecedentes en un caso bastante más antiguo (*Fryev United States)*, gozar de la aceptación de la comunidad científica. Analiza la cuestión planteando el problema de demarcación entre el concepto ciencia y científico VÁZQUEZ ROJAS[193].

Al hilo del test del polígrafo, estableció que el criterio de calidad de un dictamen debía ser que la técnica empleada en el mismo fuera aceptada por la comunidad científica del campo en concreto, lo que le llevó a descartar este test como detector de mentiras.

En la Ley Federal de los Estados Unidos, el estándar Daubert es una regla de evidencia con respecto a la admisibilidad del testimonio de testigos expertos. Una parte puede presentar una moción de Daubert, una moción especial en limina (moción discutida sin la presencia del Jurado) planteada antes o durante el juicio, para excluir la presentación de pruebas no calificadas al jurado. La trilogía de Daubert son los tres casos de la Corte Suprema de los Estados Unidos que articularon el estándar de Daubert:

1. *Daubert v. Merrell Dow Pharmaceuticals, Inc.* (1993), que sostuvo que la Regla 702 de las Reglas Federales de Evidencia no incorporó el estándar Frye como base para evaluar la admisibilidad del testimonio de expertos científicos, pero que la regla incorporó una confiabilidad flexible estándar en su lugar.
2. *General Electric Co. v. Joiner* (1997), que sostuvo que un juez de la corte de distrito puede excluir el testimonio de expertos cuando hay brechas entre la evidencia en la que se basa un experto y la conclusión de esa persona, y que un abuso de discreción en el

---

192. *Rule 702 Federal Rules of Evidence.* Testimonio de expertos. Un testigo cualificado como experto por su conocimiento, habilidad, experiencia, entrenamiento o educación puede testificar en forma de opinión o de otra manera si:(a) los conocimientos científicos, técnicos o de otra índole del experto ayudarán al juzgador del hecho a entender la prueba, o a determinar un hecho en cuestión; (b) el testimonio se base en hechos o datos suficientes; (c) el testimonio es producto de principios y métodos confiables; y (d) el experto haya aplicado fiablemente los principios y métodos a los hechos del caso»

193. VÁZQUEZ ROJAS, Carmen, *De la prueba científica a la prueba pericial*, ob. cit., págs. 86 a 91.

estándar de revisión es el estándar apropiado para que los tribunales de apelaciones lo utilicen al revisar la decisión de un tribunal de primera instancia de si debe admitir el testimonio de un experto;

3. *Kumho Tire Co. v. Carmichael* (1999), que sostuvo que la función de control del juez, identificada en Daubert, se aplica a todos los testimonios de expertos, incluido el que no es científico.

El «estándar Daubert», permitió establecer cinco criterios que no se pueden tomar tampoco al pie de la letra, pero han pretendido ayudar a establecer las bases de calidad científica de un dictamen pericial de manera que puedan ser motivadas por un juez en su sentencia. De hecho, propiciaron la reforma del artículo 702 de las *Federal Rules of Evidence*; en estas sentencias atribuyen al juez el papel de guardián, a fin de que no deje entrar en el proceso los dictámenes que no estén basados realmente en conocimientos científicos. Pero como el juez carece de esos conocimientos, debe realizar un repaso de los cinco criterios siguientes para verificar la técnica empleada por el perito:

1. Que la técnica haya sido elaborada siguiendo el método científico, es decir, que haya sido verificada empíricamente, lo que incluye intentos de falsificación y refutación.
2. Que la técnica empleada haya sido objeto de revisión por parte de otros expertos y haya sido publicada.
3. Indicación del grado de error de la técnica.
4. Existencia del mantenimiento de estándares y controles sobre la fiabilidad de la técnica.
5. Repitiendo el estándar *Frye* de 1923, consenso en la comunidad científica sobre la técnica empleada.

No se pueden tomar en ningún caso al pie de la letra, sino que solamente pretenden ser ayudas, o más bien apoyos o incluso pretextos, en la motivación del juez.

Por ello, lo que tiene que hacer el juzgador no es tanto verificar cada uno de esos puntos, sino constatar que efectivamente se da suficiente razón de los mismos en el propio dictamen, y que no se sostiene la posible crítica al dictamen de la contraparte, buscando desacreditarlo con informes de refutación que igualmente han de ser valorados aplicando idénticos criterios.

Deben ser verificados los parámetros científicos de calidad, y para acreditar que la técnica sea científicamente eficiente y haya sido validada por la comunidad científica, a manera de mera recomendación o sugerencia la resolución de la Corte Suprema indicó una serie de factores a tener en cuenta. Aunque cabe destacar que explícitamente se señaló la posibilidad de usar cualquier otro criterio emitido por los tribunales estadounidenses o bien propuesto por la literatura jurídica, también se apuntó que el listado no era exhaustivo ni definitivo, sino ilustrativo y flexible.

Propuestos por el magistrado BLACKMUN y aceptados por la mayoría de los entonces miembros de la corte, se indicaron los siguientes cuatro factores de cientificidad:

Si la teoría técnica puede ser (y ha sido) sometida a prueba, lo que constituiría un criterio que comúnmente distinguiría la ciencia de otro tipo de actividades humanas.

Si la teoría o técnica empleada ha sido publicada o sujeta a la revisión por pares.

El rango de error conocido o posible, si se trata de una técnica científica, así como la existencia de estándares de calidad y su cumplimiento durante su práctica.

Y, finalmente, si la teoría o técnica cuenta con una amplia aceptación de la comunidad científica relevante.

El juzgador ha de conocer el grado de acierto de lo dictaminado —lo que dará más fiabilidad a la técnica— atendiendo a criterios de la comunidad científica a favor y en contra de las conclusiones expuestas. De otro modo, a cualquier litigante le será muy sencillo refutar el dictamen sembrando dudas sobre el grado de acierto.

El hecho de que el perito haya seguido los estándares y controles sobre la fiabilidad de la técnica también debe pertenecer a la motivación del dictamen. Esto deberá ser recogido en el apartado metodología y análisis huyendo de fórmulas de estilo. Bastará con una sencilla llamada en conclusiones para refuerzo de su contenido.

No caben referencias genéricas, sino concreción de datos y elementos de análisis, verificables si es posible, para que puedan ser testados por otros profesionales.

La ejecución del análisis ha de responder a un estudio profundo con detalle de cada fase seguida en la técnica de modo que pueda darse sobrada explicación a las conclusiones avaladas por el autor del dictamen. Acompañando en su caso como anexo, si fuere posible, operaciones numéricas, resultados de laboratorios, fotografías, planos de situación, documentos de homologación en su caso entre otros. En definitiva, indicios de calidad externos en sustento de la argumentación.

Como resume SKLANSKY[194], se consolida la idea y la creencia perdurable de que la verdad se descubre mejor a través de la confrontación adversa dual en el juicio. El sistema judicial en Estados Unidos muestra cierta incomodidad ante la idea de que el propio sistema de enjuiciamiento quede sometido al control de expertos, sean expertos judiciales que dirijan la clase de instrucción que es habitual en la tradición jurídica inquisitorial, o expertos burocráticos que ejerza la supervisión profesional de los laboratorios que prestan ayuda a los investigadores criminales.

Este sistema de fiabilidad podría trasladarse al ámbito civil hasta cierto punto, de hecho, la jurisprudencia del Tribunal Supremo viene definiendo los elementos a tener en cuenta para realizar una valoración de la prueba. Incluso ante la concurrencia de periciales contradictorias. Lo que se ha venido conociendo como el sistema adversarial en Estados Unidos. Sin embargo, el criterio de valoración de la sana crítica permite que atendiendo a criterios de lógica y otros ya expuestos se puedan revisar en cierto modo las consideraciones que sobre la prueba pericial hayan fundado el resultado del fallo judicial.

IV. DECLARACIÓN ORAL DEL PERITO Y SU COLISIÓN CON OTROS MEDIOS DE PRUEBA

La declaración oral del perito no es otra cosa que las aclaraciones o ampliaciones al informe que hayan sido admitidos al amparo del artículo 347 de la LEC. Desde luego, ha de versar sobre el informe propio si bien se admite la crítica del contrario o contrarios aportados por otros litigantes como se vio. Siempre desde la perspectiva de los conocimientos científicos, artísticos o técnicos razón de ser de la prueba por definición.

No suele ser el único medio de prueba a valorar en sentencia, es acompañado al menos de prueba documental y, por tanto, el criterio de valoración ha de ser conjunto. Valoración conjunta de la prueba bajo las reglas de la sana crítica. La única excepción sería la conjunción con prueba tasada, documental en cuyo caso esta tendría su valor al que sumar el propio del dictamen pericial. Lo que llevará a la estimación o desestimación de la demanda o reconvención en su caso.

El resto de las pruebas carecen de contenido técnico y cada una de ellas es traída al proceso en función de la necesidad que manifieste la parte

194. SKLANSKY, David, «La prueba pericial en Estados Unidos» en *La prueba pericial a examen. Propuestasde lege ferenda* (PICÓ I JUNOY, Dir.), Bosch, Madrid, 2020, págs. 184 a 185

proponente, si bien con carácter general podremos afirmar que el interrogatorio de parte versará sobre hechos y circunstancias de los que tengan noticia y guarden relación con el objeto del juicio. Generalmente de carácter personal (arts. 301 y ss. de la LEC).

El testigo depondrá sobre los hechos controvertidos que sean objeto del juicio (arts. 360 y ss. de la LEC).

La prueba documental seguirá sus propias reglas conforme disponen los artículos 317 y ss. de la LEC. Y finalmente el reconocimiento judicial culminaría el elenco de pruebas con su regulación en los artículos 353 y ss. de la LEC. Esta última prueba si puede introducir también conocimientos técnicos cuando se practique conjuntamente con la prueba pericial como recoge el artículo 356 de la LEC.

Sin embargo, y dado que las declaraciones en su caso versarán sobre los hechos controvertidos fijados en audiencia previa o juicio verbal, es lo cierto que pueden existir contradicciones, discrepancias o colisión frontal en sus contenidos. Todo ello debe ser objeto de valoración y la motivación y razonamiento del juicio intelectual llevado a cabo ha de ser plasmado en la sentencia o resolución de que se trate (puede ser un auto en algún caso).

En principio no habría colisión con la prueba de interrogatorio de parte, que con carácter general y como se ha dicho no puede versar sobre aspectos técnicos.

En cuanto al valor tasado de la prueba documental no alcanza la veracidad intrínseca de las manifestaciones contenidas en el documento que están sujetas al principio de libre valoración de la prueba y pueden ser desvirtuadas mediante prueba en contrario. Entre otras, cabe cita de las STS de 19 de mayo de 2006 (FJ 3.º).

La pericial de parte y la pericial de designación judicial pueden desplegar idéntica virtualidad probatoria (SAP de Murcia de 28 de marzo de 2006, —FJ 2.º— y SAP de Zaragoza de 18 de junio de 2004 —FJ 5.º—).

La jurisprudencia viene sosteniendo como criterios, de valoración de dictámenes periciales contradictorios podamos considerar los que a continuación se detallan.

4.1. Criterios comunes a la valoración de cualquier dictamen pericial

Los criterios para la valoración de dictámenes contradictorios son idénticos a los criterios de valoración de los dictámenes individualmente considerados. Tales como los razonamientos del dictamen y los efectuados en el acto de la vista; las conclusiones conformes y mayoritarias; el examen de las operaciones periciales; la competencia profesional del perito y las circunstancias que acrediten su objetividad.

No se puede dar prioridad al dictamen de designación judicial sobre el dictamen de parte, sino que se deberá atender al resultado de los dictámenes.

Dentro de estos criterios comunes adquiere especial relevancia la intervención del perito en el acto del juicio o de la vista (art. 347 de la LEC), dada la amplitud de la dicción legal en la contradicción que permite incluso «la crítica del dictamen que se trate por el perito de la parte contraria» (art. 347.5 de la LEC).

La crítica del dictamen por el perito de la adversa puede ser de suma utilidad, en el supuesto de dictámenes contradictorios, puesto que cada perito podrá rebatir los puntos débiles del dictamen de la adversa y, a la vez, fundamentar los del propio dictamen en un debate dirigido por el juez.

4.2. Criterios comparativos en la valoración de más de un dictamen pericial

Dada la existencia de varios dictámenes periciales —dos o más— contradictorios se introduce como nuevo criterio de ponderación el factor comparativo, consistente en determinar cuál de los dictámenes resulta más convincente, como señala Abel Lluch[195]. Parece, en principio, que deberá primarse el criterio de la mayoría coincidente, conforme al cual el criterio común de los peritos coincidentes prevalecerá sobre el criterio discrepante de uno de ellos, habiendo exigido la doctrina jurisprudencial la motivación de la decisión cuando esta se aparte de las conclusiones mayoritarias de los dictámenes.

Ahora bien, como refiere el mismo autor, tampoco se trata de un criterio pacífico, pues se ha razonado que lo determinante no es el número de peritos, sino la fundamentación del dictamen pericial, de modo que no es criterio superior la opinión compartida por un mayor número de técnicos que la mantenida por uno o un número inferior.

El número de peritos no es vinculante para la formación de la convicción judicial y la amplitud de la libertad del juzgador para valorar la prueba pericial le permite separarse de la opinión de los peritos, aun siendo unánime y que, a mayor abundamiento, puede preferir la opinión de la minoría e incluso del perito discrepante cuya opinión es contraria a las demás. Si

195. Abel Lluch, Xavier, «Prueba pericial», en *Estudios Prácticos sobre la Prueba*, ob. cit., pág. 468.

bien tanto mayor deberá ser el esfuerzo motivador de la resolución judicial cuanto más se aleje de los criterios mayoritarios de los peritos informantes.

4.3. Criterios modulables según el proceso

Se puede afirmar que, no cabe iniciativa probatoria de oficio con excepción de los juicios que versen sobre interés público —filiación, incapacidad o materia de familia con menores involucrados—. En estos procedimientos como prevé el artículo 752.1, segundo párrafo de la LEC las facultades del juez son ilimitadas en atención al interés en juego.

En el resto de los procedimientos donde rige el principio dispositivo y de aportación de parte solo pueden interesarse por la parte la práctica de alguna prueba como diligencia final en los supuestos del artículo 435.2 de la LEC.

Ya concluimos la imposibilidad de pericial dirimente y menos aún acordada de oficio. No puede integrarse siquiera en la facultad que otorga el artículo 429 primer párrafo de la LEC sobre la insuficiencia probatoria para esclarecimiento de los hechos controvertidos.

4.4. Valoración conjunta del dictamen pericial con otras pruebas

Una vez verificada la corrección externa del dictamen, el tribunal deberá contrastar sus conclusiones con el resultado de otros medios de prueba, valorándolos individualmente, o incluso con otros dictámenes, puesto que una situación prototípica en los procesos es la existencia de dos o más dictámenes contradictorios, cada uno aportado por una de las partes.

Señala ABEL LLUCH[196] que, en esta situación, lo más sencillo es que el juez opte por el dictamen que tenga más corrección externa tras el examen de los parámetros anteriores, aunque tiene que observar también que el resultado presentado por el perito debe ser compatible con lo que se deduzca del resto de medios de prueba, porque de lo contrario podría estar pasando por aparentemente auténtico un dictamen que se aparta por completo de la realidad, salvo que se acredite la falsedad, o al menos la poca fiabilidad del resto de medios de prueba.

Con relación a la apreciación conjunta de la prueba, de forma muy discutible, el Tribunal Supremo no admite el recurso extraordinario de infracción procesal para desarticular aquella valoración con el fin de que prevalezca un elemento probatorio sobre otros, ni admite que se pretenda una nueva valoración conjunta distinta a la del tribunal de instan-

196. ABEL LLUCH, Xavier, «Prueba pericial», en *Serie Estudios Prácticos sobre la Prueba*, ob. cit., pág. 468.

cia. Entiende que no puede servir para obtener conclusiones interesadas, contrarias a las objetivas y desinteresadas del órgano jurisdiccional.

En este sentido cabe cita del auto ATS 50/2016, de 4 abril (FJ 3.º), que dijo que:

> (...) descendiendo a respuestas singulares viene declarando la jurisprudencia, en síntesis, lo siguiente: (STS 25 de junio de 2014): (i) que no es posible atacar la valoración conjunta de la prueba, o lo que es igual, que la parte no puede pretender una nueva valoración conjunta distinta a la del tribunal de instancia a quien corresponde esta función soberana (SSTS de 13 de noviembre de 2013; 8 de octubre de 2013; de 30 de junio de 2009 y de 29 de septiembre de 2009); (ii) que tampoco puede atacar esa valoración conjunta mediante la impugnación de pruebas concretas ni pretender que se dé prioridad a un concreto medio probatorio para obtener conclusiones interesadas, contrarias a las objetivas y desinteresadas del órgano jurisdiccional (STS de 11 de diciembre de 2013).

En todo caso, en el recurso no se debe discutir la prueba, en general, o un determinado medio de prueba, sino la concreta desviación de la prueba practicada.

Se conjuga concentración la denominada tasa o dosis de prueba necesaria para estimar como probado un hecho controvertido. A tal fin se debe aplicar el llamado por la jurisprudencia «coeficiente de elasticidad», ya que no existe una norma que determine o exija una determinada cantidad, dosis o entidad de prueba, debiendo valorar esta «suficiencia» el tribunal de instancia.

En este sentido valga el ATS 4 abril 2018, por cuanto «dada la vigencia en nuestro sistema probatorio de los principios de libre apreciación y elasticidad de la prueba, salvo excepciones legalmente previstas, no se exige una determinada cantidad o entidad probatoria —dosis o tasa de prueba—. Determinar esta dosis es función soberana de los tribunales que conocen en instancia —primera y apelación— (SSTS 81/2007, de 2 de febrero, y 390/2010, de 24 de junio, por lo que no cabe denunciar una supuesta insuficiencia de la prueba».

V. LA MOTIVACIÓN DE LA VALORACIÓN DEL DICTAMEN PERICIAL

Generalmente, como señala Sanjurjo Rios[197], «viene empleándose por la doctrina los términos "valoración" y "apreciación" como sinónimos para hacer alusión a esa actividad judicial con la que se pretende que el juez pueda tener por probado o no los hechos sobre los que recayó precisamente la actividad de prueba».

197. Sanjurjo Ríos, Eva Isabel, *La prueba pericial civil: procedimiento y valoración*, ob. cit., pág. 233.

Señala MONTERO AROCA[198], que «la apreciación de la prueba es, en puridad, un concepto mucho más amplio que el de la valoración; o en sentido opuesto, la valoración es un término más restrictivo que el de la apreciación».

Se vienen a diferenciar dos actividades diferentes, la interpretación y la valoración. Como sostiene CORTÉS DOMÍNGUEZ[199], «el juez al final del proceso se halla ante una serie de juicios sobre la existencia o la manera de ser los hechos o de los actos y, por eso que, ante tales juicios, el juez deba primeramente interpretarlos para luego, poder valorarlos».

Afirma SANJURJO RIOS[200], que «ambas actividades mentales que hemos comentado y que se insertan dentro de lo que podríamos llamar "apreciación" o si se prefiere "valoración", pero entendida esta última en un sentido amplio, adquieren suma entidad de cara a descifrar la certeza o falsedad de los hechos probados. Y cada una de ellas en su propio ámbito, pues a las mismas se liga el cumplimiento de un fin concreto. Además, la relación entre la actividad interpretativa y valorativa en sentido estricto es incuestionable, pues de lo que se infiera en la primera dependerá lo que se concluya en la segunda, ya que en esta se parte del material obtenido con la interpretación».

La valoración plasmada en la sentencia es posterior a la interpretación de cada uno de los medios de prueba. Validez de testimonios, conclusiones periciales, documentales aportados, reconocimiento judicial u otras pruebas.

En el caso de las pruebas periciales se prestará una atenta consideración a elementos tales como la cualificación profesional o técnica de los peritos; la magnitud cuantitativa, clase e importancia o dimensión cualitativa de los datos recabados y observados por el perito; operaciones realizadas y medios técnicos empleados; y, en particular, el detalle, exactitud, conexión y resolución de los argumentos que soporten la exposición, así como la solidez de las deducciones; sin que, en cambio, parezca conveniente fundar el fallo exclusivamente en la atención aislada o exclusiva de sólo alguno de estos datos.

La doctrina ha establecido la existencia de un sistema dual de designación de peritos como se ha visto. La ley dispone la posibilidad del perito

198. MONTERO AROCA, Juan, *La prueba en el proceso civil: procedimiento y valoración*, Civitas, 2007, Madrid, pág. 601.

199. CORTÉS DOMÍNGUEZ, Valentín, «Dictamen de peritos o prueba pericial», en *Derecho procesal civil*, ob. cit., pág. 198.

200. SANJURJO RÍOS, Eva Isabel, *La prueba pericial civil: procedimiento y valoración*, ob. cit., pág. 235.

de designación de parte y el de designación judicial. Ambos han de ser valorados como prueba propuesta por la parte como se expuso. Por tanto, no tiene uno más prevalencia que el otro u otros en su caso. Esta situación de igualdad y siendo imposible la pericial dirimente la valoración ha de conjugar elementos de cada informe y plasmarse la convicción del juzgador en cualesquiera conclusiones de forma fundada.

Esto significa que ante la existencia de varios informes el tribunal puede fundar su resolución en cualquiera de ellos, con la correspondiente motivación, al respecto véanse la STS 350/2012, de 28 mayo (FJ 3.º), por cuanto «la emisión de varios dictámenes o el contraste de algunos de ellos con las demás pruebas, posibilita que la autoridad de un juicio pericial se vea puesta en duda por la del juicio opuesto o por otras pruebas, y que, con toda lógica, los jueces y tribunales, siendo la prueba pericial de apreciación libre y no tasada acepten el criterio más próximo a su convicción, motivándolo de forma suficiente y adecuada».

En el análisis comparativo de los diversos dictámenes obrantes en las actuaciones, el tribunal puede fundamentar su decisión en cualquiera de las periciales aportadas, o integrar todas ellas en un proceso lógico y racional de deducción (SAP de Madrid de marzo 2012), y en el supuesto de informes periciales contradictorios, conforme a la reiterada jurisprudencia, el tribunal puede decidirse por el dictamen que estime más conveniente y objetivo para resolver la contienda procesal (SAP de Madrid de 13 de abril de 2012), siempre con la correspondiente motivación.

Esto resulta pacífico en la jurisprudencia y práctica judicial como recuerda entre otras las SAP de San Sebastián de 4 de marzo de 2009, SAP de Madrid de 26 de enero de 2010 y de 27 de junio de 2005. En lo que se refiere a los informes periciales aportados por las partes, el Tribunal Supremo ha insistido en que «la fuerza probatoria de los dictámenes periciales reside esencialmente, no en sus afirmaciones, ni en la condición, categoría o número de sus autores, sino en su mayor o menor fundamentación y razón de ciencia debiendo tener por tanto como prevalentes en principio aquellas afirmaciones o conclusiones que vengan dotadas de una superior explicación racional, sin olvidar otros criterios auxiliares como el de la mayoría coincidente o el del alejamiento al interés de las partes» (STS de 20 de febrero de 1998).

De modo que todo lo anteriormente expuesto permite extraer dos consecuencias inmediatas, cuales son, por un lado, la difícil impugnación de la prueba pericial, por cuanto que dicho medio tiene por objeto ilustrar al órgano enjuiciador sobre determinadas materias que, por la especificidad de las mismas, requieren unos conocimientos especializados de técnicos en tales materias y de los que, como norma general, carece el órgano enjuiciador, quedando atribuido a favor de jueces y tribunales, en cualquier caso «valorar» el expresado medio probatorio conforme a las reglas de la «sana critica», y, de otro lado, por cuanto que el artículo 348 de la LEC no contiene reglas de valoración tasadas que se puedan violar, por lo que al no encontrarse normas valorativas de este tipo de prueba en precepto legal alguno, ello implica atenerse a las más elementales directrices de la lógica humana, ante lo que resulta evidenciado y puesto técnicamente bien claro, de manera que, no tratándose de un fallo deductivo, la función del órgano enjuiciador en cada caso para valorar estas pruebas será hacerlo en relación con los restantes hechos de influencia en el proceso que aparezcan convenientemente constatados, siendo admisible atacar el resultado judicial cuando este aparezca ilógico o disparatado.

También las SSTS de 9 de marzo 2010 y 1 de junio de 2011, han admitido la impugnación de la valoración del dictamen de peritos, cuando la efectuada en la instancia es ilegal, absurda, arbitraria, irracional o ilógica. Quedan fuera las situaciones de duda, inseguridad, vacilación o equivocidad, y por ello no cabe razonar si es mejor o más oportuna una hipótesis valorativa diferente a la acogida por la sentencia.

VI. POSIBILIDADES REVISORAS DE LA VALORACIÓN EN SEGUNDA INSTANCIA Y CASACIÓN

Ante todo, hay que poner de manifiesto, que según reiterado criterio jurisprudencial, la valoración probatoria es facultad de los tribunales sustraída a los litigantes, que aunque evidentemente pueden aportar las pruebas que la normativa legal autoriza, no, en forma alguna, tratar de imponerla a los juzgadores, pues no puede sustituirse la valoración que el juzgador de instancia hizo de toda la prueba practicada por la valoración que realiza la parte recurrente, función que corresponde única y exclusivamente al Juzgador *a quo* y no a las partes, habiendo entendido igualmente la jurisprudencia, que el Juzgador que recibe la prueba puede valorarla de forma libre, aunque nunca de manera arbitraria, transfiriendo la apelación al tribunal de segunda instancia el conocimiento pleno de la cuestión, pero quedando reducida la alzada a verificar si en la valoración conjunta del material probatorio se ha comportado el juez *a quo* de forma ilógica, arbitraria, contraria a las máximas de experiencia o a las normas de la sana crítica, o si, por el contrario, la apreciación conjunta de la prueba es la procedente por su adecuación a los resultados obtenidos en el proceso (SSTS de 26 de enero de 1998 y de 15 de noviembre de 1999).

En definitiva la segunda instancia ha de limitarse, cuando de valoraciones probatorias se trata, a revisar la actividad del juzgador *a quo*, en el sentido de comprobar que esta aparezca suficientemente expresada en la resolución recurrida y no resulte arbitraria, injustificada o injustificable, circunstancias que el Juzgador expresamente ha de razonar *a quo* acerca del resultado de las pruebas que ha tenido en consideración para alcanzar sus conclusiones, realizadas así en razonamientos suficientes y perfectamente compatibles con las denominadas «normas de la sana crítica», razonabilidad de su valoración (integrada por la motivación, conclusiones razonadas y el acomodo a las reglas generales de la experiencia, conclusiones razonables) que no puede sino ser respetada por este órgano *ad quem*.

Así, en los fundamentos jurídicos ha de exponerse por el juzgador adecuadamente los motivos que llevan a sus conclusiones, conforme a su convicción y libertad de valoración de la prueba.

No ha de olvidarse que la controversia litigiosa sustantiva por la que se fijó el hecho controvertido constituye una problemática que afecta a la valoración de la prueba y a la aplicación de las normas sobre la carga de la prueba, extremo este último donde —con carácter general— opera el artículo 217 de la LEC, precepto que, en su apartado 2, establece que corresponde al actor la carga de probar la certeza de los hechos de los que ordinariamente se desprenda, según las normas jurídicas a ellos aplicables, el efecto jurídico correspondiente a las pretensiones de la demanda e incumbe al demandado la carga de probar los hechos que, conforme a las normas que les sean aplicables, impidan, extingan o enerven la eficacia jurídica de los hechos a que se refiere el apartado anterior.

Lo cual significa que corresponde a la parte actora acreditar los hechos constitutivos del derecho cuyo reconocimiento y protección invoca y, a la parte demandada, los impeditivos o extintivos del mismo, sin que deba desconocerse, por un lado, que, conforme al apartado 1 del referido precepto, si al tiempo de dictar sentencia el tribunal considera dudosos unos hechos relevantes para la decisión, habrá de desestimar las pretensiones del actor o del reconviniente o del demandado o reconvenido según corresponda a unos u otros la carga de probar los hechos que permanezcan inciertos y fundamenten las pretensiones, y, por otro que, a tenor del apartado 7 del tan repetido artículo, para la aplicación de lo dispuesto en los apartados anteriores, el tribunal deberá tener presente la disponibilidad y facilidad probatoria que corresponda a cada una de las partes del litigio [SAP de Madrid, de 19 de noviembre de 2020 (FJ 3.º)].

De acuerdo con la valoración que el juzgador realice de la prueba practicada, tendrá que respetarse en la alzada si es razonada y razonable. Lo que se plasma en unas conclusiones, que ni sean incongruentes ni irracionales.

Así, habrá de estarse también a la reiterada doctrina jurisprudencial sobre valoración de la prueba pericial (entre muchas, las SSTS de 8 de octubre de 2003 y de 19 de julio de 2004) que señala que la prueba pericial es la libre apreciación por el juez, y tan sólo podrá revisarse tal valoración cuando el órgano de instancia tergiverse las conclusiones de forma ostensible o falsee arbitrariamente sus dictados o extraiga conclusiones absurdas o ilógicas.

Debe tenerse en cuenta que prevalece la valoración que de las pruebas realicen los órganos judiciales por ser más objetiva que la de las partes, dada la subjetividad de estas por razón de defender sus particulares intereses, a las que está vedada toda pretensión tendente a sustituir el criterio objetivo de los jueces por el suyo propio (SSTS de 1 de marzo de 1994 y 3 de julio de 1995, entre otras muchas). Por eso, cuando la cuestión debatida por la vía del recurso de apelación es la valoración de la prueba llevada a cabo por el juez *a quo* sobre la base de la actividad desarrollada en el acto del juicio, debe partirse, en principio, de la singular autoridad de la que goza la apreciación probatoria realizada por el juez ante el que se ha celebrado el acto solemne del juicio en el que adquieren plena efectividad los principios de inmediación, contradicción, concentración y oralidad, pudiendo el juzgador desde su privilegiada y exclusiva posición, intervenir de modo directo en la actividad probatoria y apreciar personalmente su resultado, así como la forma de expresarse y conducirse de las partes y los testigos en su narración de los hechos y la razón del conocimiento de estos, ventajas de las que, en cambio, carece el tribunal llamado a revisar dicha valoración en segunda instancia.

De ahí que el uso que haya hecho el juez de su facultad de libre apreciación o apreciación en conciencia de las pruebas practicadas en el juicio, siempre que tal proceso valorativo se motive o razone adecuadamente en la sentencia (SSTC 17 de diciembre de 1985, 23 de junio de 1986, 13 de mayo de 1987, 2 de julio de 1990, 4 de diciembre de 1992 y 3 de octubre de 1994, entre otras), únicamente deba ser rectificado, bien cuando en verdad sea ficticio o bien cuando un detenido y ponderado examen de las actuaciones ponga de relieve un manifiesto y claro error del Juzgador *a quo* de tal magnitud y diafanidad que haga necesaria, con criterios objetivos y sin el riesgo de incurrir en discutibles y subjetivas interpretaciones del componente probatorio existente en autos, una modificación de la realidad fáctica establecida en la resolución apelada.

En concreto, respecto a la prueba pericial, que es la única practicada en acto de juicio, cabe señalar que el artículo 348 de la LEC dispone que «el tribunal valorará los dictámenes periciales según las reglas de sana crítica». Así, la prueba pericial es de libre apreciación, aunque sujeta a las reglas de la sana crítica, que no se encuentran codificadas, entendiéndose por tales las más elementales directrices de la lógica humana, y deberá ser apreciada por los tribunales, no de forma aislada, sino en conjunción con el resto de actividad probatoria practicada en el proceso. Ante la existencia de varias pruebas periciales el tribunal puede optar por aquella que más le convenza aun cuando, en ese caso, debe emitir juicio de ponderación valorativo o desvalorativo sobre las restantes que la contradicen, pues la mayor credibilidad de una u otra pericia, otorgada a su libre apreciación, requiere un juicio motivado, que es lo que creemos que se ha realizado en la sentencia apelada.

Recuerda la SAP de Madrid 912/2012, de 13 de septiembre (FJ 8.º) que «solo se admitirá la impugnación de la valoración de los dictámenes periciales cuando el juzgador tergiverse ostensiblemente sus conclusiones o falsee en forma arbitraria sus dictados o extraiga deducciones absurdas o ilógicas (SSTS de 30 de noviembre de 1994, 10 de diciembre de 1996, 15 de julio de 1999 o 20 de febrero de 2000)».

CONCLUSIONES

I. La prueba pericial responde a la necesidad de aportación de conocimientos científicos, artísticos, técnicos o prácticos al proceso. Se hace necesaria para valoración de hechos controvertidos y adquisición de certeza sobre ellos. Su naturaleza jurídica es la de medio probatorio y no instrumento de auxilio para el juez. Siendo su constitución extraprocesal ello no le priva del carácter de prueba, y la designación tanto judicial como de parte tampoco afecta a su valoración como medio probatorio. No vinculando en ningún caso al juzgador. La prueba pericial desde luego es de parte, salvo en procesos cuyo objeto sea indisponible (menores e incapaces, materia de orden público). En el supuesto de que la prueba fuese acordada por el tribunal en materias específicas, tampoco supone la vinculación a su resultado o altera su naturaleza jurídica.

En materia privada, donde el principio dispositivo es informador del proceso, el tribunal puede intervenir o sugerir la falta de probanza de algún hecho, como recoge el artículo 429.1 de la LEC, no acordar la práctica de la prueba, en cualquier caso. Las reglas sobre la práctica de la prueba no pueden vulnerarse en aras al principio de igualdad de armas, principio de contradicción, y derecho a la tutela judicial efectiva. Por tanto, la necesidad de prueba que se ponga de manifiesto para alguna de las partes no puede ser suplida por la actuación de oficio del tribunal, con la salvedad indicada y su intrincada aplicación práctica.

El marco jurídico no es otro que la norma procesal por cuanto tanto su objeto como actividad procesal va destinada a formar la convicción del juzgador. Así, el cumplimiento es de orden imperativo y es obligación del tribunal cuidar de la aplicación de la norma evitando aportaciones extemporáneas, preclusivas o perjudiciales para alguna de las partes.

II. Respecto al momento de aportación de la prueba, queda claro que el objeto del dictamen ha de ser el sustento de la pretensión o de la contestación a la demanda, (motivo de oposición) esto implica que en los escritos rectores deberían abordarse las conclusiones o premisas de los informes tenidos a la vista y fundamento de la razón de pedir. Al menos de forma preliminar, y en todo caso en la demanda esta circunstancia debe darse. Por cuanto no se podrán ampliar hechos que podían haber sido conocidos al momento de plantearla. Otra cosa sería derivar algún elemento a la efectiva aportación, incluso en el supuesto de suplicos condicionados a su resultado.

En estos casos, debería arbitrarse un plazo de contestación al demandado más amplio del establecido legalmente. Pues una buena defensa exigiría conocer en toda su extensión la pretensión y su fundamento.

La prueba pericial en cualquier caso debe versar sobre un hecho y nunca sobre el derecho, salvo la costumbre o el derecho extranjero. El hecho será equivalente a circunstancias relevantes y actos no favorecidos por una presunción. Y normalmente es el elemento definidor del proceso.

El documento al momento de su aportación debe contener unos elementos que lo definen y que resultan insubsanable establecidos en el artículo 335.2 de la LEC entre estos el juramento o promesa de actuar con objetividad. Ya que, como se dijo, no se trata de un acto procesal sino extraprocesal, la prueba constituida en sí misma, por lo que es más que dudosa la aplicación del artículo 231 de la LEC. Así pues, la prueba pericial lo es en sí misma y esta practicada con la aportación del documento, otra interpretación pasaría por su presencia en todo caso, siendo innecesario, *vid.* artículo 347 de la LEC.

Debemos concluir que la presencia del perito en el acto o vista contingente, debe estar justificada y la parte al proponerla debe determinar su necesidad. No se aviene a la filosofía de la prueba la participación del perito en todo caso en el acto o vista, por lo que se entiende que la prueba ha de estar perfectamente constituida antes de acceder al proceso. Ni siquiera el informe ha de ser ratificado, salvo supuestos de pericial de designación judicial y ante la presencia del letrado de la Administración de Justicia como dispone el artículo 346 de la LEC.

El encargo del informe es privado y su elaboración previa a la incoación del proceso, salvo anuncio de aportación justificado en el caso del demandante (arts. 336.1 y 337 de la LEC). El demandado también hará encargo privado y lo acompañará a la contestación salvo la imposibilidad de pedirlos u obtenerlos (arts. 336.4 y 337 de la LEC).

Esta justificación debe ser valorada por el tribunal, no bastando fórmulas de estilo o genéricas. Debe concretarse el motivo de retraso y su razón a fin de que sea valorado con la finalidad de admitir o no la prueba.

Este extremo es muy importante ya que la aportación extemporánea es causa de inadmisión de la prueba, dando lugar a la preclusión del trámite. Por lo tanto, la perdida de oportunidad. Esto podría suponer orfandad de probanza y por tanto desestimación de la demanda o del motivo de oposición

Esta rigurosidad en la aportación cede en función de actuaciones posteriores a la demanda, caso de alegaciones o pretensiones complementarias admitidas por el tribunal. Este supuesto está expresamente previsto en el artículo 338 de la LEC. Su aplicación circunscrita al caso concreto ha de ser razonada y razonable en función del caso y alegaciones vertidas por las partes. Ello en concomitancia con el artículo 426 de la LEC que con carácter previo a la proposición de prueba regula esta posibilidad, y en un momento posterior fijado el hecho controvertido se ampliarían los hechos sometidos a controversia y por lo tanto sujetos a probanza.

Esto supondría una ampliación de plazo de práctica de prueba por cuanto se requeriría la elaboración del informe y su aportación, lo que, unido a la solicitud de presencia del perito en el acto o vista, en caso de ser aceptada, llevaría a la unidad de acto en la celebración de juicio ordinario con las consiguientes conclusiones de parte.

III. En cualquier caso, el dictamen tendrá forma escrita y la lengua utilizada será el idioma castellano o el oficial de la comunidad autónoma. Requiriendo desde luego la firma del autor/a o autores. Su contenido no es baladí ya no en cuanto a la cuestión técnica sino a la propia exposición por cuanto es un elemento de valoración de la prueba. Habrá de contener la razón de la ciencia, metodología utilizada, análisis y conclusiones. Y es frecuente y hasta recomendable que se acompañen en su caso documentos y anexos.

Son elementos todos que pueden ser impugnados o controvertidos en el caso de informe de refutación aportado por el demandado. Por tanto, contenido controlable por las partes valorable por el tribunal.

Admitido el dictamen cabría su impugnación o incluso cualquier aclaración o ampliación dentro del marco establecido en el hecho controvertido. En caso de impugnación o solicitud de ampliación la parte deberá especificar, concretar y detallar los motivos aducidos a tal fin. Estas circunstancias serán valoradas en sentencia.

IV. La designación de perito es extraprocesal salvo en caso designación judicial en los términos del artículo 339 de la LEC (por sorteo o lista corrida o incluso de oficio en casos tasados). La procedencia afectaría al momento de aportación del dictamen ya que si lo es tras la presentación de la demanda parece lógico suspender el plazo para la contestación; también en el caso de designación por solicitud del demandado haya o no reconvención.

El número de peritos que han de ser nombrados ha de ser uno por cada cuestión planteada. Por razón de la materia se establecería el número idóneo, aunque con frecuencia se reduce a la aportación de un solo dictamen, aunque eventualmente se manejen varias disciplinas.

La dualidad de designación hace que los dictámenes periciales sean contradictorios e incluso antagónicos. También cuando la procedencia sea la misma, sin embargo, no se ha previsto por el legislador la designación de un perito dirimente lo cual sería prácticamente dejar en manos de éste la resolución definitiva del litigio.

Por tanto, se estará a la valoración de la prueba para otorgar mayor o menor credibilidad a alguno de los dictámenes periciales aportados al procedimiento.

En cualquier caso, la objetividad e imparcialidad del perito unido a las reglas de tacha y recusación están suficientemente garantizadas. De este modo se pretende asegurar el principio de contradicción igualdad de armas, en ello redunda la probidad y honestidad del perito.

La intervención de las partes en la elaboración no está prevista salvo en el supuesto de operaciones periciales en supuestos de perito de designación judicial. Siempre que ello no interfiera el desarrollo de la prueba.

V. Los gastos de peritación serán asumidos por la parte proponente ya que el perito tiene derecho cobro de honorarios. Estos emolumentos se integrará el concepto de costas y gastos generados en el proceso. La percepción de honorarios pues está garantizada y priorizada tanto en el caso de pericial de parte como de designación judicial. En este último caso el control sobre posible abuso y la determinación se daría a través de un incidente específico previsto en el artículo 342.3 de la LEC.

VI. En caso de intervención del testigo perito, como figura afín pero diferente, los honorarios derivan de la propia indemnización por su intervención como testigo no por la emisión en su caso del documento que contenga de algún modo conocimientos científicos, artísticos o técnicos de forma privada.

En cualquier caso, debe concluirse que el testigo perito es ante todo un testigo quien además posee conocimientos específicos sobre materia de interés en el pleito. En el supuesto de aportación de dictamen se estaría a lo dispuesto en el artículo 380 de la LEC que prevé la específica ratificación de contenido (370.4 de la LEC).

VII. Según se ha concluido la intervención del perito en el acto o vista es contingente. Atendiendo a las características del propio documento, la regulación de la prueba en lo que a la forma de proposición se refiere y la jurisprudencia que la interpreta.

La intervención pues es posible y no obligatoria, ha de estar justificada por cuanto el proponente es quien debe especificar y concretar la finalidad. Su presencia obedece al hecho de que sea necesario aportar elementos que no contenga ya el informe se desprendan de su simple lectura. El control es del tribunal, denegándose las solicitudes de intervención que, por su finalidad contenido, se estimen pertinentes por inútiles.

Este control se basa en que las aclaraciones o ampliaciones no pueden justificar incumplimiento de plazo preclusivo e introducir una suerte de nuevo informe a resultas de la información del proceso a posterior.

La práctica como diligencia final en su caso (art. 435 de la LEC), obedece a los mismos criterios; esto es a instancia de parte con los requisitos expuestos.

La aplicación del artículo de 347 en segunda instancia pasa por la reproducción de solicitud de prueba inadmitida o no practicada en el escrito de interposición del recurso de apelación. Previo recurso reposición y consigna de protesta en audiencia previa.

VIII. La valoración de la prueba pericial está sujeta a las reglas de la sana crítica en el marco de valoración conjunta de la prueba. En el supuesto de pericial única no supone vinculación de su contenido pues el juez puede aportarse en su razonamiento de las conclusiones de la misma atendiendo a otras pruebas admitidas en el procedimiento.

En caso de dos o más periciales, junto a otras pruebas pueden entrar en colisión las conclusiones que se extraigan. De ahí la importancia de la motivación de valoración conjunta de todas las practicadas.

Son elementos a tener en cuenta para la valoración de la prueba pericial directamente: la cualificación profesional del perito, método observado, condiciones de observación por reconocimiento del perito, vinculación con las partes, criterio mayoritario coincidente, coherencia interna. No hay pronunciamientos en el orden civil sobre la doctrina Daubert, sin embargo, los principios inspiradores son semejantes.

Deben plasmarse tanto los razonamientos de exclusión de una prueba pericial contradictoria como los de acogimiento. Por cuanto está sujeto a revisión el *iter* lógico de la conclusión llevada a la resolución final, tanto en segunda instancia como en casación según los motivos revisores.

Las posibilidades revisoras recaen sobre la motivación si esta resulta ilógica, infundada o irracional.

PROPUESTAS DE MEJORA EN LA REGULACIÓN DE LA PRUEBA PERICIAL

La regulación de la prueba pericial es compleja y laberíntica si es relacionada con el régimen jurídico de otras pruebas. A fin de clarificar su régimen jurídico y simplificar algunos problemas que se dan en la práctica se proponen algunas ideas.

- En relación con la aportación del dictamen, se mantendría la obligación de hacerlo junto a la demanda o contestación.
- En caso de anuncio de la prueba por no disponer de ello la justificación debe ser exigida en todo caso, de no hacerse sería motivo de inadmisión. Para el actor sería solo dable en caso de riesgo de prescripción de la acción a ejercitar.
- La dificultad de aportación de la prueba pericial para el demandado es lógica atendiendo a los plazos de contestación —10/20 días según se trate de juicio verbal u ordinario—. Por tanto, la justificación exigible vendrá dada por el objeto de prueba y acceso al mismo, la parte debe razonar y explicar el porqué.
- La reforma del artículo 336.5 de la LEC es demasiado tibia pues no proporciona medios coercitivos para obtención de la prueba o simplemente consecuencias jurídicas. De modo que la negativa pueda suponer la imposición de multas coercitivas o en su caso asunción de resultado adverso. Posiblemente sería suficiente entender acreditado el hecho afirmado por la demandada, fórmula análoga a la prevista para la prueba de interrogatorio de parte en el artículo 304 de la LEC.
- Asimismo, sería aconsejable prever el acceso a documentos necesarios para la emisión del informe, añadiendo este concepto al precepto. Eso si con la obligación de concretar e identificar tanto la necesidad como relevancia a los fines pretendidos.
- La limitación del artículo 336.5 de la LEC al demandado debe ampliarse a la parte actora según el caso. Pues puede interesar en supuestos en los que no se formule demanda reconvencional. Baste la compensación o alegación de nulidad, cuyo tratamiento es el de la reconvención que no dispensa condición de demandado al actor (art. 408 de la LEC).
- Debe posibilitarse la determinación del suplico de la demanda para el beneficiario de justicia gratuita a resultas de la prueba pericial. Pues será necesario conocer su contenido para que el demandado pueda contestar con conocimiento de causa.

- El pronunciamiento sobre admisión de prueba pericial tiene tratamiento de prueba anticipada en estos casos. Por tanto, debe arbitrarse la intervención del demandado como exige el artículo 293 de la LEC.
- Se propone reforma del artículo 339.1 al que debería añadirse párrafo en este sentido.
- Definir un contenido de mínimos en los informes periciales, determinación del método empleado, objeto de pericia detallado, anexos empleados en su caso, operaciones llevadas a cabo. En definitiva, elementos que según la técnica empleada sean susceptibles de verificación por cualquier conocedor de la materia.
- Aclarar los términos del artículo 345 de la LEC sobre operaciones particionales y posible intervención de las partes en ellas. Dirigida al perito de designación judicial. El marco temporal aparece indefinido, debiendo enmarcarse con claridad en el artículo 339.1 y 2 de la LEC.
- En los supuestos del artículo 336, perito de designación de parte, el artículo 345 de la LEC debería extender su aplicación.
- En la propuesta de práctica como prueba anticipada sería relevante la aplicación del artículo 345 de la LEC mencionado más arriba.
- Delimitar con mayor claridad la posible intervención del perito en el acto o vista que el tribunal admita, añadiendo a la letra del precepto la necesidad de determinar y especificar la finalidad al caso concreto como viene exigiendo la jurisprudencia que lo interpreta. Se propone en este sentido la reforma del artículo 347 párrafo segundo de la LEC.

BIBLIOGRAFÍA

Abel Lluch, Xavier: «La valoración del dictamen pericial», en *Estudios prácticos sobre medios de prueba*, VLex, Madrid, 2009.

— «Prueba pericial», en *Estudios Prácticos sobre la Prueba*, J. M. Bosch, Barcelona, 2009, n.º 3.

— *La prueba pericial* (con Picó i Junoy), J. M. Bosch, Barcelona, 2009.

— «El estatuto jurídico del perito», en *Tratado de Prueba Judicial* (Abel Lluch, coord.), La Ley, Wolter Kluwers, Madrid, 2014.

Albés Blanco, María de la Concepción: «El dictamen de peritos. Ley de Enjuiciamiento Civil, 1/2000, de 7 de enero», en *Boletín del Ministerio de Justicia*, 2002, Año 56, n.º 1921.

Andino López, José Antonio: «Los criterios Daubert y su posible encaje de la valoración pericial en España», en *La prueba pericial a examen* (Picó i Junoy, dir.), J. M. Bosch, Barcelona, 2017.

Aragó Honrubia, Ivana: «La intervención judicial del perito en la vista», en *Aspectos prácticos de la prueba civil*, J. M. Bosch, Barcelona, 2006.

Aragoneses Martínez, Sara e Hinojosa Segovia, Rafael: *Cien cuestiones controvertidas sobre la prueba en el proceso civil*, Colex, Madrid, 2004.

Arbós i Llobet, Ramón: «Impugnación de documento privado», en *Colección de Formación Continua* (Abel Lluch y Picó i Junoy, dir.), Facultad de Derecho ESADE, Bosch, Madrid, 2011.

Armenta Deu, Teresa: *Lecciones de derecho procesal civil. Proceso de declaración, proceso de ejecución y procesos especiales*, Marcial Pons, Barcelona, 2021.

ASENCIO MELLADO, José María: «De los medios de prueba y las presunciones (arts. 299 a 386)», en *Proceso Civil Práctico: comentarios a la Ley 1/2000, de 7 de enero, de Enjuiciamiento Civil* (Gimeno Sendra, dir.), 2018, vol. 2, tomo 1

— *Proceso civil práctico*, La Ley, Wolter Kluwers, Madrid, 2002, vol. IV.

BANACLOCHE PALAO, Julio: «Prueba pericial», en *La prueba civil* (con Garberí Llobregat), Tirant lo Blanch, Valencia, 2004.

BELHADJ BEN GÓMEZ, Celia: «La prueba pericial, acceso a lugares y cosas. Examen de personas», en *Revista Aranzadi Doctrinal*, 2016, n.º 1.

—«La prueba pericial, reglas sobre proposición, admisión y práctica en el proceso civil. Estudio jurisprudencial», en *Revista Aranzadi Doctrinal*, 2012, n.º 3.

CABAÑAS GARCÍA, Juan Carlos: «Premisas básicas para una posible redefinición de la teoría procesal sobre el hecho notorio», en *Revista de Derecho Procesal*, 1991, n.º 3.

CALAMANDREI, Piero: «La génesis lógica de la sentencia civil», en *Estudios sobre el proceso civil* (trad. de Sentís Melendo), Buenos Aires, 1972, pág. 380;

CAÑAL DE LEÓN, Ignacio: «La prueba pericial en el proceso civil. Su configuración en la Ley 1/2000, de 7 de enero», en *Exposición de la nueva Ley de Enjuiciamiento Civil* (Gutiérrez Alviz Conradi, dir.), Tirant lo Blanch, Valencia, 2001.

CARNELUTTI, Francesco: «Pruebas civiles y penales», en *Estudios de Derecho Procesal* (trad. por Sentís Melendo), EJEA, Buenos Aires, 1952, tomo II.

— *Sistemas de Derecho Procesal*, UTEHA, Buenos Aires, 1944.

CORTÉS DOMÍNGUEZ, Valentín: «Concepto y objeto de la prueba», en *La prueba en el proceso civil* (González Cano y Romero Pradas, coords.), Tirant lo Blanch, Valencia, 2017, tomo I.

DE LA OLIVA SANTOS, Andrés: «La prueba y la determinación de los hechos», en *Derecho Procesal Civil* (con Fernández López), Centro de Estudios Ramón Areces, Madrid, 1996, tomo II.

— La prueba y la determinación de los hechos», *Derecho Procesal Civil. El proceso de declaración* (con Ignacio Díez-Picazo), Ramón Areces, Madrid, 2000.

— *Comentarios a la Ley de Enjuiciamiento Civil*, Madrid 2001.

De Miguel y Alonso, Carlos: «La cientificidad de la prueba pericial y la libertad de apreciación del juzgador en el proceso civil español», en *Revista Iberoamericana de Derecho Procesal*, Madrid, 1972.

De Miranda Vázquez, Carlos: «Problemas que plantea la intervención del perito en el acto del juicio o vista», en *Peritaje y prueba pericial* (Picó i Junoy y Miranda Vázquez, dirs.), J. M. Bosch Editor, Barcelona, 2017

Devis Echandia, Hernando: *Teoría general de la prueba judicial,* tomo II, Temis, Bogotá, 2019.

Díaz Fuentes, Antonio: La prueba en la Ley de Enjuiciamiento Civil, J. M. Bosch, Barcelona, 2012.

Esparza Leibar, Julio: *El dictamen de peritos en la Ley 1/2000, de Enjuiciamiento Civil,* Tirant lo Blanch, Valencia, 2000.

Exteberría Guridi, José Francisco: *Las facultades judiciales en materia probatoria,* Tirant lo Blanch, Valencia, 2003.

Fábrega y Cortés, Magín: *Apuntes de práctica forense,* La Neotipia, Barcelona, 1908.

Flores Prada, Ignacio: *La prueba pericial de parte en el proceso civil,* Tirant lo Blanch, Valencia, 2005.

— «Estrategias para una mayor eficacia de la prueba pericial de parte y de la judicial en el proceso civil», en *Sobre la responsabilidad civil y su prueba: ponencias VII Congreso Nacional,* Asociación Española de Abogados Especializados en Responsabilidad Civil y Seguros, Ubeda, 2007.

— «La prueba pericial» en *La prueba* (González Cano y Romero Pradas, coords.), Tirant lo Blanch, Valencia, 2019, vol. II.

— «Veinte años de vigencia del modelo dual de prueba pericial en el proceso civil (breve balance y propuestas de reforma)», en *La prueba pericial a examen: propuestas de* lege ferenda (Picó i Junoy, dir.), J. M. Bosch, Barcelona, 2020.

Font Serra, Eduardo: «Dictamen de peritos en la nueva Ley de Enjuiciamiento Civil», en *Cuadernos de Derecho Judicial,* 2000, vol. 7.

— *La prueba de peritos en el proceso civil español,* Editorial Hispano-Europea, Barcelona, 1974.

— *El dictamen de peritos y el reconocimiento judicial en el proceso civil,* Madrid, La Ley, Wolter Kluwers, Madrid, 2000.

— «El nuevo dictamen de peritos en la LEC», en *Cuadernos de Derecho Judicial*, 2005, n.º 9670, pág. 89,

Garberí Llobregat, José y Buitrón Ramírez, Guadalupe: *La prueba civil*, Tirant lo Blanch, Valencia, 2004.

Garciandía González, Pedro: «Artículo 335», en *Comentarios a la Ley de Enjuiciamiento Civil, Comentarios a la Ley de Enjuiciamiento Civil* (Tapia Fernández, Muerza Esparza, Armenta Deu y Cordón Moreno, coords.), tomo I, Thomson, Pamplona, 2011.

— «Artículo 339», en *Comentarios a la Ley de Enjuiciamiento Civil, Comentarios a la Ley de Enjuiciamiento Civil* (Tapia Fernández, Muerza Esparza, Armenta Deu y Cordón Moreno, coords.), tomo I, Thomson, Pamplona, 2011.

— «Artículo 347», en *Comentarios a la Ley de Enjuiciamiento Civil, Comentarios a la Ley de Enjuiciamiento Civil* (Tapia Fernández, Muerza Esparza, Armenta Deu y Cordón Moreno, coords.), tomo I, Thomson, Pamplona, 2011.

— «La oralidad en la prueba pericial: el régimen de intervención del perito en juicio a la luz de la doctrina de las audiencias», en *Oralidad y escritura en un proceso civil eficiente*, Universitat de Valencia, Valencia, 2008.

— La oralidad en la prueba pericial: el régimen de intervención del perito en juicio a la luz de la doctrina de las audiencias», en *Revista del Colegio de Abogados de La Plata*, 1973, n.º 14

Gimeno Sendra, Vicente: «Artículos 281 a 386», en *Proceso Civil Práctico*, La Ley, Madrid, 2002, tomo IV.

— *Derecho procesal civil*, Tirant lo Blanch, 2020.

Gómez Colomer, Juan Luis: «El proceso de declaración», en *Derecho Jurisdiccional II. Proceso Civil* (con Montero Aroca, Montón Redondo y Barona Vilar), Tirant lo Blanch, Valencia 2005.

— «Prueba pericial», en *El nuevo proceso civil* (con Montero Aroca y Montón Redondo), Tirant lo Blanch, Valencia, 2000.

González Montes-Sánchez, José Luis: «La prueba pericial en la Ley de Enjuiciamiento Civil: balance crítico», en *Revista de Estudios Jurídicos*, 2013, n.º 13.

González Pillado, Esther e Iglesias Canle, Inés: «La prueba pericial en la nueva Ley de Enjuiciamiento Civil», en *Revista Xurídica Galega*, 2002, n.º 27.

Guasp Delgado, Jaime: «Artículo 627», en *Comentarios a la Ley de Enjuiciamiento Civil*, Aguilar, Madrid, 1949, tomo II, vol. 1.

Gutiérrez Muñoz, Sonia Monserrate: «La prueba en el proceso civil», J. M. Bosch, Barcelona, 2013.

— *La prueba pericial en el proceso civil*, Bosch, Madrid, 2009.

Guzmán Fluja, Vicente: «Comentario al artículo 347», en *El proceso civil* (Moreno Catena, dir.), Tirant lo Blanch, Valencia, 2001, tomo III.

— «Actuación de los peritos en el juicio o vista», en *El proceso civil* (Moreno Catena, dir.), Tirant lo Blanch, Valencia, 2001, tomo III,

— «Prueba pericial», en *El proceso civil* (Moreno Catena, dir.), Tirant lo Blanch, Valencia, 2001, tomo III.

Illescas Rus, Ángel Vicente: «Práctica y valoración del dictamen pericial», en *Cuadernos de Derecho Judicial*, 2005, n.º 7, págs. 4 y 5.

Jurado Beltrán, David: *La prueba pericial civil. Análisis práctico del procedimiento probatorio pericial*, Bosch, Madrid.

Larena Beldarrain, Javier: «La prueba pericial», en *El proceso civil: parte general, el juicio verbal y el juicio ordinario* (Gutiérrez Barrenengoa, Larena Beldarrain y Lledó Yagüe, dirs.), Dykinson, Madrid, 2020.

Lorca Navarrete, Antonio María: «La regulación de las diligencias finales del juicio ordinario en la nueva de la LEC», en *La Ley*, Wolter Kluwers, Madrid, 2000, n.º 3.

Magro Servet, Vicente: «¿Prueba pericial versus pericial de parte?», en *Diario La Ley*, Wolter Kluwers, Madrid, 2007, n.º 6637

— *La prueba pericial en la Ley de Enjuiciamiento Civil y en la Ley de Ordenación de la Edificación*, La Ley, Wolter Kluwers, Madrid, 2007.

Martín de la Leona Espinosa, José María: *La nulidad de actuaciones en el proceso civil*, Colex, Madrid, 1991.

Matheus López, Carlos Alberto: *Sobre la función y objeto de la prueba*, J. M. Bosch, Barcelona, 1943.

Montero Aroca, Juan: *Introducción al Derecho Procesal. Jurisdicción, Acción y Proceso*, Tecnos, Madrid, 1976.

— «Nociones generales sobre la prueba (entre el mito y la realidad)», en *La prueba, Cuadernos de Derecho Judicial*, Escuela Judicial, Consejo General del Poder Judicial, Madrid, 2000, n.º VII.

— «Prueba pericial», en *Derecho Jurisdiccional II. Proceso Civil* (con Gómez Colomer, Montón Aroca, y Barona Vilar), Valencia, 2000.

— «Especialidades de la prueba pericial en el juicio verbal», en *Cuadernos de Derecho Judicial*, 2005, n.º XII.

— *La prueba en el proceso civil: procedimiento y valoración*, Civitas, 2007, Madrid.

— *La prueba en el proceso civil*, Civitas, Madrid, 2011.

— *El proceso civil los procesos ordinarios de declaración y de ejecución*, Tirant lo Blanch, Valencia, 2016.

Montero Aroca, Juan y **Flors Matíes, José:** *Tratado del juicio verbal*, Thomson Reuters Aranzadi, Pamplona, 2004.

Moreno Catena, Víctor: «Dictamen de peritos o prueba pericial», en *Derecho procesal civil* (con Cortés Domínguez), Tirant lo Blanch, Valencia, 2019.

Muñoz Sabaté, Luis: *Técnica probatoria*, Wolter Kluwers, Madrid, 2017.

Nieva Fenoll, Jordi: *Procesal II. Proceso Civil*, Tirant lo Blanch, Valencia, 2019.

Orellana de Castro, Rafael: «Aspectos conflictivos de la prueba pericial» en *Probática y Derecho Probatorio*, Wolters Kluwer, Madrid, 2020.

Peláez-Vargas, Gustavo: «La prueba pericial», en *Revista de la Facultad de Derecho y Ciencias Políticas*, Universidad Pontificia Bolivariana, 1973, n.º 47.

Picó i Junoy, Joan: *El derecho a la prueba en el proceso civil*, J. M. Bosch, Barcelona, 1996.

— «La dinámica de la prueba pericial», en *Tratado de Prueba Judicial*, (Abel Lluc, coord.), La Ley, Wolter Kluwers, Madrid, 2014.

— *La prueba pericial en el proceso civil español: Ley 1/2000, de Enjuiciamiento Civil*, J. M. Bosch, Barcelona, 2001, págs. 1 y ss.

Picó i Junoy, Joan y Abel Lluch, Xavier: «Reformas necesarias de la prueba pericial civil», en *La prueba pericial a examen. Propuestas de lege ferenda* (Picó i Junoy, dir.), J. M., Bosch Editor, Barcelona, 2020.

Planchadell Gargallo, Andrea: «Valoración de la prueba pericial en la Ley 1/2000, de Enjuiciamiento Civil», en *Tribunales de justicia: Revista española de derecho procesal*, Wolter Kluwers, Madrid, 2001, n.º 64.

Queral Carbonell, Anna: «¿Es posible el careo entre peritos? (art. 347.1.5.º de la LEC)», en *La prueba pericial* (Abel Lluch y Picó i Junoy, dirs.), J. M. Bosch, Barcelona, 2009.

— «Impugnación de documentos», en *Colección de Formación Continua* (Abel Lluch y Picó i Junoy, dir.), Facultad de Derecho ESADE, Bosch, Madrid, 2011.

Ribelles Arellano, José María: «La Ley de Enjuiciamiento Civil tras dos años de vigencia», en *Estudios de Derecho Judicial*, 2003, n.º 44.

Richard Gonzalez, Manuel: «Limitaciones a la oralidad en la práctica de la prueba pericial en el proceso civil español», en *Oralidad y escritura en un proceso civil eficiente*, Universitat de Valencia, Valencia, 2008.

Rifá Soler, José María: «Artículo 341», en *Comentarios a la nueva Ley de Enjuiciamiento Civil* (Fernández-Ballesteros López, Rifá Soler, y Valls Gombau, coords.), Atelier, 2000, tomo II.

— «Comentario al artículo 345 de la LEC», en *Comentarios a la nueva Ley de Enjuiciamiento Civil*, Atelier, Barcelona, 2000, tomo II.

— «Comentario al artículo 347 de la LEC», en *Comentarios a la nueva Ley de Enjuiciamiento Civil*, Atelier, Barcelona, 2000, tomo II.

— «Valoración y carga de la prueba en el proceso civil. Especial referencia a la prueba pericial y al testigo perito», en *Cuadernos Digitales de Formación*, 2018, n.º 31.

Ríos López, Yolanda: «La función directiva del juez en la determinación de los hechos», en *Aspectos prácticos de la prueba civil*, J. M. Bosch, Barcelona, 2005.

Rizo Gómez, Belén: *La anticipación de la prueba en el proceso civil*, Tirant lo Blanch, Valencia, 2010.

Sacristán Represa, Guillermo: «Comentario al artículo 384 de la LEC», en *Comentarios a la nueva Ley de Enjuiciamiento Civil* (Fernández-Ballesteros; Rifá-Soler; Valls Gombau, coords.), Barcelona, Atelier, 2000.

Sánchez Gómez, Raúl: «Tendencias actuales en el acceso a la Justicia civil», en *IUDICIUM*, Salamanca, n.º 4, 2018.

— *El derecho de defensa en la investigación de los delitos de terrorismo*, Thomson Reuters Aranzadi, Pamplona, 2017.

Sanjurjo Ríos, Eva Isabel: *La prueba pericial civil: procedimiento y valoración*, Reus, Barcelona, 2013.

— «La iniciativa exclusiva del juez para la intervención del perito en el juicio o la vista», en *Peritaje y prueba pericial*, (Picó i Junoy y Miranda Vázquez, Dirs.), J. M. Bosch Editor, Barcelona, 2017.

Serra Domínguez, Manuel: «Artículo 1243», en *Comentarios al Código civil y Compilaciones Forales* (Albadalejo, dir.), Edersa, Madrid, 1981, tomo XVI, vol. II.

— «De la prueba de las obligaciones», en *Comentarios al Código Civil y Compilaciones Forales*, Edersa, 1981, tomo XVI, vol. II.

— «De la prueba de peritos (arts. 1214-1253 CC)», en *Comentarios al Código civil y Compilaciones Forales* (Albadalejo, dir.), 1981, Edersa, Madrid, tomo XVI, vol. II.

— «La prueba pericial», en *Instituciones del nuevo proceso civil. Comentarios sistemáticos a la Ley 1/2000* (Alonso-Cuevillas Sayrol, coord.), Dijusa, Barcelona, 2000, vol. II.

Sklansky, David: «La prueba pericial en Estados Unidos», en *La prueba pericial a examen. Propuestas* de lege ferenda (Picó i Junoy, dir.), J. M. Bosch, Barcelona, 2020, págs. 184 a 185

Taruffo, Michele: «Conocimiento científico y estándares de prueba judicial», en *Jueces para la democracia*, 2005, n.º 52.

— «Consideraciones sobre las máximas de experiencia»*, en Páginas sobre Justicia Civil*, Marcial Pons, Barcelona, 2009.

— *Consideraciones sobre la prueba judicial*, Fundación Coloquio Europeo, Madrid, 2009.

— *La prueba* (trad. Manríquez y Ferrer Beltrán), Marcial Pons, Madrid-Barcelona-Buenos Aires, 2008.

Tejedor Muñoz, Luis Carlos: «Del dictamen de peritos», en *Comentarios a la Ley de Enjuiciamiento Civil* (Toribio Fuentes, dir.), Lex Nova, Valladolid, 2012.

Vázquez Rojas, Carmen: «De la prueba científica a la prueba pericial», en *El perito de confianza de los jueces. Hacia un modelo diferencialista*, Marcial Pons, Barcelona, 2015.

— «La prueba pericial de parte. Hacia un modelo educativo», en *De la prueba científica a la prueba pericial*, Marcial Pons, Madrid, 2015.

COLECCIÓN
CONSTITUCIÓN & PROCESO

COLEX

TÍTULOS PUBLICADOS

1. De la abstención y recusación en el proceso judicial
2. La prueba pericial en el proceso civil

Made in the USA
Las Vegas, NV
01 June 2026

47847572R20136